Zela Sol

Aufschrei

Die Geschichte eines Trennungskindes

Für MICH Für DICH

Die Wahrheit macht dich frei,
aber vorher macht sie dich fertig.
DAVID FOSTER WALLACE

ZELA SOL

AUF SCHREI

Die Geschichte eines
Trennungskindes

INHALT

PROLOG

Wir lügen einander an, weil sich niemand für die Wahrheit interessiert. Weil keiner sie erträgt. Für mich als Trennungskind war die Lüge legitimiert. Warum? Ich durfte (not)lügen, um ein höheres Gut als die Wahrheit zu schützen: mein eigenes Kindeswohl. Das Durchschwindeln war mein Diener, um meinen Schutz zu wahren. Sonst tat das keiner. Vaterseelenallein hatte ich keine andere Wahl, als zu lügen. Die Wahrheit zu leugnen schien mir die einzige Option zu sein. Anpassung, Taktgefühl, Verdrängung und Lügen – willkommen im Leben eines Trennungskindes.

Ich habe geglaubt, dass die Lüge für mein Wohlbefinden sorgt. Ich habe geglaubt, dass der eheliche Streit meiner Eltern schlimmer für mich ist als ihre Trennung. Ich habe geglaubt, dass es mir erst dann gut geht, wenn es meinen Eltern gut geht. Ich habe fest geglaubt, dass ich nicht unter der Trennung meiner Eltern leide und auch „halb" vollständig bin.

Ich habe aufgehört zu glauben.

Ich habe aufgehört, die Lüge zu füttern. Ich habe angefangen, die Wahrheit zu sagen. Kein Hexenwerk, sich der Wahrheit zu verpflichten. Nicht hier. Das Alphabet hütet die Beziehung zu meiner inneren Wahrheit. Meine Wahrheit. Ich behaupte, ich kann nur lügen, wenn ich die Wahrheit kenne. Aber was ist die Wahrheit? Ein Eid auf meine gegenwärtige Wahrnehmung? Meine Realität spiegelt meine Wahrheit permanent. Sind unterschiedliche Wahrnehmungen unterschiedliche Wahrheiten? Erlebt jeder Mensch eine andere Realität, eine andere Wahrheit? Dann gäbe es fast acht Milliarden Wahrheiten. Entsteht aus all diesen Wahrheiten Wirklichkeit?

Kann man Wahrheit konstruieren?

Ja. Ich kann.

Im persönlichen Blickwinkel ist sie immer subjektiv, und sie verändert sich, ist dynamisch. Das nennt man auch Leben.

In dieser Geschichte ist meine persönliche Betroffenheit die erzählende Instanz - das Produkt meiner Abstammung und Erfahrungen. Nicht mehr. Nicht weniger. Wahrheitsliebend, aber nicht auf Gedeih und Verderb. Andere Wahrheitsliebende zu finden treibt mich an den Schreibtisch.
Flagge zeigen!
Das spricht sich so leicht, revolutionär, dahin. Wahrhaftig sein! Das wird in unserer Gesellschaft nur zögerlich angestrebt und gehört nicht zu den lobenswerten Tugenden - vielmehr ist es nicht gewollt. Ehrlichkeit, wenn sie Kritik am System übt, stößt auf Widerstand. Es tendiert zum Wahnsinn, am hochgelobten Patchworkkonzept zu rütteln. Und nicht nur daran.
Federführer ist mein inneres Trennungskind. Sein Auftrag ist es, meine Wahrheit auszusprechen. Alle Anklagen und Bewertungen entspringen meiner Seelenwut und hatten zuzeiten eine Berechtigung, auch wenn sie inzwischen meinem persönlichen Entwicklungstand widersprechen. In keinem Fall aber ist meine Wahrheit eine Anklageschrift, die pauschal an Trennungseltern adressiert ist. Manchmal ist eine Trennung unvermeidlich. Kaum jemand muss noch in schmerzhaften Beziehungen ausharren. Wir haben fast alle das Privileg, ein eigenständiges Leben führen zu dürfen. Ich bin nicht in der Position, Trennungseltern zu verurteilen, ihre Gründe zu verharmlosen oder anzuzweifeln. Manche Trennungen sind notwendig, und ich gehe davon aus, dass beide sich bis dahin bemüht haben. Bis zum Ende ihres Lateins. Aber oft sind die Motive nach meinem Empfinden oberflächlich, lapidar. Wird die Entscheidung voreilig, kurzsichtig getroffen. Wirken die potenziellen neuen Glücksaussichten verblendend, die Konsequenzen geringfügig. Zu machbar.
Meine Wahrheit liegt irgendwo dazwischen.
Wo liegt deine?

LIEBES STIEFKIND,

beinahe bist du eine Halbwaise, immer ein Flick- und Stückwerk, mehr bekannt als verwandt. Verhaftet in einem komplexen Verwandtschaftsgeflecht leidest du unter chronischen Definitionsproblemen. Dein Überfluss an Mamas, Papas, Omas, Opas und zahlreichen Tanten und Onkels ist weniger ein Genuss als mehr ein Schmerz der ganz besonderen Art. Diese fremden Menschen sind zwar das beliebteste Argument deines Zugewinns, um dir deine Zerstückelung schmackhaft zu machen. Du aber weißt es besser. Diese neu gewonnenen Familienmitglieder machen dein Leben leider nicht bunter, sondern komplizierter. Du weißt es besser, aber du hast den Zuständen stillschweigend zugestimmt und dich angepasst. Aus eigener Kraft schaffst du es nicht, dich aus der Patchworkverstrickung heraus zu entwickeln. Du fühlst dich wie in einem Karnevalsverein, in dem jeder seine Rolle besonders wichtig nimmt und du zum Statisten verdammt bist.

Ist dein Wasser schon dicker als dein Blut?

Manch einer wie du bleibt lebenslänglich gefangen in stieffamiliären Verhältnissen und deren langen Rattenschwänzen. Die Bevormundung von Menschen, deren Blut in anderen Bahnen weiterfließt, ist noch das geringste Übel für dich. Erzieherische Stimmungsschwankungen, unterschwellige Ablehnung und das Gefühl des Getrenntseins erduldest du mit einem dicken Stein auf deiner Brust und unterdrückter Wut im Bauch. Du möchtest nicht ständig der Zündstoff für den Streit deiner Eltern, deiner Bonuseltern sein. Also verhältst du dich ruhig und schwingst in den Launen der anderen mit. Dein Befinden spielt für sie kaum eine Rolle. Du sollst ein liebes Kind und ein noch lieberes Stiefkind sein. Brav sein wird zu deiner zweiten Natur, nur nicht anecken und die Missgunst des Stiefs erregen. Er mag dich so schon nicht.

Er liebt dich nicht.

Er interessiert sich auch nicht für dich.

Ja, nicht selten hasst er dich.

Er empfindet dich als störend.

Du bist im Weg und du weißt es.
Keine Menschenseele weit und breit, der du dich anvertrauen kannst. Du jammerst so viele Jahre in dich hinein. Du sehnst dich nach der Liebe des fehlenden Elternteils, willst ihr in Ruhe nachtrauern, stattdessen musst du dich wehren. Kämpfen gegen diesen Mann, diese Frau, die jetzt den leeren Platz am Frühstückstisch eingenommen hat und dich maximal duldet oder gleich ganz ablehnt. Mindestens weiß er oder sie nicht viel mit dir anzufangen. Du bist verzweifelt und versuchst, deine Position zu behaupten. Jedes Mittel ist dir recht, um Aufmerksamkeit zu erhalten und das Fehlen, die Lücke, auszugleichen. In deiner Not bist du einfallsreich, raffiniert und hinterhältig.
Du bist im Krieg.
Da ist alles erlaubt.
Du bedienst dich eines liebevoll angepassten Verhaltens oder wählst Aggressivität und Rebellion. Dein Waffenlager ist generalstabsmäßig gefüllt.
Du musst dich verteidigen.
Du hast keine Wahl, also kämpfst du.
Du kämpfst um Liebe, Geborgenheit und Schutz. Doch du musst dich selbst beschützen. Mehr als dein Geburtsrecht willst du nicht: eine liebende Mutter und einen liebenden Vater.
Beide.
Ich bewundere dich sehr für deine innere Kraft und deine starke Haltung. Gleichzeitig leide ich mit dir. Du hast dich nicht willentlich entschieden für diese familiäre Unordnung. Jetzt stehst du auf dem Patchworkspielfeld, nackt und ohne Schutzschild. Du trägst keine Schuld, hast nichts falsch gemacht. Die Umstände sind das Feld, die Verursacher die Spieler und du bist der Ball.
Mit jedem Jahr wird dir bewusster, was dir fehlt und all die Zeit über schon gefehlt hat: eine unbesiegbare Ritterburg, in der du der beschützte kleine Prinz, die liebevoll umsorgte Prinzessin sein kannst. Stattdessen humpelst du wie einbeinig und orientierungslos durch dein Leben. Du bist nur halb. Es gibt dich nur zu fünfzig Prozent. Du fühlst dich unvollkommen, müde und ausgelaugt. Du willst endlich Ruhe im Kopf, willst endlich ganz sein. Du beschließt, dass einzig

Sinnvolle zu tun, um dich selbst zu schützen:
Dichtmachen.
Andererseits. Inzwischen. Du bist jetzt erwachsen, wirst reichlich beschenkt – mit Liebe, Zuneigung und Anerkennung – von deiner eigenen Familie und deinem großen Freundeskreis. In dem Glauben, die Liebe vieler anderer Menschen könnte dich tragen und heilen, hast du um jeden Schnipsel Aufmerksamkeit gekämpft, bis zur totalen Erschöpfung. Du bist am Ziel: Jeder liebt dich, doch du fühlst dich leerer denn je. Es reicht nie aus, um das Riesenloch zu stopfen, um den Mangel auszugleichen und das fehlende Stück zu ersetzen. Für die Abwesenheit eines leiblichen Elternteils gibt es kein seelisches Heftpflaster.
Auf meine Frage nach deinem Wohlbefinden weichst du mir selbstschützend aus, windest dich. Wie oft hast du schon behaupten müssen, du wärst im Frieden damit, dass dein Vater keinen Kontakt zu dir wünscht, obwohl er in derselben Stadt wohnt? Wie viele Male hast du formuliert, dass es dich nicht stört und auch in keinster Weise tangiert, dass du keine Verbindung zu deiner Mutter hast? Wie lange schon sagst du trotzig, dass es dir gleichgültig ist, wie es dem Elternteil geht, das dich verlassen hat? Wie lange willst du das selbst noch glauben?
Schau mich an! Nein, natürlich schaust du mich nicht an.
Du schämst dich für deine einstudierten Ausreden. Verlegen blickst du zu Boden und bittest innerlich darum, dass ich aufhöre nachzufragen. Zu bohren. In deiner Wunde. Du weißt, ich sehe die quälende Traurigkeit in deinen Augen und spüre deine Verzweiflung. Meine leidgeprüften Sensoren empfangen deine Trotzsignale und aktivieren dein Schmerzpotenzial. Du willst dich verstecken. Flüchten. Wohin? In deine uneinnehmbare Isolationsfestung? Die ist längst abgebrannt und du schwimmst im Wassergraben um dein Leben.
Du kannst mich nicht ausstehen.
Ich soll weggehen. Weit weg.
Du hast Angst, dass ich an deiner Schutzmauer kratze. Die Angst freilege. Deine Angst vor Ablehnung. Deine Angst, verlassen zu werden. Du fühlst dich in jeder Sekunde, jeder Situation alleine. Egal wie schön es gerade ist. In den Armen deines Partners, beim Plaudern mit deiner Freundin, auf dem Festival, beim

Abendessen mit deinen Kindern. Du fühlst dich trotzdem alleine. Du wünschst dir Zuneigung, traust ihr aber nicht, wenn sie da ist.
Schau mich an. Bitte. Eben schienst du noch so selbstbewusst und standhaft. Jetzt schwankst du wie ein dünnes Blatt an einem morschen Ast im Wind hin und her. Du verlierst an Bodenhaftung, das ist nicht schwer zu erraten, bei deinen kaputten Wurzeln. Lass dir nicht einreden, dass irgendetwas mit dir nicht stimmt. Bleib stark! Aber du bist nicht mehr stark, natürlich nicht. Auch wenn dein Herz Wahrhaftigkeit von dir fordert. Es wünscht sich, dass du offen und aufrichtig bist, nicht zwanghaft angepasst an ein ideales Patchworkbild, das nur in Köpfen existiert.
„Sei verletzlich!", schreit dein Herz.
„Verletzlich? Ich? Aber ich bin doch schon verletzt!", sagst du.
Gerade deshalb. Sei verletzlich, zeig deine tiefsten Gefühle. Trau dich! Sei der Erste, der zu dir sagt: *Ich liebe dich.* Sei der Letzte, der dir treu bleibt. Zwei Möglichkeiten: Selbstliebe oder Selbstzerstörung.
Du kannst mit vielerlei Ablenkungen die Realität verdrängen, bis das Loch in deiner Seele so tief und groß geworden ist, dass es dich verschlingt. Du kannst versuchen, mit variablen Süchten einen Ausgleich zu schaffen. Mit Zigaretten, Alkohol oder Drogen dein Hirn vernebeln bis zum Umfallen. Oder du arbeitest, verausgabst dich geistig und körperlich bis zum Burnout. Die grandiose Wirkung ist immer Betäubung. Zieh deine Turnschuhe an und renne, als wär der Teufel hinter dir her, damit du dein Herz schlagen hörst, um zu glauben, dass du am Leben bist. Kauf dir etwas Schönes, ein schickes Kleidungsstück, ein großes Auto oder ein neues Handy. Das wirkt für einen kurzen Augenblick wertsteigernd. Mach das! Bis der innere Schmerz wieder anklopft. Bis deine Verletzungen sich wieder melden, noch lauter und noch eindringlicher. Was dann? Du könntest auf eine Party gehen und dein routiniertes Lächeln präsentieren, ausschweifend tanzen und feiern. Ja, das tut gut. Das ist der Beweis: Es geht dir blendend. Es fühlt sich tatsächlich toll an. Auch alle anderen sehen, wie super es dir geht.
Glaubst du das wirklich?

Bist du dir sicher, dass keiner hinter deine affektierte Mir-geht-es-großartig-Maske blickt? Glaub mir, die meisten sehen dir deine Verwirrung an, glauben dir die strahlende Fratze nicht. Aber kaum einer will dir sein Mitleid antun. Schlechte Laune ist auch nicht in. Also lächeln sie zurück. Jetzt mach dich nicht lächerlich, du denkst wirklich, du könntest sie täuschen? Du hast ein großes Branding auf deiner Stirn: „Stiefkind – Zutritt nicht gestattet!" Die ganze Welt weiß es. Nur du nicht. Du bist längst erwachsen und lässt immer noch zu, dass dein Trennungs-Patchwork-Stiefkind-Dasein dein Leben beherrscht. Du bist so stark damit identifiziert und so beschäftigt, es zu leugnen, dass du dich immer mehr darin verstrickst.

Du wünschst dir, dass es endlich einmal nur um dich geht?

Gut. Jetzt geht es um dich!

Wieso hast du dieses Buch in der Hand? Was erhoffst du dir davon? Wer bist du? Eines der seltenen Stiefkinder, Trennungskinder, Patchworkkinder, die in zusammengewürfelten Familienkonzepten ihr Glück und ihren Frieden gefunden haben? Nein. Wahrscheinlich nicht. Du erkennst dich in meiner Geschichte wieder, auf die eine oder andere Art. Und du hast es so satt! Du weißt, die Sache ist akut und wir müssen reden. Schönmalerische Ratgeber wurden schon genug geschrieben. Eltern und Bonuseltern, ein Plus. Fast ein Zuviel des Guten. Über unsere besondere Position wurde schon genug gesagt. Besonders? „Deine Kinder – meine Kinder: Wie Patchwork-Familien eine stabile Gemeinschaft werden." Kommen wir dabei etwa je zu Wort? Hat uns irgendjemand dazu befragt, wie wir uns fühlen? Nein, du und ich, wir bleiben in den Patchworkdebatten die Nebendarsteller. Gefangen in der stieffamiliären Zwangsjacke unter der Flagge des hochgelobten Kindeswohls.

Wer gibt uns eine Stimme?

Stillschweigen.

Sag jetzt bloß nichts, niemand will, dass du dich ernsthaft mitteilst. Keiner will es hören, sehen. Wissen. Am wenigsten will es jemand fühlen. Verhalte dich ruhig. Sei ein braves Kind. Dramatisiere nicht. Das ist doch schon so lange her. Ist das wirklich nötig? Wühle nicht in alten Geschichten. Du bist wirklich zu sensibel. Was jammerst du denn, du hattest doch eine Familie, immerhin. Fühlst du dich privilegiert? Ich nicht.

Die Erwachsenen machten es damals unter sich aus - angepasst, gesellschaftlich und politisch korrekt. Für sie war die Trennung eine Befreiung, doch uns brachte die neue Unabhängigkeit unserer Eltern nicht nur kaschierende Leckereien. Wir sind die Leidtragenden - bewusst oder unbewusst. Was gravierend ist, entscheidet immer der, der darunter leidet. Kann sein, dass die Patchworkbefürworter gute Argumente haben, gute Absichten auch. Aber sie fragen nicht, warum wir so sensibel geworden sind. Sie sagen nichts zu unserem stillen Weinen. Ach, stimmt. Sie wissen es ja nicht. Zu den Interviews und den Studien haben sie uns nicht mit eingeladen.

Du suchst nach einer Matrix-Heilung. Die gibt es nicht. Du bist trotzdem müde. Den Schuldigen in der Gesellschaft zu suchen oder deine Eltern anzuklagen hat dich keinen Schritt weitergebracht. Was hast du schon alles ausprobiert, um dich wieder vollständig und ganz zu fühlen? Familienaufstellungen? Verhaltenstherapie? Schweigeseminar? Fühlst du dich jetzt besser?

Wer rettet dich? Wer fängt dich auf? Es ist ein dreckiges Schlamassel. Selbstbefreiung. Das kannst du nicht? Schaffst du nicht? Du weißt nicht wie?

Gemeinsam.

Du und ich.

Und all die anderen verwirrten Seelen. Wir können das. Uns gegenseitig stützen, uns anvertrauen und uns wieder zusammenflicken. Ein Leben führen, das frei ist von Verlustängsten, Verdrängungen, Aufmerksamkeitsdefiziten und dem ständigen Ringen um Liebe. Unsere Geschichte als das erkennen, was sie ist: eine Geschichte.

Selbstbestimmt und freudvoll leben klingt nach einem einfachen Spaziergang. Das ist es nicht. Wir springen gemeinsam in den tiefen Schlamm verdrängter Emotionen. Es kann uns nichts passieren, was uns nicht schon lange passiert ist. Lass uns loslaufen! Stell dich auf deine eigenen Füße und lauf! Die Stürme der So-gelingt-Patchwork-Inquisition werden ordentlich durch deine Gehörgänge pusten, gesellschaftliche Konditionierungen werden sich an deine Fersen haften wie Pech. Du musst mit Widerstand rechnen. Trotzdem: Raus aus den schweren Fesseln deines Opferbewusstseins! Schluss mit Selbstsabotage! Selber denken ist unbeliebt und Verantwortung übernehmen unbequem. Du brauchst Mut für neue Entscheidungen und Ausdauer bei der Umsetzung. Womöglich potenziert sich dein Leid. Für den Moment.

Erstverschlimmerung.

Kein leichter Weg.

Warum also jetzt mit der Ehrlichkeit anbändeln? Was gibt es zu gewinnen? Welches Geschenk wartet auf dich, wenn du dich deiner inneren Wahrheit verpflichtest? Und was passiert, wenn du es nicht tust? Was erwartet dich dann? Ein Leben unter der Fuchtel der Verlustangst und unerfüllte Beziehungen. Das latente Gefühl, nicht gut genug zu sein. Nicht gelebte Wut in Form von körperlichen Symptomen: unerklärliche Rückenschmerzen. Entzündeter Magen. Krebsgeschwüre. Herzinfarkt. Die Medizin ist ratlos. Diagnose „Austherapiert". Für Seelen-Burnout gibt es gar keinen Eintrag im ICD-Klassifikationssystem. Depressionen? Panikattacken? Ist es das, was du willst? Muss dein Herz erst kollabieren, damit du dich öffnest?

Es ist nicht nur eine Entscheidung zu deinem Wohle, sondern auch zum Wohle der Institution Familie. Zum Wohle der Gesellschaft. Zum Wohle kommender Generationen. Ja, du prägst das psychische Profil einer ganzen Kultur mit - so oder so. Du trägst Verantwortung.

Du wirst hier gebraucht.

Du bist wichtig.

Du bist richtig.

LIEBE STIEFMUTTER,

erzähl mir von dir. Was beherrscht und bewegt dich? Sei ganz offen. Lass nichts aus. Ich bin nicht schockiert über die geballte Wut in deinem Bauch. Ich empfinde deine angriffslustigen Emotionen nicht als fremdartig. Ich verstehe dich. Ich interessiere mich für dich und deine Geschichte.

Ich kenne deine Verbitterung und dein Leid. Wie lange geht das jetzt schon? Seit wann hältst du durch? Erträgst dieses ganze Theater, in dem du immer nur das bedauernswerte fünfte Rad am Wagen bist. Die Schuldige. Ohne deren Anwesenheit alles besser wäre. Die Kinder müssten nicht mehr um ihre Vormachtstellung kämpfen. Dein Mann wäre nicht mehr in Loyalitätskonflikte verstrickt, müsste sich nicht mehr zerteilen. Und du, du müsstest nicht mehr die liebevoll aufopfernde Zweitmutter spielen, die du nicht bist. Nicht in diesem Familienkonzept.

Du wärst es so gerne: Mutter dieser Kinder. Du möchtest es von ganzem Herzen sein. Doch du kannst es nicht. Es sind nicht deine Kinder. Du liebst sie nicht. Nicht so. Vielleicht ein bisschen. Anders. Du magst sie ein wenig. Ein wenig mehr? Gut, lass uns verhandeln. Ab und zu bist du gerne mit ihnen zusammen, aber dann lehnst du sie wieder innerlich ab. Ohne sie wäre dein Leben leichter. Manchmal hasst du sie auch. Das ist in Ordnung. Sie sind dir im Weg, da können sie noch so niedlich sein. Sie kommen nicht aus deinem Bauch. In ihren Adern fließt das Blut einer anderen Frau.

Es zerreißt dich innerlich.

Dein Mann bekommt davon natürlich wenig mit, es wäre das Aus für eure Beziehung. So spielst du fleißig deine Rolle, bist verständnisvoll, bringst dich ganz ein. Gibst mehr, als du zu geben imstande bist. Du gibst dich auf. Erkennst dich selbst nicht mehr. Was ist aus dir geworden? Du hättest nie geglaubt, dass es böse Stiefmütter wirklich gibt. Ein Märchen. Ein Märchen?

Deine Realität.

Deine Stiefmütterlichkeit beschränkt sich auf Popos abwischen, Frühstücksbrote schmieren, Kinderzimmer aufräumen und den Hol- und Bringservice.

Dafür bist du gerade gut genug. Das kann man dir als nicht leibliche Mutter zutrauen. Du bist die Haushaltsmanagerin. Du bist die Putzfrau ohne Weisungsbefugnis. Für alles andere fehlt dir die Nabelschnur. Ein Erziehungsmandat steht dir nicht zu. Deine Einmischung in das kindliche Benehmen ist unerwünscht. Deine Anregungen zur Entwicklung des Stiefkindes bleiben ungehört. Dein Mann will sein Kind vor deinen Erziehungsmaßnahmen beschützen. Du bist so streng, so laut, so ungehalten. *Die Kinder können doch nichts dafür.* Richtig, aber der Spruch quillt dir trotzdem aus den Ohren. Deine Stiefkinder mutieren zu wahren Kotzbrocken – sie können nicht anders, weil sie sich selber schützen und verteidigen müssen.

Sie tun dir leid.

Du tust dir aber auch leid.

„Du verstehst das nicht", wiederholt dein Partner als Endlosschleife. Selbstverständlich verstehst du es nicht. Wie soll man diese unnatürliche Symbiose auch verstehen. Er versteht es auch nicht. Die Kinder verstehen es nicht. Keiner versteht diesen familiären Kokolores, dieses zerfetzte Durcheinander. Jeder kämpft mit seiner eigenen emotionalen Verwirrung. Jeder in dieser Fetzenfamilie hält sein Leid für das Wichtigste. Du auch. Du weißt es, aber du kommst auch nicht darüber hinaus. Schließlich hast du eigene Bedürfnisse.

Wo sind die eigentlich geblieben? Kannst du dich selbst noch spüren? Wer warst du, bevor du dich entschieden hast, Stiefmutter zu sein? Was ist aus deinem Traum von der eigenen kleinen Familie geworden? Was ist mit deinem Anrecht auf persönliches Glück? Was genau hat das Universum falsch verstanden? Du hast dich bis über beide Ohren verknallt, in diesen Mann – den Kindsvater. Den Mann mit Anhängsel. Ihr liebt euch. Natürlich liebt ihr euch. Die Liebe zu deinem Partner ist so stark, dass du, ohne groß darüber nachzudenken, in die Rolle der Bonusmutter geschlüpft bist.

Bonusmutter – eine unerträgliche Begrifflichkeit, findest du nicht auch? Sie beinhaltet, dass du für deine Rolle als Stiefmutter eine Treueprämie, einen Zuschuss für besondere Leistungen erhältst. Ein Profitgeschäft. Hast du deinen Zugewinn dieser zusammengewürfelten Gemeinschaft schon erkannt? Wann und wie wird dein Bonus ausgezahlt? Gibt es eine Sondervergütung für Patchworkgeplagte? Nichts dergleichen. Ein kleines Dankeschön und eine versöhnliche Geste wären dir ja auch schon Bonus genug. Ein einziger Mensch, der deine Bemühungen sieht und deine Haltung wertschätzt, der dich tröstlich und kraftvoll in den Arm nimmt und dir liebevoll ins Ohr flüstert: *Ich verstehe dich, du bist nicht alleine damit, du schaffst das, du machst das prima, du gibst dein Bestes, ich sehe es, ich sehe dich,* wäre der größte Bonus für dich.

Stattdessen weht dir aus dem Patchworknetzwerk ein kühler Wind entgegen. Keine oder wenige Umarmungen und noch weniger liebevolle Worte. Du fröstelst. Du wirst stiller und ziehst dich immer mehr zurück. Dein nächstes Wort könnte schon wieder als Schikane gedeutet werden. Alle Augen sind auf dich gerichtet und jede falsche Geste wird unverzüglich abgestraft. In den Augen der anderen bist du hartherzig, ihr Hirn ist auf „Böse Stiefmutter" programmiert. Die Messlatte liegt zu hoch.

Du kannst ihnen nicht gerecht werden, sie wollen dich so: böse. Eine gute Stiefmutter ist keine Option bei dieser toxischen Haltung. Sei dir dessen bewusst, du kannst es nicht gut machen. Dein Umfeld hat anders entschieden. Nach dem Vorbild à la Gebrüder Grimm bist du ein weiblicher Barbar. Böse, böser, am bösesten. Dieser Prototyp hat sich seit den Gute-Nacht-Märchen in den Köpfen festgesetzt. Textpassagen wie „Die Stiefmutter schlägt uns alle Tage. Und wenn wir zu ihr kommen, stößt sie uns mit dem Fuß fort" aus dem Märchen *Brüderchen und Schwesterchen* oder „Was macht der garstige Unnütz in den Stuben, sagte die Stiefmutter, fort mit ihr in die Küche" aus dem Märchen „Aschenputtel" infizierten den Geist der Patchworkzeit.

Dreizehn skrupellose Stiefmütter kommen in den Hausmärchen der Grimms vor. Diese abschätzige Rolle scheint immer noch Anklang und Begeisterung zu finden. Die Rolle, die du dir gegenwärtig ausgesucht hast. Nur die Hexe ist noch schlimmer. Wobei diese wenigstens magische Fähigkeiten hat. Was ist deine Fähigkeit? Deine Qualität? Aushalten? Runterschlucken? Zusammenflicken? Wut speichern? Ablehnung ertragen?

Wie lange kämpfst du noch für etwas, das du nie wolltest? Wann hörst du

endlich auf, die Anweisungen seiner Ex zu erdulden und deinem Mann dabei zuzusehen, wie er vor ihr zu Kreuze kriecht? Wie lange erträgst du diese Demütigungen noch? Wie hoch ist dein emotionaler Kredit? Hast du noch Kraft für dieses schlechte Schauspiel?
Du entscheidest.
Magst du dich weiterhin selbst stiefmütterlich behandeln und behandeln lassen oder beginnst du, fürsorglich und liebevoll mit dir selbst umzugehen? Opferhaltung oder Selbstliebe. Willst du der Hass oder das Herz der Familie sein? Wie geht Familie? Wie geht Patchworkfamilie? Was willst du? Wer bist du?
Ich erzähle dir von mir und du mir von dir. Du darfst dich an meiner Schulter ausweinen und wir halten und tragen uns gegenseitig im Herzen. Unbekannt und doch verbunden. Wenn wir gemeinsam gehen, wird der Weg leichter. Komm in meine Arme und lass dir liebevoll ins Ohr flüstern: *Ich verstehe dich. Du bist nicht alleine damit. Du schaffst das. Du machst das prima. Du gibst dein Bestes. Ich sehe es. Ich sehe dich.*
Du tapferes Mädchen.
Du beeindruckende Frau.
Du wählst: das alte Stigma der bösen Stiefmutter oder einen neuen Weg. Du entscheidest, jeden Tag.

LIEBER STIEFVATER,

ich habe eine klitzekleine Idee davon, wer du bist. Nicht im geringsten kann ich mir vorstellen, was du fühlst. Hinter deinem Panzer kann ich emotional kaum etwas von dir erkennen. Du versteckst dich. Du willst überhaupt nicht gefühlt oder gesehen werden. So wichtig bist du nicht. Es ist nicht notwendig, dich ins Rampenlicht zu stellen. Da gehörst du nicht hin. Wer interessiert sich schon für dich? Du hast dich gut im Hintergrund eingerichtet. Im Background hast du deine Ruhe. Fühlst dich ungestört. Ich soll nicht so viel Aufhebens machen um die ganze Sache. Das ist schon in Ordnung für dich. Du kommst klar, hast ja auch kaum Ansprüche. Erfüllung, Zusammengehörigkeit und Geborgenheit brauchst du nicht. Das alles ist nicht so wichtig, du hast deine Arbeit, dein Hobby, deinen Computer und deine Werkstatt. Damit bist du zufrieden.
Und dieser kleine Knirps.
Der bringt dich nicht aus der Ruhe. Dein Stiefkind. Halb so wild. Du kriegst das gebacken. Irgendwann muss es auch mal ins Bett, bleibt ja nicht ewig munter. Seit der Trennung seiner Eltern braucht dein Stiefkind noch mehr Aufmerksamkeit und stundenlanges Gutenachtgeschichten erzählen von seiner Mutter. Deiner Frau. Du begnügst dich derweil im Wohnzimmer mit dem Abendprogramm. Du hast Glück, es läuft eine Spielübertragung deines Fußballvereinfavoriten. Da bist du allerdings Fan. Sport magst du sehr. Es macht dir nichts aus, dass du allein auf dem Sofa liegst.
Im Gegenteil.
Später sinkt die Kindesmutter erschöpft in deine Arme und legt den Kopf auf deine Brust. Du genießt die zehn Minuten, bis sie einschläft. Zehn Minuten von 1440 Tagesminuten, das genügt dir.
Plötzlich steht dein Stiefkind in der Tür, es kann nicht einschlafen. Du sagst ihm ruhig und bestimmt: „Geh wieder ins Bett!" Als trotzige Antwort bekommst zu hören: „Du hast mir gar nichts zu sagen, du bist nicht mein Vater." Aber das stört dich nicht. Das kennst du bereits. Es verletzt dich nicht, du bist der Fels in der Brandung. Unerschütterlich. Unverwundbar.

Ein unverletzlicher Magier.
Du liebst die Mutter dieses Kindes abgöttisch. Du musst der Zauberer sein, sonst verlässt sie dich. Und das macht dir allerdings etwas aus.
Also zauberst du: Du flickst kaputte Fahrradschläuche, machst deinen Computer kindersicher, spitzt Buntstifte und spielst Torwart auf deinem geliebten Rasen. Später: Früh halb drei stehst du mit dem Privattaxi vor dem Haus, in dem die Party läuft, auf der dein Stiefteenie rockt. Noch später sitzt er selbst am Lenkrad deines SUVs. Immer gibst du.
Forderst nichts.
Erzwingst nichts.
Verbietest nichts.
Du bist der Freizeitvater in Vierundzwanzig-Stunden-Bereitschaft, mal abgesehen von deinen zwei goldenen Händen. Du machst alles möglich, dreimal geschickter als der leibliche Vater. Aber dich liebt er nicht. Du bist der Auswechselpapa auf der Ersatzbank. Sofort zur Stelle, wenn Not am Mann, am Vater ist. Der große neue Kumpel, der alles macht für das Kind – als harmonisierender Beziehungspfleger.
Die Liste deiner selbstlosen Aktivitäten ist unendlich lang, dein Stiefvaterrucksack ist immer prallvoll. Du bist immer erreichbar, ständig belastbar. Verfügbar. Du ähnelst einem Blasebalg, dem nie die Luft ausgeht, auf dem aber jeder herumtritt. Aber dir macht das ja nichts aus. Du investierst gerne Zeit und Verständnis in deine stiefkindlichen Nachkommen. Vielleicht kommen ja noch eigene nach, mit deinem genetischen Abdruck. Das wünschst du dir, aber es muss auch nicht sein. So klar ist dir das nicht. Das Haus ist ja schon voll.
Früher standen deine Vorfahren auf dem Feld und haben Auge um Auge, Zahn um Zahn gegeneinander gekämpft. Dein Schlachtfeld, heute, ist inmitten deiner Familie ausgebreitet, die Kampftaktik ist subtiler, hinterhältiger und kränkender. Du duckst dich ab, gehst in die Defensive. Verhältst dich ruhig und harrst der Dinge. Du hast zähes Sitzfleisch, schließlich bist du Gast in deinem eigenen Heim. Existierst irgendwo am Rande des geflickten Geschehens und darfst dich in Einfühlung, Rücksichtnahme und Verzicht üben – allesamt weibliche Attribu-

te. Die Eier in deiner Hose nützen dir nichts, wenn du abends in der Küche stehst, bekleidet mit einer rot-weiß karierten Schürze mit dem Aufdruck „Küchenfee". Statt ein Machtwort zu sprechen in heiklen Erziehungsfragen, hörst du dem pädagogischen Gesäusel zu, das dir deine Partnerin für ihr Kind aus einem Elternratgeber vorträgt. Zuhörendes Mitwirken, ja. Mitspracherecht, definitiv nein. In deinem Oberstübchen hast du ihr Regelwerk zum Umgang mit deinem Stiefkind längst Wort für Wort abgespeichert.
Intimität, Zeit, Aufmerksamkeit und Fürsorge von deiner Liebsten zu bekommen existiert nur noch als schwache Vorstellung in deiner Fantasie. Zweisamkeit als Fremdwort. Die Zahl der Glücksmomente schrumpft, aber die Herausforderungen werden täglich größer. Viel zu viel wird von dir erwartet. Zu wenig bekommst du zurück. Allgegenwärtig das Argusauge, das dich ständig auf deine Kindertauglichkeit prüft. Ganz sicher ist sich deine Partnerin nicht, ob es eine gute Idee war, dich als Ersatzpapa auszusuchen? Sie kommuniziert es ständig: Ihr Kind ist ihr das Wichtigste.
Du kommst erst danach.
Aber dir macht das ja nichts aus. Da bleibt eben genug Freiraum für den kleinen Hobbykeller, wo du obendrein auch selbst bestimmen darfst. Wo du Chef bist. Wo dein Wort noch etwas gilt. Aber Vorsicht: Sobald du die Modelleisenbahn aufgebaut hast, kommt dein Stiefkind und setzt sich ans Pult. Nach drei Stunden darfst du auch mal fahren, aber nicht zu schnell und nicht überholen, sonst leidet der Selbstwert des Kindes. *Du weißt doch, dass es sehr unter der Trennung leidet! Sei rücksichtsvoll, lass es gewinnen. Es braucht Zuspruch, das verstehst du doch.*

Du verstehst es.
Du bist wirklich ein außerirdisches Wesen. Ich habe keinen Schimmer, wie du das schaffst. Wer spricht dir Mut zu? Wer sorgt sich um dich? Wer hört dir zu? Ziehst du jemals irgendwen ins Vertrauen? Ist da jemand? Verstehe, du machst das alles mit dir alleine aus. Frisst diese demütigende Position so, wie aufgetischt. Wie hoch ist eigentlich dein Aggressionspotenzial? Prüf doch mal deine

Blutdruckwerte. Wie lange ist es her, dass du dich zufrieden, geliebt und geborgen gefühlt hast?
Wer liest hier noch?
Du bist ein Mensch, der helfen möchte, egal auf welcher Position du in diesem Spielfeld stehst. Du hast den starken Antrieb zu unterstützen. Tu es einfach! Halte dich nicht zurück. Hier, bei mir und all den anderen Stiefkindern, bist du damit wertvoll. Wir brauchen dich unbedingt. Wir schaffen das nicht alleine. Sei einfach da. Du wirst genau wissen, wie. Du bist eingeladen und herzlich willkommen, mich, dich oder andere zu begleiten. Wir schaffen es nur zusammen. Schön, dass du da bist, teilnimmst, mitfühlst ... Du hast die vollumfängliche Erlaubnis, zu urteilen, zu bewerten und zu nörgeln. Selbstverständlich darfst du weinen, um dich, um andere oder um mich. Keiner sieht deine Tränen, außer mir. Ich bewahre dein Geheimnis.
So lange es nötig ist.

KEIN REZEPT

Der ursprüngliche Beweggrund, meine Gedanken, Gefühle und Erfahrungen in diesem Buch herauszuschreien, wächst während des Schreibprozesses weit über jede Idee einer Selbsttherapie hinaus. Im Hinblick auf die Dringlichkeit und Aktualität dieses Themas scheint mein eigener Frieden zusehends eine fast untergeordnete Rolle zu spielen. Ein innerer Zwang, eine energische Aufforderung drängt mich dazu, dir meine Geschichte ganz zu erzählen, um dem einfallsreichen Schicksal einen Auftritt zu geben.
Seit sieben Jahren sammle ich fleißig die Flicken meiner Kindheit in wilden Textdokumenten – ein erzählerisches Konvolut von Wut, Angst, Verurteilungen und Selbstzerstörungssequenzen.
Kein Zuckerschmaus.
Verständnis ist nicht das Ziel meiner Geschichte. Verstehen findet im Kopf statt.

Dein Verstand, mein lieber Leser, meine liebe Leserin, interessiert mich nicht. Wenn du mich fühlen kannst, wenn du dich fühlen kannst, kommen wir dem eigentlichen Anliegen gemeinsam näher. Weder habe ich den Anspruch an Vollständigkeit, noch ist es in meinem Sinne, die Sichtweisen aller an einem Patchworkprozess Involvierten einzunehmen. Ich lasse kurze Sequenzen der Empfindung anderer zu, zu mehr bin ich nicht bereit. Ja, auch ich habe egoistische Motive. Ich bin durchdrungen von der Idee, die Stimme der Trennungskinder zu sein oder wenigstens ihr unterdrückter Husten. Ich ermächtige mich selbst, ihre traurigen und gekränkten Seelen zu Wort zu bringen.
Freiheit erzeugt Trennung.
Jede Medaille hat zwei Seiten.
Ich konzentriere mich auf die, die im Schatten liegt.
In Anbetracht der Komplexität, individuellen Herausforderung und jeweiligen Ausformung der persönlichen Identität in verschiedenen Lebensphasen kann es gar keine allgemeingültige Aussage über die Empfindungen von Trennungskindern geben. Genauso wie es auch kein universelles Rezept für gesunde Ernährung, Glücklichsein oder den Umgang mit Schicksalen gibt. Kein Lebenslauf gleicht dem anderen. Jeder Mensch ist ein einzigartiger und unverwechselbarer Kosmos. Es gibt Unterschiede in den Ausgangssituationen, den Familienkonstrukten und den eigenen Wahrnehmungen.
Und doch: In meinem privaten Austausch mit Trennungskindern mache ich oft die Erfahrung, dass ihre Geschichten und Erlebnisse in verblüffender Weise meinen eigenen Empfindungen von Schmerz und Getrenntsein ähneln. Nach dem ersten Widerstand, sich zu offenbaren, folgen traurige Enthüllungen. Lange ging es den meisten von ihnen „gut", sie waren „in Ordnung", oder der getrennte Elternteil war ihnen „egal" und der Umgang mit ihm „nicht wichtig". Ein Blick in die Augen. Dumpf, traurig und erschöpft.
Man erkennt sich.
Eine empathische Tür zur Wahrheit öffnet sich. Zaghaft fallen die Masken und verdrängte Gefühle stürmen ins Bewusstsein. Trotz meiner Erfahrungen bin ich überrascht, wie groß die Verletzungen anderer Trennungskinder sind, jenseits

meiner eigenen Geschichte. Die Resonanz ist umwerfend. Einer einfühlsamen Seite in mir und meinem Gespür für das Unbewusste offenbaren sich jedoch gegensätzliche Regungen in den noch nicht Ausgesöhnten. Traurigkeit und Verzweiflung kommen zwar zum Ausdruck, aber die Körpersprache zeigt mir auch, dass die kommunizierten Inhalte immer noch beschönigt werden. Dieses Versteckspiel der Verletzlichkeit ist mir vertraut. Erst wenn dann auch die letzten Flunkereien ihre Berechtigung verlieren, entstehen intensive Momente des Vertrautseins, basierend auf einem gegenseitigen Verständnis.
Tränenreich.
Ohnmächtig.
Gleichzeitig auch erfüllend, denn der mühsam versteckte Schmerz darf sich endlich doch zeigen und man ist mit seinen Empfindungen nicht mehr allein. Die Isolation entpuppt sich als fixe Idee und ist schnell durchbrochen. Es entsteht ein befreiender und befruchtender Austausch. Besonders die Ablenkungen, welche bis dahin die innere Leere ersetzen sollten, werden in ihrer Vielzahl und in ihrem Mechanismus sichtbar. Stummes Nicken. Erkenntnis. Hoffnungsschimmer.
Erkennst du dich?
Das Ende der Illusion, der Anfang von Heilung.
Kein Rezept.

EVERYBODYS DARLING

Jeder Tag ist ein Kampf für mich. In mir tobt ein Krieg. Mein Widerstand richtet sich gegen mich selbst. Kraftlos schleppe ich mich durch mein Leben - wie blutlos. Ich kann nicht mehr.
Mein Vater ist nicht da. Seit Jahren fühle ich mich allein. Das Loch seiner Abwesenheit wird größer und tiefer. Ich gerate immer mehr ins Unendliche. Dort ist es rabenschwarz und keiner macht das Licht an.

Ich lasse los, gebe auf. Gebe die Hoffnung auf, jemals ein ganzer Mensch zu sein. Dann hört auch endlich das Leiden auf. Ein langer Schlaf scheint mir eine willkommene Lösung. Erlösung.
Meinetwegen.
Ich stimme zu.
Endlich Ruhe und Frieden.

Ich war ein strahlendes und lebenslustiges Kind: Susanne. *Ich nenne mich Susanne, um eine Elle Abstand zwischen uns zu legen. Um mich selbst betrachten zu können.* Erfüllt von der naiven Idee, die Welt sei ein vertrauensvoller Ort, eine sichere Bärenhöhle. Ich war frei und unbedarft. Die ursprüngliche Reinheit der Natur. Ein Quell an Kreativität und verrückten Ideen. Die Welt wartete darauf, von mir erobert zu werden. *Nichts leichter als das,* dachte ich. Schwerelos. Jetzt kann ich mich kaum noch an diesen seelenvollen Zustand erinnern. Es ist mehr ein Gespür.
Heute bin ich die Art Mensch, die die Einsamkeit der Begegnung mit Menschen vorzieht. Schreibend, statt schreiend, sitze ich auf einem weich gepolsterten Stuhl, an einem großen massiven Holztisch, vor einem traumhaft grünen Panorama auf meiner großen Südterrasse. Die Grillen zirpen und die Sonnenstrahlen streicheln meine Wangen.
Frieden.
Meine gewählte Einsamkeit habe ich mir nett eingerichtet, mit allen erdenklichen Bequemlichkeiten. Es gibt nur wenig gute Gründe, diese heilsame und schützende Obhut zu verlassen. Hier bin ich sicher und von mir selbst wohlbehütet. Draußen pfeift der Wind der Zurückweisung. Hinter jeder Ecke könnte mir die Verletzung auflauern, mich angreifen: *Menschen sind nicht vertrauenswürdig. Ich bleibe daheim.* Eine Eremitin.
Meine Freunde würden das bestreiten. Das dürfen sie. Aber ich weiß es besser. Nur wenige in meinem Umfeld erkennen hinter meinem herzlich extrovertierten Wesen die große Sehnsucht nach Ruhe. Versteh mich nicht falsch, ich bin kein Menschenfeind. Im Gegenteil, zwischenmenschlicher Austausch ist für mich so

inspirierend wie notwendig. Ich bin ein Gemeinschaftstier. Aber ich brauche nach jedem Kontakt mit Menschen den elementaren Rückzug auf meine weiche Couch, wo ich eingehüllt in meine schützende Webpelzdecke und versteckt zwischen meinen samtigen Sofakissen verschwinde. Hier tanke ich Kraft. Die Kraft, die ich für den nächsten Umgang mit anderen brauche, die ich verschwenderisch verbrauche, weil ich gefallen, geliebt und auf keinen Fall abgelehnt werden will.

Harte Arbeit.

Mich aus dieser selbstverstellenden Konditionierung zu befreien ist Schwerstarbeit. Nur zögerlich gelingt es mir mit jedem Tag mehr, mich und meine Verletzlichkeit offener zu zeigen. Manchmal fühlt es sich nicht so schwer an, wie ich geglaubt habe. Auf jeden Fall lohnt es sich, da bin ich mir sicher. Ich habe genug Energie verpulvert für Maskeraden. Ich bleibe dran.

Viele Fakten sprechen dafür, dass ich nicht dieses entartete Wesen bin, für das ich mich halte. Glänzende Pokale, schulische Auszeichnungen und gebündelte Urkunden für sportliche Höchstleistungen könnten vermuten lassen, dass ich gut gelungen bin. Meine erfüllende Partnerschaft gibt mir Anlass zu der Annahme, glücklich zu sein. Meine berufliche Bilanz mit eigenem Unternehmen könnte den Anschein erwecken, ein erfolgreiches Leben zu führen. Ein beachtlicher Freundeskreis, eine innige Geschwisterliebe und ein liebevolles Verhältnis zu meiner Mutter könnten mich als integres und zufriedenes Mitglied unserer Gesellschaft kennzeichnen. Die starke Zuneigung zu meinem Stiefpapa lässt selbst den stärksten Kritiker verstummen. Wieso sollte mit mir irgendetwas nicht stimmen? Erfolg auf der ganzen Linie, alles erreicht - oder wie es mir gelang, mit vorgetäuschter Sonnenscheinmentalität „Everybodys Darling" zu sein. Alles in bester Ordnung, nicht nur im grünen Bereich, vorbildlich.

Patchwork funktioniert also doch!

Ja, Patchwork kann auch funktionieren. Gemeinsam ist uns vieles gelungen. Glückliche Momente waren nicht selten, überhaupt habe ich viel Glück gehabt in meinem Leben und auch Erfüllung gefunden. Ich verdanke dem Umstand der Trennung meiner Eltern viele wichtige Erfahrungen und eine Steilkurve in der persönlichen Entwicklung. Offensichtlich wäre das in einer „ganzen" Kindheit nicht möglich gewesen für mich. Aber noch schwebt der Schleier des Trennungsbewusstseins wie ein bedrohlicher Schatten über meinem Leben. Oder mehr denn je. Das innere Loch ist umso größer geworden, je mehr ich selbst geglaubt habe, ich wäre ein charismatisch-starker Berg. Paradox. Aber diese Welt ist per se voller Widersprüche. Die Wahrheit ist: Ich ertrinke an meiner Lebenslüge. Der Selbstverrat drückt mich auf allen Ebenen gefährlich nah an den Rand des Lochs. Meine Wunden sind ausgeleckt, sie glotzen mich erwartungsvoll an und fordern mich zum Handeln auf. Fordern mein Geständnis.

Die Maske fällt. Ich bin zutiefst erschrocken über das, was ich nicht sehen wollte, verdrängt und abgelehnt habe. Traurigkeit und Verzweiflung kriechen aus ihrem Versteck und lechzen nach meiner Aufmerksamkeit. Aus jeder Pore strömt der Rauch meiner emotionalen Verbrennungen. In jeder Zelle hockt das Ohnmachtsgefühl. Mein Rücken schmerzt unerträglich, Paniken attackieren mich scharf und mein überspanntes Nervensystem kracht in sich zusammen. Ausdruck meiner zerfetzten Seele.

Den Löwenanteil meiner Leuchtkraft hat mein Vater mit sich genommen, als sich meine Eltern trennten. Da war ich sieben Jahre alt. Er hat mich einfach alleingelassen, zurückgelassen in einer Welt, die sich von der grausamen Seite zeigt, sobald die beschützenden Arme des Vaters fehlen. Bis dahin war ich seine Prinzessin gewesen. Danach spielte ich viel geringere Glanzrollen. Jetzt bin ich eine einsame Frau. Halb entwurzelt. Ich will nicht mehr halb sein. Lieber bin ich gar nichts. Lieber bin ich tot.

Mit der Zeit habe ich völlig vergessen, wie sehr ich dieses Leben liebe. Seit Jahren versuche ich, meine Strahlkraft zurückzugewinnen. Die Authentische. Der kleine Schatz, der ich einmal war. Das Licht dringt kaum noch in mein Herz, noch weniger Helles steigt daraus auf. Es ist dunkel, bitter und kalt. Ich bin in dem Loch gefangen und finde keinen Ausgang. In meiner Verlassenheit irre ich umher und versuche, die zerfledderten Teile meines Selbst wieder zusammenzuflicken. Es gibt natürlich auch lichtvolle Momente, in denen ich fest glaube, das Leid überwunden zu haben. An vitaleren Tagen fühle ich mich frei und un-

beschwert - das nährt schon all die Jahre meine Hoffnung, irgendwann vollständig ganz und heil zu sein - und lege mein Urvertrauen in die Hände der seelestreichelnden Augenblicke. Ich werde nicht müde, sie auszukosten. Dann bricht das Dunkel wieder über mich herein, ausgelöst von einem Bild, einer Situation oder einem einzigen Wort. Dann bin ich wieder das kleine verletzte Kind.
Loch.
Ich hasse es.
Die Identifikation mit meinem Trennungskind-Dasein ist so stark, dass ich mich selbst zerstöre. Nach vier Jahrzehnten lasse ich immer noch zu, dass sie mein Leben beherrscht. Egoistisch wälze ich mich in meinem Opfer-Sein, leide qualvoll, still und heimlich. Keiner soll wissen, wie elend es mir geht. Mitleid ist das Letzte, was ich jetzt noch ertragen kann. Es geht mir doch blendend. Schau mich doch an: täuschend echt. Bis ins kleinste Detail ausgefeilt. Tschakka.
Ja, ich darf behaupten, ich bin beliebt. Die Ursache ist mir schleierhaft. Das Ungleichgewicht zwischen meinem ausgeprägten Gemeinschaftssinn und dem Wunsch, mich der Herde auch schnellstmöglich wieder zu entziehen, macht mich nicht kategorisierbar für andere. Unberechenbar springe ich zwischen Exzentrik und Labilität hin und her. Sprühende Begeisterung. Hochsensibler Rückzug. Strukturlos und nicht zu greifen. Verwirrend für andere und für mich. Um mein vermeintliches Selbstbewusstsein und meine überschwängliche Lebensfreude beneidet, ziehe ich Menschen magnetisch an, die mich oft mit ihrer Liebe überschütten. Und genau das war ja auch mein Ziel: geliebt zu werden. Ich bin an meinem Ziel angekommen. Ich werde intensiv geliebt und gemocht. Leider bedeutet es mir zu wenig. Ich habe es erreicht, aber es erreicht mich nicht. Ich will nur diese eine Liebe - die ich nicht habe.
Meine fröhliche Fassade beginnt zu bröckeln, mein Schauspiel kotzt mich selber an. Ich kann es nicht mehr ertragen. Wenn ich in den Spiegel schaue, grüßt mich ein fremdes Gesicht. Die Maske. Wer bist du? Ich weiß nicht, welches Bild ich mehr hasse: das aufgesetzte Lächeln oder die leeren, verheulten Augen. Letzteres drängt immer stärker in den Vordergrund und lässt sich nicht mehr mit einem Fingerschnippen wegschalten. Es will sich zeigen. Die Trauer über meine

gespaltene Kindheit nimmt mich immer mehr in ihren Besitz und ich kann ihr nichts entgegensetzen. Ich bin von Traurigkeit durchdrungen, auch wenn ich fleißig weiter darüber hinweglächle.
Der Ausbruch meiner unterdrückten Emotionen ist nicht aufzuhalten. Der Kessel brodelt. Die Lava rollt schon in meinem Innern und zerrt mich mit sich in Richtung dunkles Loch. Mein Kopf fühlt sich an wie ein qualmendes Epizentrum. Die Eruption steht kurz bevor. Ich habe Angst, mitgerissen zu werden. Ich habe Angst, unter meinen Gefühlen lebendig begraben zu werden. Nirgendwo Halt zu finden. Zu verbrennen. Im Schwarz zu verschwinden. Alle Welt spricht vom Loslassen, als wäre das ein Minimalausflug. Aber ich kann nicht loslassen. Ich weiß nicht, wo ich lande, wenn ich mich einfach ergebe.
Es ist zu ungewiss.
Viel zu riskant.
Ich habe Angst.

DER KLEINE SONNENSCHEIN

Ein kleiner Sonnenschein erblickt an einem warmen Sommertag das Licht der Welt. Ein Strahlekind. Gewollt. Geliebt.
Ein Wunschkind.
Susanne.
Voller Zuversicht und Optimismus bin ich in dieses Leben gepurzelt. *Volle Kraft voraus!* war schon als Baby meine Maxime. Meinem herzlichen und sonnigen Wesen gelang es sofort, die neue Umgebung zu erobern. Löwenkräftig und stolz präsentierte ich meine leuchtende Aura. Meine Wiege war prall gefüllt mit Lebensfreude und Selbstvertrauen. Und immer schon war da dieses gewisse Etwas – ein Strahlen, das jeden, den es erreichte, selbst zum Leuchten brachte. Wie pures Gold wurde ich mit günstigen kosmischen Kräften bedacht, geballter Energie und einer natürlichen Autorität.

Es ist kein Geheimnis: Ich ließ mich gerne und oft bewundern. Licht an! Hier bin ich! Schaut her! Platz da!
Ein Prachtkind.
Es gab viel Raum für meine frühkindlichen Entwicklungen, wenig Störungen und keine Geschwisterrivalität. Ich war die Erstgeborene. Geliebte Tochter von Mama und Papa. Geliebt und geborgen. Ich glaubte fest, das würde immer so bleiben. Wohlbehütet lag ich im Schoß meiner Familie.
Paradies auf Zeit.
Als Kind hatte ich ein natürliches Anrecht darauf, glücklich zu sein. Mein Geburtsrecht. Das Schicksal hatte andere Pläne mit mir. Es vertrieb mich unerwartet von der Insel der Seligen, aus dem heiligen Land, aus der schützenden Umarmung meiner Eltern. Es gab keine Anzeichen oder Vorahnungen. Ich war mit zwei liebenden Eltern gesegnet und strahlte im Kinderwagen mit vorübergehenden Passanten um die Wette. Auf Fotos aus meinen ersten Lebensjahren wirke ich aufgeweckt, pfiffig und lebenslustig. Der Schalk saß mir Nacken. Ein liebenswerter Frechdachs. Zuckersüß. Bestimmend. Eine kleine Kommandozentrale mit Charme - so ist es auch heute noch.
In dieser Babyzeit spürte ich viel Liebe und Wärme um mich herum. Meine Mama nahm ihre Mutterrolle im jungen Alter von zwanzig sehr ernst und steckte ihr ganzes Herzblut hinein. Liebevoll und einfühlsam schaffte sie mir ein harmonisches Heim, in dem ich geschützt wachsen und gedeihen durfte. In ihren Armen habe ich Kraft getankt für die große, weite Welt. Sie war mir Anker, Nest und Hafen. Ich war ihr persönlicher Fingerabdruck der Liebe.
Eine Bilderbuchmama.
Drei Jahre lang durfte ich die Welt unter ihrem Schutz erkunden. Eine Seltenheit zu dieser Zeit, zumal in der DDR. Meist gingen die Frauen nach knapp einem Jahr wieder arbeiten und die Kinder kamen in die Kinderkrippen. Aus der süßen Nacht gerissen. Morgens halb sechs im Fahrradkörbchen, Plastikvisier vor dem Gesicht, taumelnd. Das blieb mir erspart. Ich schlief selig, hatte Mama ganz für mich alleine. Zeiten der Ruhe, Wonnestunden, Gelegenheiten für Liebe. Wir haben gelacht und gekuschelt und unser Glück geteilt.

Heute, wenn der Schmerz übermächtig ist, sehne ich mich in meinem ganzen Sein in diesen mütterlichen Schutzraum zurück, eingehüllt in eine weiche Wolke aus Liebe und Verständnis. Besser noch zurück in den Mutterbauch, in die wohlbehütete Höhle mit bombensicherer Plazenta. Dann rolle ich mich auf der Couch zusammen wie ein Embryo, lege eine schwere dunkle Decke über mich und tauche ab in meinen hermetischen Unterschlupf. In diesem geschützten Raum erinnere ich mich an die ersten Jahre meines Lebens und meinen unerschütterlichen Glauben, die Welt sei ein guter Ort. Ich habe diesem Leben vertraut. Ich habe darauf vertraut, von meiner Mutter, meinem Vater und Gott beschützt zu werden. Ich war mir so sicher, dass es das Leben gut mit mir meint. Ich war ein Kind der Sonne. Ihr Schatten war groß. Mein stärkster Schutzschild war mein Vater.
War.
Ich war die Prinzessin meiner Eltern.
Wundervoller Eltern.

ICH GLÜCKSKIND

Eine Wohnung mit Fernheizung und Balkon in einer Neubausiedlung zu bewohnen war zu DDR-Zeiten ein Glücksgriff. Ein Sechser im Lotto. Meine Eltern hatten diese Chance und wir richteten uns gemütlich auf zweiundsechzig Quadratmetern Stahlbetonplatten ein. Sechs Stockwerke mit jeweils zwei Wohneinheiten und acht Eingängen. Fünfundneunzig Klingelschilder.
Gemeinsam teilten wir uns den Blick auf den gegenüberliegenden Betonkasten. Eine große Rasenfläche, ein Sandspielkasten und mehrere Wäscheplätze waren unser äußerer Lebensraum. Kastanien und Pappeln ergänzten den Neubaucharme. Grünflächen mit Sträuchern und Büschen waren liebevoll angelegt und harmonisierten das steinerne Grau. Wir Kinder brachten Farbe in diese Architektur. Die asphaltierten Straßen wurden mit bunten Zeichnungen überzogen:

Hüpfevierecke. Wilde Tiere. Ferne Landschaften. Kreide machte uns Kinder zu kleinen Künstlern, sie war das einfachste Mittel, um uns auszudrücken. Und das taten wir viel, ständig und großflächig. Die gesamte Siedlung war ein großer Kinderabenteuerspielplatz. Wir tummelten und tobten überall. Es gab kein Fleckchen Erde, dass nicht von uns erobert und eingenommen wurde. Wir regierten die Neubausiedlung. Kinder an der Macht.

Hier war die Welt noch in Ordnung.

Die geringe Auswahl an Spielgeräten machte uns erfinderisch und schweißte uns eng zusammen. Jedes Kind hatte eine besondere Fähigkeit. Gemeinsam erschufen wir Abenteuer und erfanden kreative Freizeitbeschäftigungen. Wir bauten Rennkisten aus allen verfügbaren Materialien, pilgerten in den nahe gelegenen Wald und bildeten Banden – jede mit eigener Räuberhöhle und Anführer.

Einer der Anführer war ich.

Selbst die wildesten Jungs unterstanden meinem Kommando. Ein weiblicher Napoleon, der es verstand, sich durchzusetzen. Mit Charme oder Bestimmtheit, je nachdem. Außerhalb des eroberten Waldes waren wir friedliche Kameraden, genossen unser Beisammensein und unseren Zusammenhalt. Wir waren ein dynamischer Kinderhaufen, der sich die Zeit mit Tischtennis, Seilspringen, Federball, Versteckenspielen, Klingelsturm und allerhand Unfug vertrieb. Beliebt bei den Erwachsenen, die auch selbst wieder Kind sein durften.

Was mich betrifft, so wirbelte ich vergnügt über die bunten Asphaltstraßen, laut, wild und voller Tatendrang.

Unbeirrbar positiv.

Meine Spielkameraden folgten gerne meinen Visionen. Ich wusste, wo es lang geht, und an mir haftete ein treues Gefolge. Die kleine Königin des Plattenbaus. Schon als Kind hatte ich geniale Einfälle und Ideen und wurde so zur Spielführerin unserer Freizeitgestaltung. Ein Improvisationstalent, wie es den DDR-lern gerne zugesprochen wird. Wir hatten nichts und haben trotzdem das Beste daraus gemacht. Wir klagten nicht und kannten kein Mangelbewusstsein, sondern sahen die Welt mit kreativem Blick. Als Kinder hatten wir alles, was wir zum Glücklichsein brauchten. Die Welt außerhalb unserer Betonplatten kannten wir

nicht, also vermissten wir auch nichts. Im Gegenteil. Für mich waren unsere Möglichkeiten endlos und die Zeit immer zu kurz. Aktivitäten fanden zum Großteil im Freien statt: Wir stromerten durch Wald und Flur, flitzten mit den Zweirädern zwischen den Wohnblöcken hin und her, spielten mit dem Ball, dem Seil, mit Murmeln. Stundenlang. Bei Schlechtwetter strapazierten wir Karten- und Brettspiele. Benötigten wir Abwechslung, kreierten wir einfach selbst ein neues Spiel oder bauten die Klassiker aus dem Westen nach. Kreatives Talent musste nicht extra gefördert werden. Wir übten tagelang Sketche ein oder probten Theaterstücke. Die ganze Siedlung war ein Spiel und wir Kinder führten Regie.
Einsamkeit war ein Fremdwort. Jeder kannte jeden. Alle wussten über alle Bescheid. Die Plattenbausiedlung war ein großes Familiennest. Eine Big-Family. Ich war glücklich.
Zum Abendessen wurden wir Kinder kollektiv an die Esstische gerufen. Von den Balkonen aus. Neunzehn Uhr war Abendbrotzeit und draußen wurde es für eine Stunde ganz still. Das Getuschel an den Küchentischen umso lauter: „Familie Bock hat sich nach achtzehn Jahren Wartezeit einen neuen Trabant 1.1 gekauft. Hellblau. Das neueste Modell, mit Viertaktmotor. Eine Sensation. Schräg gegenüber im dritten Stock gab es letzte Nacht lautes Geschrei. Mal wieder. Herr Richter hat einen Schluck Goldkrone zu viel getrunken." Die halbe Siedlung hatte aufrecht im Bett gesessen. Gespannt hatten alle Anwohner seine nächtlichen Ausführungen über unsere Genossen und Genossinnen verfolgt - lautstark hinausgeschrien in die sozialistische Nacht. „Im ersten Aufgang sind neue Nachbarn aus Asien eingezogen. Eine vietnamesische Familie mit zwei Kindern." Nichts ungewöhnliches, ausländische Werktätige waren keine Seltenheit. Die Menschen aus Russland, Polen, Ungarn, Kuba und Jugoslawien brachten Farbe und Abwechslung in unser Plattengrau. So gab es Abend um Abend viel zu berichten aus der Neubaugemeinde. Jeder guckte und horchte, selbst wenn er es vermeiden wollte.
„Stasi" im harmlosen provinzbürgerlichen Sinne.
In der Neubaugemeinde standen die Türen für alle Kinder offen, aber jeder wusste, wo er hingehörte, wo sein fester Platz war. Ein paradiesischer Zustand

für mein Kinderherz. Eine entspannte Obhut der natürlichen Ordnung. Nichts konnte hier die Illusion der heilen Familie erschüttern. Es wurde gestritten, geschrien und gezankt. Aber es gab eine Verlässlichkeit: Beim „Abendmahl" waren alle Plätze in ihrer festen Verteilung belegt. Dieser Garant war eine Ladung geballter und zentrierter Kraft. Solche Abendessenszenarios haben mich nachhaltig geprägt: eine gedeckte Tafel in der Gesellschaft meiner geliebten Familie. Momente höchster Wunscherfüllung.

Die natürliche Synthese - nach diesem „Vorbild" - ist wie eine seelische Rettungsinsel für mich. Heute noch. Ich installiere sie immer wieder aufs Neue und rufe sie herbei, um die Substanz zu wahren. Ein Tick. Ein Überlebenstick. Eine neurotische Macke, wie ich sie zahlreich besitze. Geringste Abweichungen im Prozedere machen mich mal traurig, mal zornig. Sie bringen mein Drachenblut zum Rauschen.

Viele Freunde meiner Eltern waren ebenfalls seltene Fernheizungsglückspilze wie wir, und oft war es ein wildes Kindsdurcheinander in den Familien. Manche Nächte verbrachte ich bei Tante Ines oder bei Tante Ute und deren Kindern. Auch unser Kinderzimmer bot genügend Platz für Auswärtsschlaflustige. Fast könnte man meinen, Patchwork sei genau hier in den Siebzigern entstanden - eine ständig wechselnde Mischung verschiedenster Familienmitglieder auf kleinstem Raum. Aufsicht und Verköstigung leiblicher und unleiblicher Kinder. Ein weitläufiges Netz mehrerer Elternteile. Zerstreute Erziehungsmandate. Ungeklärtes Umgangsrecht, bis jedes Kind wieder in den Schoß seiner Ursprungsfamilie gefallen ist.

Für uns Kinder war diese Familientauschbörse ein sozial flexibles Zubrot unserer gesellschaftlichen Entwicklung. Wir erkannten frühzeitig die Vorteile dieser Gemeinschaft. Währenddessen erreichten uns die wachsende Unzufriedenheit der Erwachsenen und ihre Missbilligung des politischen Systems nicht. Für unsere Kinderseelen waren es goldene Zeiten - voller Dankbarkeit blicke ich darauf zurück -, bis die ersten Wolken am Horizont aufzogen.

MAMA

Unser kleines Beton-Domizil war das Herz der Siedlung und eine großzügige Auffangstation. Alle liebten meine Mama. Ihre Fürsorge reichte für alle Siedlungskinder. Sie schuf die Aura eines überfamiliären Klimas. Mama - Passion und Begabung - die Rolle, die ihr auf den Leib genäht war. Die Übermutter. Liebevoll streng, mehr liebevoll als streng. Verspielt, aber achtsam bei jedem Schritt ihrer geliebten Sprösslinge und Leihkinder. Lebensziel: Familien- und Gesellschaftsmensch.

Ein Sommertag ist tief verankert in meinem Herzen. Wir Kinder spielten unbeschwert in unserem Gemeinschaftsvorgarten Hüpfekästchen. Meine Mama kam mit einem Tablett voll beladen mit Nutellabrötchen zu uns und verteilte sie wie eine Königin, ganz selbstverständlich, unters Kindervolk. Alle stürzten sich auf die Leckereien. Wir liebten Nutella und meine Mama liebte leuchtende Kinderaugen. Win-win. Geben ist seliger denn Nehmen. Meine Mutter wusste um diese Schlaumeierei. Nutella war exquisit. Dank der Pakete unserer Westverwandtschaft war uns diese Delikatesse vergönnt - mir und der großen Kinderschar.

Meine Mutter wurde vergöttert und ich suhlte mich unter ihrem Heiligenschein. Ihre engelsgleichen Energien sind teilweise auf mich übergeschwappt und machten mich zur Geberin, zur Gönnerin. Großzügigkeit liegt in unserer Ahnenkette. Auf den ersten Blick unterscheiden sich die Motivationen. Auf den zweiten Blick sind die Erwartungen dahinter gleich: geliebt zu werden. Liebe geben und dafür Liebe erhalten.

Das Spiel des Lebens.

Jeder spielt es anders.

Mama war großartig. Dazu sah sie liebreizend aus und verströmte immer den Flair einer jugendlichen Unschuld. Ein bunter Schmetterling, der direkt in mein Tochterherz flatterte und dort Seelenbalsam verstrich. Ihre Gegenwart bedeutete Strahlkraft und hinterließ Feenstaub. Das Gegenüber war ihr wichtig. Nächstenliebe und Mitgefühl waren keine Phrasen für sie. Sie lebte beides und besaß die Gabe, andere zu inspirieren. Zu erheben, wenn sie sich niedergeschla-

gen fühlen. Eine Botschafterin des Himmels. Segensreich. Ätherisch schön, innen wie außen.
Wo ein Engel wirkte, steckte aber auch ein Teufelchen drin. Die Verwandlung geschah oft in aller Kürze. Eben sah ich noch die weißen Flügel am Mutterleib, als plötzlich zwei rote Hörner aus dem Schädel wuchsen. Alles in Deckung! Sie machte keine halben Sachen, fackelte nicht lange, wenn man ihre Großherzigkeit ausnutzte. Wer es dennoch wagte, wurde abgestraft. Ihr eigenes Kind wagte es nicht. Ich war mir der riskanten Stelle bewusst, wo der glänzende Horizont in die finsteren Tiefen stürzte. Mutig war ich, aber nicht dumm.
Mama in Feuerform. Das war nicht weniger beeindruckend als ihre Engelsgestalt. Sie konnte herrlich aufbrausend sein, immer mit dem Zepter fest in der Hand. Eine Frau mit Format. Ich gab ihr wenig Anlass, verärgert zu sein. Artig blitzten meine weißen Zähnchen, mit dem Ziel, ihr Strahlen zu locken. Und ich wurde oft und viel angestrahlt.
Mama.
Sie segnete meine Welt mit anmutiger Bemutterung. Mein Gefühl des Daheim-Seins war allgegenwärtig. Wir waren eine kleine glückliche Familie, entsprechend den Werten unserer demokratischen Republik und im Sinne des unendlich guten Geistes. Ich war der leibhaftige Beweis für die Gunst des Schöpfers.
Süßes Leben. Warum hast du mich verlassen?

PAPA

Ein Mordskerl. Ein Typ mit Charakter. Unwiderstehlich. Unbestreitbar die erste große Liebe meines Lebens. Wie meine Mama bin ich diesem Weiberhelden gnadenlos verfallen. Ich behaupte, alle Vaginas unserer Plattenbausiedlung waren scharf auf ihn. Papa, ein Womanizer. Ein Papagallo. Charmant und gewitzt. Dazu ein Freigeist und intellektueller Tausendsassa. Beeindruckend vielseitig.
Liebling der Frauen.

Mein Liebling.
Aber er hatte noch mehr zu bieten: Herz und Seele. Eine tiefe Seele, auch verletzt. Optisch ein Kraftstrotz, aber im Innern sehr empfindsam. So lieben wir Frauen die Männer. So wollen Töchter ihre Väter. Das Idealbild.
Bilderbuchpapa.
In seinen starken Armen war die Welt total in Ordnung. Er war mein Zufluchtsort, mein sicheres Zuhause. Bombensicher - sieben Jahre wohlbehütet und geschützt. Sieben Jahre Glitzerwelt. Danke.
Mein Vater hatte seine Prinzipien, und da ließ er keine Luft ran. Ein Revoluzzer, mit eigener Meinung und lauter Stimme. Das habe ich heimlich bewundert. Nachgeahmt. Ich liebte ihn heiß und innig, hatte aber auch Respekt vor ihm. Gar nicht so selten gab es eine Backpfeife für denjenigen, der danach bettelte. Ich fand das großartig. Mein Papa - ein Handlungstyp. Das machte Eindruck.
Anfangs. Später fürchtete ich mich davor.
„Zwei Seelen wohnen, ach! in meiner Brust ..." So betörend vital und robust mein Vater einerseits war, mit den Unberechenbarkeiten des Gefühlslebens kam er nicht so gut klar. Sein hohes Maß an Freiheitsliebe machte ihn unstet und unzuverlässig. Ein ausgefülltes Leben als Familienvater war nicht sein vorrangiges Ziel. Vergnügen und Abwechslung standen stattdessen auf seinem Tagesplan.
Augenscheinlich.
Als Tochter warf ich einen zweiten und dritten Blick. Tief in seine Seele. Sein warmes Herz. Ich spürte seine Liebe und direkt daneben seinen Schmerz. Nach außen tarnte er seine Gefühle unter einem charmanten Quatschkopf. Da liebte ich gleich noch mehr, diesen Narren und seine Verletzlichkeit. Egal in welcher Beziehung, dieser Mann konnte einem nicht gleichgültig sein. Seine Gegenwart war lebendig, er hatte eine einnehmende Präsenz und eine auffordernde Energie. Eine Dunkelheit dahinter konnte man nur schwer erahnen. Ich schon. Kräftig mitfühlend suchte ich nach einem Verständnis für den düsteren Schatten auf seiner Seele. Doch wie weit erlaube ich mir Anteilnahme? Andere verstehen, verändert das etwa den eigenen Schmerz?

Ablenkung von der eigenen Seelennot? Ist es Liebe?

Es ist, was es ist.

Vater verdiente sein Geld als Maurer. Nach seiner beruflichen Tätigkeit ging er zur Feierabendbrigade, oder wie man liebevoll sagte „zum Pfusch". Staatlich geförderte Schwarzarbeit. Den zumeist höheren Lohn gab es bar auf die Hand. Der wurde oftmals unmittelbar in geistige Flüssigkeit umgesetzt. Meistens schon vor Ort. Mit zwei Promille eine Elektroleitung verlegen war keine Seltenheit. „Lass die Leute ein bisschen was dazuverdienen." Honecker, der Menschenkenner. Gefällt mir.

Der Nachteil der Feierabendbrigaden war eine regelmäßig spätnächtliche Heimkehr des Häuptlings in sein familiäres Nest. Meist schwankenden Fußes. Ich mochte den Geruch von Kaugummi aus dem Rachen meines Vaters. Den Pfefferminzlikör („Pfeffi") hatte er pur getrunken. Überhaupt war er in diesem Zustand viel lustiger als sonst. Wenn ich denn schon noch einmal wach geworden war, veranstaltete er allen möglichen spaßigen Unsinn mit mir.

Für Blödsinn war ich immer zu haben.

Er auch.

Das besorgte Gesicht meiner Mama daneben nahm ich dabei kaum war. Ich erinnere mich an eine Begebenheit, wo sich der Spaß allmählich in Schrecken wandelte. Mein Vater saß trunken in der Küche und pfiff mich barsch heran. Im Schlafanzug stand ich vor ihm. Müde. *Warum wächst du denn nicht schneller?* Er goss mir die Worte und das Wasser aus der vollen Zimmergießkanne über den Kopf. Ich war völlig durchnässt und weinte. Ich verstand nicht.

Ich war enttäuscht.

Eingeschüchtert.

Er lachte lauthals. Mir war das Lachen vergangen.

Immer öfter ging er nach der Arbeit „auf ein Bier mit Freunden". Meine Mutter erzählte mir später, dass er nach dem Schaffen nach Hause kam, ein ausgedehntes Bad nahm, sich in frische Sachen kleidete, die sie ihm zurechtgelegt hatte, um sich dann mit seiner Kumpelei zu verabreden. Warum er das tat, weiß nur er.

Gerne erinnere ich mich an die Zeiten, in denen ich kränklich war. Es war meistens ein Papajob, mich in diesen Tagen des Unwohlseins zu betreuen. Dann gab es für das kranke Kind eine leckere Nudelsuppe mit Ei und viele Streicheleinheiten. Diese Stunden habe ich sehr genossen.
Mit Papa allein.
Allein in Papas starken Armen.
Glückskind.
Die Suche nach genau diesem Schutz und der vertrauten Zweisamkeit währte viele Jahre meines Erwachsenen-Daseins. Mit Schmerzen und Krankheit verfolgte mich sein Verlust. Auch heute noch gibt es Symptomzeiten, in denen ich mir nichts sehnlicher wünsche als den Beistand und die Fürsorge meines Vaters. Obwohl mir seit über dreißig Jahren bewusst ist, dass mir diese Seelsorge in Augenblicken des Leidens verwehrt bleibt, wünsche ich sie mir umso energischer. Ich kann nicht ablassen von dem Bedürfnis, von Papa getröstet zu werden, und nähre es weiterhin durch viele krankhafte Zustände. Doch er kommt nicht. Und ich versinke in meinem eigenen Mitleid. In meinen schlimmsten Phasen fühle ich mich grauenvoll verlassen. Allein gelassen. Mein Herz will sich nicht damit abfinden.
Kind der Sonne.
Im Schattendasein.
Die Vater-Tochter-Beziehung: Einzigartig soll sie sein. Prägend für immer. Papa - die Verkörperung meines Männerbildes. Wie stark sich diese besondere Verbindung auf mein Leben auswirken sollte, zeigt die Jahrzehntezeit meines ständigen Suchens und Erfahrens. Versuch und Irrtum. Tiefes Graben in unzähligen verhaltenspsychologischen Wahrscheinlichkeiten - (fundamentaler Inhalt dieses Buches). Eine spannende und herzzerreißende Reise in meine eigenen seelischen Abgründe. Ängste. In den vielen Jahren meines Vaterseelenalleinseins habe ich jeden Aspekt dieser eingewurzelten Bindung analysiert, zerpflückt und neu zusammengesetzt. Ich war Forscherin, Wissenschaftlerin, Biologin und Therapeutin. Die Vater-Tochter-Symbiose, ihr frühzeitiges Zerreißen und ihre herrische Fuchtel über meinem Lebensweg habe ich akribisch zu meinem

Lebensinhalt gemacht.
Nicht freiwillig.
Aus Not habe ich Tausende Seiten Literatur verschlungen, in der Hoffnung auf Beziehungserleuchtung. Meinungen von Psychologen und Ansätze von Familienexperten verglichen. Streckenweise empfand ich mich als Expertin für Genetik und Anatomie. Erschwerend hat die Philosophie penetrant ihren Senf dazugegeben. Die Gruppe der getrennten Elternteile war zu keiner Zeit um Ausreden verlegen, zumal völlig überfordert mit diesem Thema. Nirgends fand ich Antworten. Wo ich auch suchte, traf ich auf schwammige Theorien von Unbeteiligten, die sich jahrelang auf der Schulbank und in Hörsälen in dieses Thema vertieft, es aber nie selbst erlebt hatten. Verallgemeinerungen verschiedenster Couleur. Meine Wahrheit habe ich hinter all den Seminaren, Selbstfindungstrips und Familienaufstellungen nur an einem einzigen Platz gefunden. Dort ist sie immer gewesen. Ich habe noch eine Chance. Eine letzte Chance.
Die Stimme des Herzens.
Es ist ein Flüstern, dass zu mir durchdringt. Ein leises Sprechen. Eine versöhnliche Energie. Man hört es kaum. Ich mag es auch nicht hören. Noch nicht. Jetzt will ich laut und persönlich sein, schreien, poltern und meiner Wut Ausdruck verleihen. Also schreibe ich. Keine pikante Plauderei aus dem Patchworknähkästchen.
Ein Aufschrei.
Eine Beschwerde.
Ein wahres Wort.
Auch ich bin gespannt, was auf mich wartet, wenn der Zorn verpufft und das Feuer ausgespuckt ist.

DAS SIEBTE LEBENSJAHR

Die Zahl Sieben begleitet mich zuverlässig mein ganzes Leben. Sie ist eine Primzahl, nur durch eins und sich selbst teilbar. Die einzige Zahl, die sich für mich willkürlich und einzigartig anfühlt. Numerologisch steht die Sieben für Fortschritt und Sieg. Verkörperung des Überwindens. Mein siebtes Lebensjahr - ein Jahr, dass überwunden werden will. Muss. Weil es mit Wunden übersäht ist. Der Schock drin sitzt. Das Jahr der Abschiede.
Bye bye, Papa.
Bye bye, Glückskind.
Ich entscheide mich, von nun an zu leiden und zu vergessen. Keine Alternativen in Sicht. Keine helfende Hand. Vergessen ist das bessere Erinnern. Folglich weist mein Gedächtnis große Lücken auf. Der Speicher reicht nur bis zu meiner Schuleinführung. Danach Black Hole, oder wie die Wissenschaft es nennt: eine retrograde Amnesie. Spezielle Diagnose. Legitim. Eine Person ist nicht mehr in der Lage, sich an sämtliches Geschehen vor einem bestimmten Ereignis zu erinnern. Meist ein traumatisches. Ja was denn sonst?
Trennung meiner Eltern.
Die Zeit der ersten bis dritten Klasse in der Schule - einfach weg! Film gelöscht. Nicht ganz. Die Kopie ist abgelegt in einer düsteren Ecke meines Unterbewusstseins. Unter Verschluss gebracht. Verriegelt und verrammelt, mit einem gordischen Knoten gebunden. Bewacht von dem Militärkorps der Schweizergarde. Versteckt hinter den sieben Bergen.
Nie wieder fühlen.
Gut so.
Vielleicht kennst du das auch.

DIE TRENNUNG

Ich habe lange nach einer ausdrucksstarken Überschrift für dieses Kapitel gesucht. Eine Headline, die meinen Schmerz direkt zu dir transportiert. Eine Wortverbindung, die dich in Sekundenschnelle in mein finsteres Tal befördert. Ein gewaltiger Ausdruck. Ohne Erfolg.

„Trennung".

An der essenziellen Begrifflichkeit komme ich nicht vorbei. Sie ist für sich selbst stark genug, um allein zu stehen. Die Deutungsmöglichkeiten sind begrenzt. Getrennt ist getrennt. Ein neues Zusammenfinden kann entstehen. Ja. Ein Familienmodell mit interessanten Möglichkeiten. Ja. Ein großes Spielfeld für persönliche Entwicklung. Auch ja. Persönliche Vorteile. Aber ja doch. Wieder ganz werden? NEIN!

Nie wieder.

Egal, was in diesem Universum voneinander getrennt wird, es wächst nie wieder heil zusammen. Die Schweißnaht bleibt lebenslang sichtbar. Oder unsichtbar. Verborgen, nach innen gestülpt. Verwächst sich.

In meinem siebenjährigen Susannebewusstsein gab es kein Häkchen für die Option „Trennung meiner Eltern". Das stand schlicht nicht zur Wahl. Auch in meinem Freundeskreis gab es diese Erfahrung nicht. Da war alles tutti paletti. Es gab keinen Spielraum in meinem System für solch eine Eventualität. Meine Seele war an dieser Stelle nicht dehnbar. Mein Herz nicht flexibel. Es ist gebrochen. Glas.

Mein emotionaler Zugang zu dieser Lebensphase ist mir dank Amnesie versperrt. Ein psychischer Abwehrmechanismus, der das tatsächliche innere Erleben vom Bewusstsein abgespalten und rigoros weggepackt hat. Kluges Ding. Aber es nützt nichts. Im Gegenteil. Wenn ich es da heraushole, wird das erneute Empfinden meine Psyche definitiv überfluten und mein Hirn in der Luft zerreißen. Man erlebt es ja nicht einfach nur *nach*, sondern ganz real noch einmal. Dazu fehlt mir die Kraft. Ich bin ein Halbkind. Halbstark. Stoße einen Medizinball gegen einen einbeinigen Menschen. Was passiert? Genau.

Meine Kraftreserven sind streng rationiert. Vor Situationen, die mir Kraft abverlangen, flüchte ich. Mit Recht. Wenn ich muss, tauche ich ultravorsichtig ein. Ich brauche die Sicherheit einer Notbremse. Rückzug. Langsam wieder vor. Schritt für Schritt, und viel Raum für alles, was dann herauskommt aus dem Keller. Was ich noch nicht kenne. Ich befürchte die Apokalypse. Hoffe auf die Offenbarung.

Apropos Kraft. Du gibst mir Kraft. Jetzt, genau in diesem Moment und unbekannterweise. Ja, du! Du hörst mir zu, ermutigst mich. Dein Lesen trägt mich. Du machst es mir leichter. Dafür danke ich dir.

Tränen.

Eine Zigarette.

Widerstände weiterzuschreiben. Seele und Ratio im Zwiespalt. Die miese Stimme: *Du kannst das nicht. Du schreibst nicht gut genug. Du dramatisierst. Du bist so albern, wie du dasitzt mit deiner Vergangenheit. Was soll das bringen? Bleib im Hier und Jetzt. Du retraumatisierst dich.*

Die zweite Zigarette.

Reiß dich zusammen! Ein paar Yoga-Übungen für den unteren Rücken. Die Wäsche. Das Abendessen vorbereiten. Tränen. Selbstmitleid: Ich bin nicht gut genug. Wieso schreibe ich eine Anklage, wo sich die ganze Welt im positiven Denken übt? Keiner will mein Gejammer hören.

Ein Glas Wein.

Herumirren in der Wohnung. Hübsche Möbelstücke. Das ganze Interieur ist harmonisch aufeinander abgestimmt. Das Chi fließt. Mein Partner fordert mit Nachdruck: *Schreib endlich dieses Scheißbuch weiter!* Drama. Drama. Drama. Was habe ich schon zu sagen, kleines, halbes Mädchen. Das Herz drückt. Der Rücken drückt. Druck. Druck. Druck. Eine Meditation zur Entspannung. Herrlich.

Zigarette.

Wein.

Weinen. Toilette. Duschen, unbedingt. Das Schreiben macht mich ungepflegt. Ein wenig Wimperntusche zum Aufhübschen für das Trennungskind. Fühlt sich bescheuert an. Alles. Blick in den Spiegel: *Du kannst das nicht. Du armes Ding.*

Die Ursache der Trennung? Zur Analyse stehen mir ein paar Satzfetzen meiner Mutter und die Kommentarlosigkeit meines Vaters zur Verfügung. Also nichts. Mir steht es nicht zu, Richter zu spielen und ein Urteil zu fällen. Hinterfragen und deuten - nicht mein Spielfeld. Bescheid wissen über Ursachen bringt mich keinen Schritt weiter. Also überlasse ich das meinen Eltern. Sie wissen es.
Der Alkoholkonsum ging bei meinem Vater über die Sozialverträglichkeit hinaus. „In keinem Land der Welt wurde so viel Schnaps getrunken wie in der DDR", behauptet der Ethnologe Thomas Kochan. Recht hat er. In den Schnapsregalen gab es keine Lücken. Harten Stoff gab es im Überfluss. Mein Vater konnte den bunten Flaschen nicht widerstehen. Scheidungskomplizen. Wirklich? Der Suff bescherte ihm eine dreckige Weste. Der abstinente Teil der Gesellschaft zeigte auf ihn und degradierte ihn zum Bösen. Schuldig. Die Beweislage ist eindeutig. Ich habe es den anderen gleichgetan und meinen Vater dafür verachtet. Die Frage nach der Ursache seiner Sauferei bleibt noch unbeantworteter. Damals wurden solche Dinge nicht hinterfragt. Heute muss für alles eine Ursache gefunden werden. Ist heute das bessere Gestern?

Die Spirituosen spielten oft eine Hauptrolle. Auch an diesem Abend - achtzehn Volumenprozente erschütterten meine Kinderseele, installierten eine neue Emotion in meinem kindlichen System: Hilflosigkeit. Wir Kinder lagen wohlbehütet in unseren Betten. Alles war friedlich. Wohlig eingekuschelt beobachtete ich die kleinen Schneeflocken durchs Fenster. Beschützt in einem Wintermärchen. Die Bettdecke bis zur Nase gezogen lauschte ich dem süßen Schnarchen meines kleinen Bruders. Die Kinderzimmertür stand einen Spalt offen - eine liebevolle Geste meiner Mama, damit wir Kinder nicht vom elterlichen Feierabend ausgeschlossen waren. Ich mochte es. Innerlich musste ich oft kichern, wenn sie betont leise an unserem Zimmer vorbeischlich. Alle zehn Minuten schaute ein Lockenkopf vorsichtig durch den Türspalt.
Sicherheit. Frieden.
Plötzlich hörte ich einen lauten, alles durchdringenden Schlag im Hausflur Ohrenbetäubendes Klirren. Mein Herz setzte kurz aus. Meine inneren Alarm-

glocken waren sofort aktiviert. Das hieß nichts Gutes. Ich hatte panische Angst, aufzustehen und nachzuschauen. Meine Mama eilte zur Tür ... und ich ... Wäre ich doch lieber in meinem Bett geblieben. Dieser Anblick. Ich werde ihn nie vergessen.

Tränen.
Ausreden.
Bewusst entschiedene Schreibblockade.
Die Gartenplanung für unser Haus. Das kann nicht warten. Tränen. Eine dringende Angelegenheit. Natur heilt. Ein wichtiges Thema. Gedeiht der Japan-Knöterich neben der Mondviole? Ausdauerndes Silberblatt.
Keine Ausdauer.
Ausweichen.
Selbstvorwürfe.
Noch mal abducken, mich mir selbst entziehen. Leid. Schmerz. Leid. Dieser Anblick war grausam. Grausam, mich daran zu erinnern. Grausam, ihn mir erneut vorzustellen. Grausam, ihn jetzt mit dir zu teilen: Mein Vater lag blutverschmiert und bewusstlos auf dem Boden. Dutzende kleine Scherben stachen in seinen Kopf. Überall Blut und Panik. Mein Vater regungslos. Seine Tochter regungslos. Das Klicken im Schaltschrank, die einzige Melodie in diesem Horrorfilm. Klick. Klick. Dieser Anblick. Dieses Geräusch. Grausam.
Ein weiterer Anblick traf mich noch tiefer. Die Vogelperspektive auf mich selbst. Dieses Bild läuft so präsent auf meiner inneren Leinwand, lässt sich nicht verdrängen oder abschalten. Da stand ich. Versteinert. Das Blut wich aus meinem Körper und dunkle Gestalten fielen in mich ein. Das Sonnenkind im hübsch geblümten Schlafanzug, mit frisch geschnittenem Bubikopf, barfuß, frierend, angewurzelt – diese süße, kleine, reine Gestalt.
Zerbrochen.
Der Frieden ist ein mieser Verräter, er täuscht nur vor und hält sein Versprechen nicht. Nie werde ich ihm verzeihen. Fünf. Vielleicht war ich fünf, oder vier. Ich war unversehrt. Habe geglaubt: starker Papa! *Papa, warum tust du das?*

Mama war sofort zur Stelle. Das war sie immer, sofort zur Stelle. Mama wusste, was zu tun war, kümmerte sich behutsam um den Angeschlagenen. Ihr eigenes Leid zählte jetzt nicht. Ein anderer brauchte ihre Hilfe. Und sie half. Sie rettete. Sie war die Retterin. Mein Vater der Gerettete, der nicht gerettet werden wollte. Das ganze Dilemma meiner Eltern lag in Blut getaucht vor mir. Etwas in mir wusste: *Jetzt sind wir im Krieg!* Es würde nur Verlierer und Verletzte geben. *Hier kommt keiner wieder heil raus.* Meine Welt lag auf der Treppe in Scherben. Meine innere Drohne filmte weiter: Verzweifelt zieht das kleine Mädchen eine dicke Mauer um sich hoch. In Sekunden. Dann fällt der Vorhang. Nichts ist mehr, wie es war. Etwas ist gravierend anders.
Gestorben.
Diese Situation war eingefroren und schlummerte in den Untiefen meines Hirnarchivs. Dort hat sie über dreißig Jahre geschlafen. Jetzt habe ich sie wachgeschrieben. Das Klicken des Schaltkastens frisst sich in mein Trommelfell. Ich konnte mitzählen, wie viele Nachbarn das Licht einschalteten, leise ihre Wohnungstür öffneten und teilhaben wollten am Drama im ersten Stock. Die Menschen lieben Dramen. Besonders die von anderen Leuten. Es macht ihre eigene kleine Welt heiler. Ich hasse das Klackern von Stromstoßschaltern. Es ist abscheulich.
Die Tage danach bleiben außerhalb meiner Wahrnehmung. Mit Stift. Ohne Stift. Mit Stift. Ein großes Nichts. Ein Notfallschutzprogramm. Aufzeichnungen gelöscht. Weder kann ich Bilder noch Gefühle abrufen. An meiner Schuleinführung habe ich selbst nicht teilgenommen. Ich erinnere mich nicht daran. Gedächtnislücke. Das blonde Mädchen mit Zuckertüte und schwarzen Lackschuhen auf den Fotos ist mir fremd. Ich erkenne mich nicht. Susanne lächelt trotzdem.

Das Schmerzempfinden meiner Mama muss bei dem Anblick ihres zerstörten Mannes und ihrer ängstlichen Tochter gewaltig gewesen sein. Wie kann ein Mensch das ertragen? Ich will ihr Leid abnehmen, etwas davon absorbieren. Aber mein therapeutischer Schwamm ist zu klein, reicht nur für meine eigenen traumatischen Verletzungen. Jetzt, wo die Tür auf ist. Es fühlt sich an wie eine

Horde wilder Büffel, die über einen gepflegten sattgrünen Rasen rennt. Im Nu zerstört.
Die Zeit bis zur Scheidung meiner Eltern und die Scheidung selbst habe ich wie im Nebel erlebt. Verschwommen und diffus. Ich habe keinen emotionalen Zugriff auf dieses Zeitfenster. Nur ein Gefühl ist stark präsent: Widerstand. Ich widerstehe allem, was von der Institution und dem Heiland „geliebte Eltern" abweicht.
Jetzt ist Mami der Mann im Haus.

FAKTEN

Trocken.
„13,6 Prozent der Haushalte in Deutschland mit Kindern unter 18 Jahren sind Stieffamilien; etwa 10,9 Prozent der Kinder unter 18 Jahren leben in Stieffamilien. Die Stieffamilie ist damit der dritthäufigste Familientyp nach der Kernfamilie und der Ein-Eltern-Familie (Alleinerziehende) mit einem Anteil von 16 % der Kinder unter 18 Jahren."
Wikipedia. Interessant.
Im Familienreport 2017 des Bundesministeriums für Familie, Senioren, Frauen und Jugend heißt es einleitend: „Die Familie ist für 79 Prozent der Bevölkerung der wichtigste Lebensbereich. (...) Bei Eltern mit minderjährigen Kindern sind es sogar 93 Prozent, die die Familie für den wichtigsten Lebensbereich halten. Für mehr als 90 Prozent der Bevölkerung ist es die größte Freude im Leben, zu beobachten, wie Kinder groß werden."
Nachdenklich.

MEIN BRUDERHERZ

Während ich mit Bestleistungen um Aufmerksamkeit bettelte, versuchte sich mein Bruder Daniel in Rebellion. Seine Widerspenstigkeit war ebenso erfolgreich wie beeindruckend. Er war ein Enfant terrible und erschwerte es jedem, ihn um seiner selbst willen zu lieben. „Ich bin dagegen" wurde zu seinem Lebensmotto und verdeutlichte seinen Widerstand gegen die Trennung unserer Eltern.

Die Trennung.

Der Verlust der Vaterfigur.

Die fehlende Nähe zu ihm.

Den Wunsch meines Vaters, seinen Sohn mitzunehmen, verweigerte meine Mutter. Die Kinder sollten beisammenbleiben. Wir blieben es. Unvorstellbar für mich, auch noch von meinem Bruder getrennt worden zu sein. Möglicherweise wäre sein Leben anders, leichter, einfacher verlaufen an der Seite unseres Vaters, möglicherweise nicht. Wer weiß das schon. Natürlich habe ich meinen Bruder oft zum Teufel gewünscht, aber es bleibt fraglich, ob sich meine Kindheitsjahre ohne ihn entspannter gestaltet hätten. Auf jeden Fall ist es ein erschreckender Gedanke, die wertvollen Erfahrungen unserer intensiven Geschwisterbeziehung mit all ihren Schauplätzen wären mir verwehrt geblieben.

Geteiltes Leid ist halbes Leid.

Es hat auch Zeiten gegeben, in denen sich unser gemeinsames Leid verdoppelte. In Momenten der Zurückweisung und Ablehnung durch unseren Vater. Wir antworteten gleichlautend, illusionierend:

„Du kennst ihn doch!"

„Er hat sich nur falsch ausgedrückt."

„Wir haben ihn missverstanden."

„Er liebt uns trotzdem."

Letztere war die perfideste, aber wichtigste Illusion. Wir glaubten daran und klammerten uns an sie. Zumal unsere Mutter viele Jahre den Respekt für ihn aufrechterhielt, ihn verteidigte und unsere Enttäuschungen beschwichtigte.

Eines Tages aber wurde sie müde davon, war verbittert wegen all seiner nicht erfüllten Versprechungen. Sie war es leid, den Verletzungen ihrer Kinder nichts Heilendes entgegensetzen zu können. Die väterlichen Pfeilspitzen der Interessenlosigkeit drangen direkt in unser Herz, und wir spannten unseren Abschirmpanzer auf. Ignoranz und Gleichgültigkeit sind harte Kaliber. Die hässliche Form der Vaterliebe verunsicherte uns zutiefst, und unser kindliches Spekulieren über die möglichen Ursachen blieb erfolglos. Uns verband der gemeinsame Schmerz. Sein Geschwister verletzt und verwundet zu erleben war qualvoll. Eine Bewältigungsstrategie musste her, und zwar schnell.
Für mich war es eine Selbstverständlichkeit, als die „Größere" den Laden mit zu schmeißen. Das hat mich geprägt: Heute noch scheue ich Verantwortung und gehe ihr weiträumig aus dem Weg. Das Los der großen Schwester war unausweichlich. Meine Position selbsterklärend. „Nimm deinen kleinen Bruder mit. Pass auf ihn auf. Sei doch vernünftig, du bist die Große." Bei vielen Freundschaftsbesuchen hatte ich meinen Bruder im Schlepptau.
Ich fand es nervig.
Er spürte es.
Wie traurig muss sich mein Bruder dabei gefühlt haben? Die Ablehnung seiner geliebten Schwester kam für ihn noch obendrauf. Einsame Zeit. Getrennte Zeit. Er wollte immer mit dabei sein, einfach bei mir sein, und ich empfand ihn oft als eine Last. Die Verantwortung drückte mich und ich wollte auch lieber die „Kleine" sein, die umsorgt wird, um die sich jemand „Großes" kümmert. Dieser Wunsch wurde über die vielen Jahre immer schwächer, sodass es heute eine besondere Schwierigkeit für mich darstellt, mich umsorgen und verwöhnen zu lassen, mich einfach fallen zu lassen in der Gunst eines anderen.
Annehmen. Eine Unmöglichkeit.
Mein Bruder hingegen wurde von zwei starken Frauen getragen und beschützt, meiner Mama und mir. Dadurch entstand ein Ausgleichskonflikt und ich fühlte mich oft vernachlässigt und weniger wertvoll. Mir durchaus angebotene Hilfe konnte ich nicht annehmen. Lehnte sie schon prinzipiell ab. Lehnte mich selbst ab – als bedürftiges Kind. Stattdessen verdrehte ich meine Selbstdarstellung:

die Starke. Der Baum. Der Fels. Die Unfehlbare. Äußerlich standhaft und aufrecht, krümmte ich mich innerlich. Ich durchschaute die Dynamik nicht. Wie auch. Ich litt unter Einsamkeit und sehnte mich danach, auch einmal klein und schwach sein zu dürfen.

Wonach sehnte sich mein Bruder? Daniels Antworten auf diese Frage waren an Einfallsreichtum und Präsenz kaum zu überbieten. Es verging selten ein Tag, an dem er nicht für Aufregung sorgte. Wutausbrüche, Regelwidrigkeiten und die Auflehnung gegen Autoritäten waren seine beliebtesten Aktivitäten. Emotionale Werkzeuge wie Verweigerung, Ungehorsam und Aufsässigkeit lagen ihm dabei gut in der Hand. Seine „Neins" waren ausschließlich Reflexe seines Widerstands.

Aufmerksamkeit wollten wir beide.

Das hatten wir gemeinsam.

Ich war dafür. Er dagegen. Wir beide waren wie Schoko und Vanille. Hier folgsam, dort aufbegehrend. Ich ein blonder Engel, einnehmend und freundlich. Er ein kleiner Teufel, provokant und maßlos. Das machte nur bedingt einen Unterschied, denn mit dem Prädikat „Trennungskinder" war man uns beiden gleichermaßen freundlich gesinnt. Etappenweise lehnte ich mich erfolgreich an Daniels Konzept des Ungehorsams an. Ich beneidete ihn für seinen offenen Widerstreit, hatte doch auch ich eine geballte Wut in meinem Bauch. Auch ich wollte gern den Märtyrer spielen. Im Gegensatz zu Daniel wurde mein Abwehrverhalten jedoch als sehr unangemessen empfunden, was mich zuerst noch wütender machte. Nach zahlreichen Erziehungsmaßnahmen und stetigen Hinweisen, dass sich so ein Verhalten für ein Mädchen nicht gehöre, wechselte ich schließlich die Taktik und schulte mich in anderen aufmerksamkeitshaschenden Methoden: Leistung. Anpassung. Heiteres Naturell.

Heute liegen unsere Wohnorte 350 Kilometer auseinander - beide etwa 400 Kilometer von unserem Vater entfernt. Wie Daniels Seele sich gegenwärtig positioniert, kann ich nur vermuten. Mein Bruder war beim Auseinanderdriften unserer Eltern drei Jahre alt.

Drei Lenze.
Wie würdest du dich fühlen?
Wie ist jetzt der Vergleichsmoment zu formulieren zu meinen sieben Jahren?
Ich habe einschlägige Studien danach durchwühlt, mit dem Ergebnis, dass es keine Verallgemeinerung gibt. Nur die konkrete Konstitution, die individuelle Ausstattung - Identität und Resilienz - können Hinweise geben zum Grad der seelischen Verletzung. Wir stehen nicht im Wettbewerb um die prächtigere Narbe. Aber wir erinnern uns gegenseitig daran, dass wir sie haben - ganz automatisch. Betroffenengruppe zu zweit.
Zigarette.
Wein.
Zum Glück haben die Götter diesen Nektar erfunden - und das Destillieren. Schmeichelnde Seelsorger. Promille. Höchstes Ablenkungspotenzial. Traubenhafte Runterschluckmechanismen. Noch heute sind mein Bruder und ich sehr trinkfest, vielleicht aus einer unbewussten Idee heraus, unserem Vater damit nah zu sein.
Vor fünf Jahren ist Daniel selbst Vater geworden.
Ein ganz wundervoller Vater.
Seine ersten Worte nach Lailas Geburt waren: „Ich werde meine Tochter niemals verlassen!"
Die Rolle des Daddys steht ihm gut, sehr gut sogar. Ein Vergnügen, ihn zusammen mit seiner Tochter zu erleben. Sie haben ein sehr inniges Verhältnis zueinander. Für Daniel das pure Glück. Er bezeichnet Laila als „das Beste" in seinem Leben. Vielleicht hat unser Vater Ähnliches gesagt, als wir zum ersten Mal in seinen Armen lagen. Sein Kind jemals zu verlassen schließt mein Bruder aus - ich möchte ihm gerne glauben. Unserem Vater hat er die frohe Botschaft nicht überbracht. Kein „Laila ist geboren"! Das stinkt ihm zu sehr nach Heuchelei, und die kann er nicht ausstehen.
Da hat er Prinzipien.
Wie sein Vater.
Es überrascht mich nicht, dass er ihm mit den Jahren immer ähnlicher wird.

Hören will er davon nichts. Er lehnt ihn ab, unseren biologischen Vater. Alles an ihm.

An manchen Tagen weiß ich nicht wohin mit meinem prallen Stolz auf meinen kleinen großen Bruder. Der Junge hat sich gut gemacht! Verdammt gut! Überwindungsstratege.

GROSSMUTTERSCHUTZRAUM

Ich bin das Kindeskind meiner Großmama. Zwischen uns liegen zwei Generationen, und das schafft eine gesunde und fruchtbare Nähe. Unsere Verbindung auf Blutsebene lässt uns im gleichen Takt schwingen und mit den Lebenssituationen tanzen. Eine der größten Konstanten in meiner Kindheit: meine Muttermutter. Kleine Partikel des Glücks leuchten in meiner Bauchmitte bei dem Gedanken an unsere gemeinsame Zeit.
Omazeit.
Qualitytime.
Teamplayer.
Ein Lobgesang wäre schnell angestimmt. Er würde diese Zeilen mit Liebe überschwemmen. Meine Oma, mein Fels in der Ahnenbrandung. Ihr Leben, von vielen Schicksalsschlägen und Leid geformt. Ab dem Tag meiner Geburt bekam ich als Lieblingsenkelin ihre bedingungslose Liebe und Aufmerksamkeit. Ich - das Glückskind. Die Gewissheit, im Großmutternetz aufgefangen und gehalten zu werden, ließ mich wachsen und gedeihen. Hier konnte ich sein, ruhen und Kraft tanken. Das kompromisslose Angenommensein in meinem Wesen genoss ich bei beiden, Oma und Opa. Es ließ mir Flügel wachsen und panzerte mich für die Zeit in der Leistungsgesellschaft. Jeder Besuch bei ihnen stärkte meinen Selbstwert und nährte in mir das Bewusstsein, dass ich richtig bin, genau so wie ich bin. Ich durfte unbegrenzt Liebe empfangen und kindliche Lebendigkeit zurückgeben.

Gnade.
Win-win.
Als Konstrukt unterschiedlicher Interessen und Meinungen waren sich meine Großeltern doch zeitlebens in einem Punkt einig: Sie liebten ihre Enkelin abgöttisch. Und sie liebten authentisch. Maskerade und Heiligenschein entsprachen nicht ihrem Ehekonzept. Ihre gegenseitigen Erwartungshaltungen und Bevormundungen wurden lautstark auch in meiner Gegenwart ausgetragen. Es wurde angeklagt, verurteilt und beschuldigt. Problemorientiert und aus Prinzip. Den Inhalt konnte ich mit Leichtigkeit soufflieren. Es war ein Schauspiel, das traurig und berührend, aber in seiner Wahrhaftigkeit lebendig und ehrlich wirkte. Das Ende jedes Stückes war gleichlautend Einsicht in die idiotische Zeitverschwendung. Sie schmunzelten. Lagen sich versöhnlich knutschend in den Armen und versicherten sich gegenseitig ihre Zuneigung. Auch ich lächelte innerlich. Schlief später friedlich in der Bettritze zwischen meinen Großeltern ein. Vergessen waren die Streitereien.
Triade desselben Blutes.
Mein Enkelindasein hatte wertvolle Vorteile: Erzieherische Maßnahmen ragten nicht bis in den Verantwortungsbereich meiner Großeltern. Stattdessen war ich für begrenzte Zeiträume frei. In einem weitläufig gesteckten Verhaltensrahmen hatten mein Geist und mein Körper genügend Auslauf für Experimente und eigene Erfahrungen. Dankbar für diesen Entwicklungsplatz kletterte ich in den Gipfel des großen Walnussbaums, sprang übermütig auf den Garagendächern umher, dekorierte den Schuppen um oder zog mit dem Nachbarsjungen um die Häuser. Dreckig und schlammbeladen kehrte ich glücklich in die Arme meiner Großmutter zurück.
Nach der Trennung meiner Eltern waren ihre Arme wichtigste Zuflucht und notwendigster Rückzug. Kraftspender und Seelentröster. Viele Wochenenden und einen Großteil meiner Ferien verbrachte ich in meinem Großeltern-Paradies. Es war eine Flucht vor dem Scheiden, ein Hin zu einem „intakten" Gefüge. Trotz aller Meinungsverschiedenheiten waren meine Großeltern noch zusammen, als Mann und Frau, als Eltern meiner Mutter.

Stabilität und Sicherheit.
Ich hoffte lange zuversichtlich auf die Versöhnung meiner Eltern. Beider Mütter und Väter machten es ihnen vor, so dachte ich. Die Streitereien wären für mich auszuhalten, die Trennung jedoch nicht. Alles würde sich wieder fügen und zusammenwachsen. Meine Oma musste es in mir „gelesen" haben, so besonders liebevoll und fürsorglich war sie mit mir. Auch wenn ich mir äußerlich nichts habe anmerken lassen, wusste sie es doch besser. Sie kannte ihre Kleine. Mit Humor und Ablenkungsgeschick schaffte sie Dramapausen für mich, zum Durchatmen und Ausruhen. Ihr Lieblingszitat steht heute noch gerahmt im Wohnzimmerschrank meiner Mutter, die es ebenfalls als Lebenscredo übernommen hat:
„Ich habe oft gelacht, um nicht zu weinen."
Meine Oma - du hättest sie gemocht - hatte letztlich selbst allen Grund, das Tränenweglachen täglich zu trainieren. Schon nach dem Tod ihrer Mutter und dann nach dem Ableben ihres Mannes war Humor ihre wertvollste Quelle, um den Schmerz und die Trauer nicht dauernd fühlen zu müssen. Erfolgreich. Erfolglos. Der Trauerberg in ihr wuchs und siegte über ihr Lachen. Die Schmerzen überrollten meine Oma wie eine Dampfwalze - unaufhaltsam. Der seelische Misthaufen quoll über und das pure Gift unterdrückter Emotionen bahnte sich seinen Weg in ihrem Körper.
Tumore.
Magen. Leber. Darm.
Bauchspeicheldrüse.
Sie hat um ihr Leben gekämpft - ein Leben, das nur noch wenig Glück und Freude versprach. Trotzdem wollte sie es nicht loslassen. Sie glaubte, es wäre ihr letztes, ihr einziges.
Engel haben sie erlöst.
Sie wohnt jetzt an einem besseren Ort.
Ihr Platz hier ist jetzt leer. Unersetzbar. Oft habe ich mich zu ihr hin gewünscht. Wir könnten unsere Lieblingsplätzchen backen, Kokosmakronen, oder Witze erzählen, uns umarmen oder einfach nur festhalten. Lieben. Bis zu unserem

Wiedersehen weiß ich mich beschützt. Eine Armada an Engeln und Helfern hat sie zu mir auf die Erde gesandt.
Ein schwacher Trost.
Aber ein Trost.

DER ZIEHPAPA

Die Einführung meines Stiefpapas in unsere Familie war chaotisch. In meiner Erinnerung kann ich nur auf einzelne Zeitfetzen zurückgreifen. Meine Eltern waren schon geschieden, und durch die partnerschaftliche Neuausrichtung entstand eine ungewöhnliche Wohnsituation. Vier Erwachsene und zwei Kinder tummelten sich auf zweiundsechzig Quadratmetern. Eine Konstellation mit Kommunencharakter. Mein Vater lebte zeitweise gemeinsam mit seiner neuen Madame in unserem Haushalt und mein Ziehpapa Michael wurde dazuquartiert. Geradezu brillant koordiniert.
Eine illustre Runde.
Eltern im Doppelpack.
Die Stimmung untereinander war nach meinem Empfinden offen und liebevoll. Das erleichterte mir die Integration der neuen Gesichter in meine Welt.
Mit gerade einmal einundzwanzig Jahren hatte Michael den Mut und die Bereitschaft, sich für eine Partnerin - sieben Jahre älter und mit zwei kleinen Kindern - zu entscheiden. Das ist beachtlich. Ob er sich der Herausforderung dieser Verbindung mit Anhängseln bewusst war? Ich glaube nicht. Für ihn war das auch nebensächlich, primär liebte er meine Mama. Und Liebe besiegt bekanntlich alles.
Wirklich alles?
Ein Platz im Familienkonstrukt war leer geworden und Michael hat ihn neu besetzt. So einfach ist das? Ist das so einfach? Er hat ihn nach seinen Möglichkeiten ausgefüllt und tut es heute noch. Nicht auf die Art, wie es ein leiblicher

Vater für seine Kinder tut. Ein Papa zum Ankuscheln und Festhalten? Nein. Ein Schmusekater war er nicht. Wir begegneten uns immer aus einer gewissen Distanz heraus. Doch er bot uns Kindern praktische Unterstützung bei allen Problemen, Zuverlässigkeit in jeder freien Sekunde. Seine Toleranz gegenüber meinen Eigenarten zeichnete ihn aus. Im Gegensatz zu meinem Vater, der bald weit wegzog, war Michael für mich greifbar. Anwesend.

Präsent.

Mein Vater verlor mit der Zeit immer mehr an Gestalt in meinem Erleben, und doch ähnelten sich beide Männer auf verblüffende Weise. Sie verfügten über einen lebenspraktischen Sarkasmus, Geist und Prinzipien. Intelligenz und Belesenheit zählten zu ihren Eigenschaften. Ihr Zugang zum Leben war eher verstandesbetont als aus dem Bauch heraus. Auch in Erziehungsfragen waren sie sich einig: liebevolle Strenge gepaart mit ausgefeilten Argumentationsketten. Prinzipientreu und immer auf die Erweiterung ihres Horizontes bedacht, wurde ich von beiden gefordert und gefördert. Gehorsam wurde mit Respekt belohnt. Das Spiel hatte ich schnell verstanden.

Michael war im Umgang mit uns Kindern oft bis an die Grenzen verständnisvoll und sehr ausdauernd. Ein Abschluss „Wundervoller Ersatzpapa mit Auszeichnung" war nie sein Motiv. Er ist viele Kompromisse eingegangen, aber verbogen hat er sich nie. Heute weiß ich: Michael hat seine Sache so gut gemacht, wie er konnte. Er hat uns all das gegeben, was ihm möglich war - und manchmal noch mehr. Seine „Leistungen" verdienen Respekt und Dankbarkeit. Merci. Gracias. Kiitos. Ich verbeuge mich.

Teilweise darf ich von Spitzenleistungen sprechen - spitze Leistungen, in die all deine Energie fließt, während du nichts zurückbekommst. Stell dir den Schauplatz vor: Zwei aufsässige, rotznäsige, verletzte, aber willensstarke Kinder, die in dir ein Ventil finden, um all ihre Wut und Enttäuschung abzuladen, dich bis an deine Grenzen malträtieren. Du bist ein permanenter Blitzableiter. Arsch vom Dienst. Ein Parasit.

Kannst du dir das bitte für mich vorstellen. Tust du das, bitte? Dir vorstellen, wie sich das für einen Menschen anfühlen muss. Hast du es? Bist du drin in diesem

Gefühl? Traust du dich, es zu benennen? Wenn es einen Namen bekommt, wird es noch schmerzhafter.
Und jetzt schwenke mit deiner Aufmerksamkeit zu meiner Mama. Was spürt sie, wenn der Mann, den sie liebt und bei dem sie ihr neues Heil gefunden hat, von ihren Kindern massiv abgelehnt wird? Was fühlt sie?
Was fühlt sie?
Und was passiert im Innern einer Kinderseele, die glaubt, diesen Eindringling bekämpfen zu müssen, weil sie mit jeder Zelle spürt, dass das nicht richtig ist?
Kinder im Krieg gegen das Leben.
Gift.
Für alle.
Nervengift.

Den Begriff „Ziehpapa" zu verwenden entschied ich erst in meinen Mittzwanzigern, als ich selbst eine Stiefmutter wurde. Ziehmutter. Das Wort „Stief" habe ich schnell zum Teufel gejagt. Es ist so negativ belastet, dass es in seiner Umgebung nur Schaden anrichtet, besonders bei Kindern. Das Wort „Stief" wird im Allgemeinen so selbstverständlich benutzt, wie man Butter auf eine Scheibe Brot schmiert. Unreflektiert und wiedergekäut, ungeachtet dessen, dass der „Stief" gesellschaftlich abgewertet, ignoriert und bedauert wird. Eine hemdsärmelige Mischung. Ein Mensch dritter Klasse.
Zu übertrieben formuliert, findest du? Gegenfrage: Hast du andere Erfahrungen gemacht? Der „Stief" ist ein Außenseiter. Paradox, wo es doch so viele gibt in dieser Welt. Wie viele? Eine Dunkelziffer. Studien über Stieffamilien finden sich nur schwer unter dem kleinen Zeh des Weltweitnetz. Ausgelagert. Nicht von Interesse. Den Stiefeltern ist's recht. Sie wollen nicht unnötig auffallen, zur Zielscheibe werden und zugeben müssen, dass es Konflikte gibt. Damit stünden sie als Schwarzer Peter oder Schwarze Petra im Fokus und böten dem Publikum Raum, auf ihnen rumzuhacken. Ständig belauert. Eindringlich beobachtet.
Immer auf der Stiefhut.
Nach langem digitalen Wühlen bin ich auf die germanische Form „step" (be-

raubt) gestoßen und lasse diese treffliche Möglichkeit einer Bedeutungsherkunft für dein eigenes Empfinden hier stehen. Vielleicht hast du eigene Gedankenimpulse dazu. Mitmachen ist ausdrücklich erwünscht.

Wie war er so, mein Ziehpapa? Anders. Mit anders meine ich eine gewisse Tendenz zum Eigenbrötler. Kein Wir-Mensch. Eigenartig in dem Sinne, dass er seine eigene Art hatte. Wie wir alle. Unkonventionell. Dabei oft doppeldeutig. Er liebte feste Prinzipien, spielte aber ebenso mit tausend Möglichkeiten. Heute starr, morgen beweglich. In Anstand und Moral sehr anspruchsvoll, war Michael bei persönlichen Verhaltensweisen eher freizügig. Zu Tisch gab es hohe Anforderungen an unsere Manieren: Nicht mit vollem Mund sprechen. Am besten ganz still sein während der Mahlzeiten. Das Wasserglas gehörte in die linke Hand, nicht in die verschmutzte rechte, mit der wir unser Brötchen aßen. Im Gegensatz dazu war ihm unsere Unordnung im Kinderzimmer schnuppe. Dort war er ein seltener Gast. Unsere Fernsehausdehnungen wurden mittels Zeitschaltuhr eingehegt. Überhaupt hatte er skurrile Methoden in Sachen Kindererziehung. Darüber wurde mit meiner Mama oft und viel gestritten. Eigentlich hatte er im Umgang mit uns kein Mitspracherecht, Mama ließ ihn ab und zu gewähren, des lieben Friedens wegen oder weil sie zu müde war zum Streiten.
Fast unverschämt ehrlich neigte er zur Geheimniskrämerei. Wir Kinder wussten kaum etwas von ihm. Vieles blieb spürbar unter Verschluss, war nicht für unsere Ohren bestimmt. Über seine Kindheit wurde nicht gesprochen. Die war tabu. Keine Fotos, keine Geschichten, keine Anekdoten. Mama hat uns heimlich ein paar Details gesteckt, nichts Aufregendes, aber besser als nichts.
Michael war selbst ein Stiefkind.
So wie wir jetzt.
Für alle kein Ponyhof.
Oft habe ich ihn distanziert und unbestimmt wahrgenommen. Gefühlen stand er skeptisch gegenüber. Dafür verfügte er über ein großes Repertoire an vernunftbetonten und stichhaltigen Argumenten. Er war ein Aufklärer, ein Mann der Ratio. Als Ratgeber war er immer präsent für uns und unermüdlich. Hier konnten

wir auf ihn zählen. Bei ihm war darauf Verlass, dass unsere Freiräume gewahrt blieben und wir uns ausprobieren durften. Junges Blut lässt sich nicht aufhalten. Das hat er auch nicht versucht.

Was mich betrifft, so glaube ich, war er stolz auf mich und meine Entwicklung. Gesagt oder gezeigt hat er es nie. Aber ich bin mir ziemlich sicher. Wie schon angedeutet, ist es schwer, mich nicht zu mögen. Und wenn doch, dann nur für kurze Sequenzen. Dafür umso intensiver.

Dieser Mann hat sich entschieden, die Verantwortung für uns Kinder mitzutragen. Mit aller Energie und Fürsorge. Als Dank bekam er von uns Kindern stets die Versicherung, nur die zweite Wahl zu sein und es immer zu bleiben. Der Mann, der viel Kraft auf unser Wohlergehen konzentriert hat, stand immer im Seelenschatten unseres illusionierten Vaters, der aber nie da war – eine Nebelfigur im Nebelfeld emotionalen Grauens.

Eine Anderswelt.

Blass.

Blutleer.

Augenblicklich erscheinen mir die zahlreich versöhnlich stimmenden Wie-Patchwork-gelingt-Ratgeber vor meinem geistigen Auge. Mit ihrer Lilalaune-Energie. Den pädagogisch wertvollen Tipps, die wie Fettaugen an der Oberfläche einer Suppe schwimmen. Nippes. Unerträglich lächerlich. Schade ums Papier. Ich bin so verdammt wütend. Diese Kurzsichtigkeit macht mich aggressiv. Ich bin mir sicher, dass nicht ein Einziger Michael jemals ernsthaft und mitfühlend nach seinem Befinden in diesem Spektakel gefragt hat. Nicht einer. Seine ehrliche Antwort wäre zu gewaltig gewesen für den kleinen Kummersack der meisten. Zu dramatisch. Zu gesellschaftsskeptisch. Zu alles.

Michael blieb alleine mit seinem Befinden. Seine Seelenangelegenheit ungehört. Wie viel meine Mama über sein inneres Erleben weiß, kann ich nicht beurteilen. Ich glaube, sie pflegen ein ehrliches Miteinander. Auch in vertrackten Situationen fanden sie immer einen Weg zueinander. Mama erlebte ich oft im Konflikt mit ihrer Vormachtstellung und ihrem eigenen Recht einerseits und Michaels Befindlichkeiten andererseits. Sie stand auf der Seite der Kinder, auf

ihrer Seite. Oft so überdeutlich und vehement, dass für Michaels Gefühle kein Raum blieb. Verzwickte Geschichte auch für ihn, denn er wollte seiner Liebsten keine zusätzlichen Probleme bereiten. Wollte für sie da sein. Für uns. Unterstützend, nicht jammernd. Das tat er.
Er hat es gut gemacht.
Seine ehrliche Seelenlage bleibt geheim.
Nichts für unsere Ohren.

PLÖTZLICH PATCHWORK

Diffuse Erinnerungen. Haltloses Sein.
Nicht Fisch. Nicht Fleisch.
Entwurzelt.
Mama gab sich die größte Mühe. Michael gab sich Mühe. Alle waren mühevoll. Gereicht hat es nicht. Ich habe die Schotten dicht gemacht und mir ein Leben voller Illusionen aufgebaut. Musterschülerin. Klassenbeste. Athletin. Immer oben, auf dem ersten Platz. Goldmarie. Je höher ich sozial strebte, desto weniger fühlte ich. Erfolg statt Trauer. Aufmerksamkeit statt Verlust. Für mich ging die Rechnung auf. Es war ganz einfach. Ich habe meine ganze Konzentration auf Leistung gebündelt, meinen Blick auf die Wirkung gerichtet. Kausalität – das Gesetz von Ursache und Wirkung – ist komplex, aber eigentlich schlicht. Ein einfaches Werkzeug in Kinderhänden. Die Intuition ist noch stark ausgeprägt und die Vorstellungskraft ist enorm. Der Wille dazu lag in meiner Löwe-Natur. Ich hatte alle Zutaten beisammen und backte daraus eine dreistöckige Bedürfnistorte: Leistung – Lob – Liebe.
Deal.
Ich lieferte Bestleistungen in Schule und Sport. Dafür bekam ich anerkennend Urkunden und Medaillen. Es gab wenige Bereiche, in denen ich nicht mit „Ausgezeichnet" brillierte. Und wieder – dafür – wurde ich geliebt. Von meiner Mama.

Und in meiner Hoffnung auch von meinem Papa. Ich stellte mir vor, wie meine Erfolge ihn erreichten und er stolz auf seine Prinzessin wäre. Ganz fest glaubte ich daran, dass er mich aus der Ferne für meine Siege liebte.
Es muss so gewesen sein.
Mama war stets stolz auf mich. Es gab genug Gelegenheiten. Immerzu. Kaum erfolglose Atempausen. Ich habe mich geliebt gefühlt. Ja. Auch wenn der größte Teil ihrer Aufmerksamkeit von meinem Bruder Daniel beansprucht wurde. Ich bin mir sicher, sie hat bemerkt, was für eine tolle Tochter ich bin.
Es muss so gewesen sein.
Daniel war superanstrengend. Auf Widerstand gedrillt. Er verfolgte eine andere Strategie. Eine ehrlichere. Sein Dagegen war deutlich und unmissverständlich. Ungehorsam, Wutausbrüche und tägliche Aggressionen richtete er gegen alle. Sein Wesen übernahm die Verhaltensauffälligkeiten. Er war dreieinhalb, als der Vater ging, das passte nicht in seine magische Kleinkindvorstellung. Ich glaube, seine Überspanntheit war ein Ausdruck seiner Angst. Angst, Mama könnte ihn auch verlassen. Ich könnte ihn auch verlassen. Diese Verlustangst hat womöglich ein Ventil gesucht und gefunden. Überspanntheit. Eine permanente Hyperaktivität. Kein großer Unterschied zu mir, ich habe die Energien nur zielgerichteter auf Leistung gelenkt.
Berechenbarer.
Bewusster.
Daniel war dafür noch zu klein, zu zart, zu rein. Er hat Rebellion gewählt. Ich die Verdrängung. Heute ist er gelassener und ich innerlich permanent überspannt. Er hat frühzeitig Frust abgelassen. Ich habe angestaut. Die Methode spielt unterm Strich keine Rolle, gefrustet oder entfrustet – die Lücke bleibt. Und auch der Widerstand.
Auch heute gibt es in meinem alltäglichen Leben Dinge, die ich einfach nicht akzeptieren kann. Die ich ablehne als einen Teil von mir. Es gibt gegenwärtig Momente, denen ich ihre Berechtigung verweigere. Ein Beispiel, eine Begebenheit aus meinem kategorischen Abendmahl. Du erinnerst dich an mein Mahlzeiten-Dogma. Nun, ich bereite mit größtmöglicher Freude die Zutaten für ein

gemeinsames Essen mit meinem Mann zu. Eine zuversichtliche Grundstimmung wiegt mich in der Annahme, mein Gatte erscheine pünktlich neunzehn Uhr, wie vereinbart. Punkt sieben sitze ich vor der gedeckten Tafel, alles ist hübsch angerichtet. Noch atme ich ruhig. Das akademische Viertel. Von mir aus, aber eine schwachsinnige Erfindung. Ich hätte Zeit zu googeln, wer diese gesellschaftlich akzeptierte Anstandslosigkeit entworfen und legitimiert hat. Das wäre noch blödsinniger als der Blödsinn selbst. Neunzehn-Vierzehn. In einer Minute ist der akademische Zauber vorbei. Die Wut steht schon in den Startblöcken. Wärmt sich auf. Neunzehn-Fünfzehn. Sie bricht erzürnt über mich herein. Ich greife an. Meinen Mann. Egal, wo er sich aufhält, er wird sie spüren. Der Raum ist erfüllt mit schändlichen Beleidigungen und übler Nachrede. Meine Aura dehnt sich über unser Grundstück aus. Sie leuchtet rot. Ich spucke Feuer. Der Adressat ist mir inzwischen völlig egal. Die Ordnung meines Kosmos ist gestört und ich kippe aus dem Gleichgewicht. Überspanntheit. Aggressive Schübe.
Das ist unakzeptabel. Widrig.
Neunzehn-Achtundzwanzig. Mein Dämon ist aktiviert. Was zum Teufel kann wichtiger sein als unser gemeinsames Abendessen und die natürliche Ordnung? Was? Mir will nichts einfallen. Niente. Nada. Ich verzweifle und zweifle an allem. Ist das wirklich der richtige Mann für mich, wenn ihm **НИЧЕГО** wichtiger ist als ich? Meine innere Argumentationskette ist wirklich kindisch. Angefixt. Angedockt an alle traumatischen Prägungen. Das macht mich noch wütender. Das Narbentier grüßt täglich. Der Ablauf – immer derselbe. Und doch. Ich bleibe dabei und akzeptiere es nicht. Weil es mich zerstört. Weil ich zulasse, dass es meine heile Welt zerstört. Ich habe es einmal zugelassen. Das werde ich nie wieder tun. Schwur. Versprochen ist versprochen und wird niemals gebrochen. Ich brauche dieses gemeinsame, geordnete und natürliche Abendessen. Ich kann nicht ohne. Mehr Ohnes vertrage ich nicht.
Unakzeptabel.
Erfolgreich vom Thema Patchwork abgeschweift. Das kann ich gut, unter anderem. Ich mogele mich schon lange an diesem Zeitraum vorbei – dem Zeitraum der ersten Patchworkgehversuche. Lieber bringe ich die Einleitung in Reinform

oder korrigiere an kaputt korrigierten Kapiteln. Ablenkung findet sich reichlich. Diese Zeit, jene Zeit der Neuordnung, schmerzt mich in der Erinnerung am meisten. Es gibt nur wenige Frequenzen, die in meinem Langzeitgedächtnis überlebt haben. Familiäre Schnipsel. Auch Fotos gibt es kaum aus dieser Zeit, und trotzdem empfinde ich sie als die intensivste. Der Umbruch. Ein unbewusstes Einsinken in Begebenheiten, denen ich nicht willentlich zugestimmt habe. Ich hatte keine Wahl und machte das Beste daraus.

Bevor du was sagst, es war deswegen nicht alles schlecht. Im Gegenteil. Ich habe meine Kindheit geliebt und bin ein Freund des Lebens. Ich hatte glückliche Stunden zwischen den Plattenbauten und aufregende Zeiten im Wald, auf dem Feld, in der Natur. Es war ein freies und ursprüngliches Leben. Ein lebendiges Kindsein. Meine Frohnatur fand viele Ausdrucksmöglichkeiten. Ich musste weder Hunger leiden noch Krieg erleben. Ich hatte alles, was ein Kind braucht, und noch mehr. Auf dem großen Spielplatz des Lebens durfte ich mich uneingeschränkt austoben und ausprobieren. Meine Mama hat jede meiner Neigungen, und waren sie noch so verrückt, unterstützt. Oft waren es fixe, unbedachte Ideen und voreilige Entschlüsse. Typisch für mein hitziges Gemüt. Voller Energie habe ich mich in jedes neue Abenteuer gestürzt, euphorisch und unaufhaltsam. Um dann nach kurzer Zeit festzustellen, dass mein Herzblut zu überschießend war und ich mich nun langweilte.

Angefangen hat alles mit Leichtathletik. Hier bewies ich Ausdauer, weil es abwechslungsreich war. Aber es gab noch einen bemerkenswerteren Vorteil: Hier konnte ich schnell Erfolge erzielen. Mein Körperbau war athletisch, drahtig, sehnig. Meine Reaktionen blitzschnell, die Techniken raffiniert. Wenig Anstrengung notwendig, ein gefundenes Fressen für meinen halbierten Selbstwert. Meine Trainerin war Punkt, nicht Komma. Unerbittlich forderte sie nach einem strengen Regelwerk. Ich genoss ihre Zuneigung und erhielt eine maßgefertigte Ausbildung. Sie führte mit einer straffen Hand. Das gefiel mir, hier wusste ich, woran ich war. Sie bot mir Orientierung und trieb mich zu Höchstleistungen. Die Ergebnisse folgten prompt.

Gold.

Silber.

Gold. Gold.

Die Goldmedaille als emotionaler Ausgleich. Es gibt Schlimmeres. Dreimal die Woche Training, dreimal die Woche Auszeit von der Neuordnung. An den Wochenenden Wettkämpfe.

Damals gab es noch keine Helikoptereltern, die ihre Schützlinge auf Schritt und Tritt überwachten. Die Leichtathletikgruppe fuhr elternautonom mit dem legendären Barkas B 1000 zum Ort des Wettgeschehens. Hinterher wurden die Medaillen präsentiert. Meine Trainingsgruppe - mein Hort der Aufmerksamkeit und der Wertschätzung.

Ich war Repräsentantin unseres Bezirkes. Die Fackelträgerin mit Kampfauftrag. Sozialistisch einwandfrei.

Ich hatte Spaß daran, an meine Grenzen zu gehen. Gleichzeitig habe ich mich körperlich ausgetobt, ein guter Ausgleich zu meiner emotionalen Schwere. Eine Sportart reichte mir bald nicht mehr, ich wollte größere Schauplätze. Die Suche danach begann beim Judo, bog beim Ballett ab, interessierte sich für Tischtennis, hatte mehrere Absacker beim Karate und endete schließlich beim Tennis. Tennis hatte international die größte Reichweite und den präsentesten Status, warum also sollte ich mich mit Pingpong am Tisch zufriedengeben. Gesagt, getan. Schon stand ich neu ausgerüstet und mit hoher Erwartung auf dem roten Platz. Ich hatte auch hier durchaus Talent. Wobei ich mir nicht sicher bin, ob ich meine sportlichen Siege nur mit Talent und Training errungen habe. Reflektierend waren Präsenz und Wille meine wertvolleren Triebfedern. Mein Auftreten hat damals viele Mädchen eingeschüchtert, die wahrscheinlich glaubten, dass solch ein Selbstbewusstsein nur auf dem Fundament von Talent wachsen kann. Heute weiß ich, dass nichts unmöglich ist. Erfahrungsgemäß. Ich habe einige Male Talent durch meinen starken Willen installiert.

Mein starker Wille war und ist das beste Element in meinem persönlichen Werkzeugkasten. Ein multifunktionaler Alleskönner. Der Merlin meines Waffenarsenals, der sogar Leben rettet. Mein Leben. Mein eisiger Wille, auch mit meiner

Trennungsgeschichte ein erfülltes und vollkommenes Leben zu führen, ist der Antrieb dieses Buches. Er gibt nicht auf, bevor er Heilung findet. Der Wille ist frei, nicht zu manipulieren und unantastbar. Das verleiht ihm eine universelle Macht, die es zu nutzen gilt. Ich rede nicht von mental programmierter Gedankenkraft, die ist zu schwach, zu anfällig. Freier Wille ist eine absichtliche Entscheidung der inneren Natur und in seiner Wirkung mit nichts zu vergleichen. Solch zielgerichtete Absicht haut den stärksten Mann um. Das ist meine Erfahrung. Dafür bin ich tief dankbar.

Der kurze Vorstoß in die Willensstärke (die ich später noch intensiver ausführe, weil sie nach meiner Wahrnehmung fundamentaler Bestandteil des Heilungsprozesses ist) lässt mich auf ein neues altes Feld springen: die Illusion der Leistung. Die Weisheit der Sprache deckt den Betrug schnell auf: Ich muss etwas leisten, um anerkannt, angesehen und schlussendlich geliebt zu werden. Anerkennung, Lob, Ansehen, Bewunderung oder Wertschätzung sind allesamt kleine Zöglinge der Liebe. Ihre maskierten Untertanen. Im Schlussakkord hieße das auf das letzte Teilchen heruntergebrochen: Liebe und das Bedürfnis nach ihr. Die Leistung hat mir all das versprochen und auch gehalten. Die Ausrichtung war klar: immer leistungsfähiger werden.

Kräfte mobilisieren. Stärke demonstrieren. Kein Problem.

Der Grundstein für meinen selbst gemachten Leistungsdruck wurde in dieser Zeit gelegt und zementiert. Von da an war ich im Stress. Ich wollte durch Leistungen so viel Liebe wie möglich anhäufen, auf Vorrat, als Ausgleich, als Pfand. Ein Perpetuum mobile zur Absicherung von Liebe. Vielleicht hätte es bequemere Methoden gegeben. Ich habe diese gewählt. Leistung hat viele Vorteile und attraktive Verbündete: Erfolg, Geld und Streicheleinheiten für das Ego. Wer hat das noch zu bieten? Also, Ziel erkannt. Ich habe mich für ungeheuer pfiffig gehalten.

Ein kleiner Schlaumeier.

Klein und jung.

Klein und verzweifelt.

Ich bin dieser Illusion unheilbar in die offenen Arme gelaufen und habe sie ge-

beten, mich zu retten. Nach über zwanzig Jahren Leistungsanbetung und Raubbau an Körper und Geist muss ich mir eingestehen, falsch abgebogen zu sein. Liebe habe ich reichlich bekommen.
Ich?
Das leistungsstarke Kind?
Die leistungsstarke Frau?
Ich weiß es nicht. Heute habe ich eine Energiesperre in meinem System, die mein Leisten in Erwartung von Liebe verhindert. Dafür steht keine Kraft mehr zur Verfügung. Ein Überlebensmechanismus, nehme ich an. Ich darf dagegen stundenlang schreiben, ohne müde zu werden oder erschöpft zu sein. Weil die Ausrichtung eine andere ist. Von dir will ich keine Liebe. Du würdest sie mir sowieso nicht geben, für all das, was ich dir zumute. Ich werde selbsterhaltend geschont und meine Energie wird auf der Herzebene rationiert. Sobald ich in meinen alten Leistungsdruck zurückfalle, werde ich umgehend mit Schmerzen und Beschwerden bestraft. Schließlich bin ich jetzt groß, erwachsen und eigenverantwortlich. Bin ich das? Der Welpenschutz ist seit Jahren vorbei. Kurskorrektur. Da lässt meine Seele nicht mehr mit sich reden. Am Ende hat der Wille das letzte Wort.
Wort.
Auf ein Wort zur Entwicklung unseres Patchworkmodells: Der Wortstamm von Patchwork steckt in der Arbeit. Die bessere Begrifflichkeit wäre „Patchhardwork". Denn genau das ist es: harte Arbeit. Darüber hinaus verlangt es allen Beteiligten ein hohes Maß an Kompromissbereitschaft, Empathie und Bedürfnislosigkeit ab. Die Bedürfnislosigkeit ist die größte Investition und gleichzeitig eine Gabe. Mein Bruder und ich durften das Bedürfnis nach dem sicheren Schoß der Elterneinheit loslassen, den Rundumschutz. Meine Mama musste sich von dem Bedürfnis glücklich aufwachsender Kinder und einer intakten Familie lösen. Mein Ziehpapa ist ein Sonderfall in der Bedürfnispyramide. Wo kaum ein Bedürfnis befriedigt wird, kann auch keins abgelöst werden. Er kann am wenigsten auf Befriedigung hoffen. Überhaupt sind es viele Bedürfnisse, die nun unerfüllt bleiben und die ich als Kind auch nicht selbst beleben kann. Mein Grund-

bedürfnis nach Harmonie und einer natürlichen Ordnung ist gestört. Mein seelisches Gleichgewicht ist instabil und mein Sinn für Gerechtigkeit verletzt. Zuspruch, Rückhalt und Ermutigung finden nicht mehr den Weg zu mir. Dringen nicht mehr zu mir durch. Das Gefühl der Zugehörigkeit und des eigenen Platzes weichen meiner Ohnmacht und Orientierungslosigkeit.

Nebel.

Austausch und Kommunikation über das innere Erleben dieser Zeit findet nicht statt. Verbindlichkeit und Geborgenheit schwirren wie leere Worthülsen umher. Beständigkeit steht zum Verkauf. Und die Verlässlichkeit winkt mir zu und sagt *Adieu, meine Liebe!* Viele kleine schmerzhafte Einbrüche in meinen seelischen Haushalt. Leere Regale im Kaufmannsladen. Bedürfnis-Schizophrenie. Eine Zeit der tiefen Prägung von emotionalen Mustern. Davon bleibt kein Kind auf diesem Planeten verschont. Aber müssen es gleich so viele sein? Mein Prägemechanismus kommt kaum hinterher mit dem Abspeichern von unerfüllten Bedürfnissen und Strategien für einen Ausgleich.

Es herrscht Chaos.

Das ist Psychoterror.

Kein Wunder, dass die Praxen von Therapeuten überlaufen mit Erwachsenen, die überfordert sind mit ihrem verletzten „inneren Kind" - eine psychisch problematische und hartnäckige Instanz. Auf der Ledercouch erwartet sie die nächste harte Arbeit. Wird es auch irgendwann wieder leicht? Wann darf es einfach sein? Ist Leichtigkeit nicht vorgesehen im Fahrplan von Trennungskindern? Ständig schieben wir die Karre Mist mit uns herum. Auf welcher Schulter dürfen wir sie endlich abladen? Nun gehört nicht mehr den Bauern die Zukunft, sondern den Psychologen. Ich selbst habe ein Psychologiestudium in Betracht gezogen. Als Heiland für meine kaschierten und kompensierten Bedürfnisse. Angeblich keine seltene Motivation für diesen Studiengang. Neben den Trennungskindtraumas gibt es zahlreiche andere Psychosen und Neurosen, die nach Hilfe schreien. Aber das ist jetzt wirklich ein anderes Thema. Ich stecke meinen Kopf wieder in meinen eigenen Schlamm:

Ich war auf dem besten Weg, ein gesellschaftskonformer Mensch zu werden.

Angepasst und unauffällig. Die Illusion des glücklichen Kindes wurde immer fester verankert, und mein Umfeld bekam das Abziehbild eines strahlenden Mädchens präsentiert. Keiner kam auf die Idee, dass mit mir etwas nicht stimmte.
„Sie hat das gut weggesteckt mit der Scheidung."
„Schau sie dir an, ein ganz normales Kind."
„Und so lebendig."
Ich gab keinen Anlass, mich und mein Seelenleben zu hinterfragen. Auch wenn jemand nachgebohrt hätte, wäre meine Antwort verleugnend gewesen. Genau diese Verleugnung nutzen viele verletzte Kinderseelen bis ins hohe Erwachsenenalter zum inneren Selbsterhalt. Weder als Kind noch als erwachsener Mensch nehmen sie Hilfe an, wenn sie ihnen geboten wird. Weil sie um die Nichterfüllung wissen. Der Mangel durch den fehlenden leiblichen Elternteil kann nicht therapiert werden. Lediglich im Umgang mit diesem Wissen kann die Reaktion darauf verändert werden. Das bedeutet aber auch zu akzeptieren, dass bei Kindern eine Hilfestellung fast unmöglich ist. Auch Linderung oder Entlastung ist ein austherapierter Mythos.
Es braucht neue Wege. Unbetretene Pfade. Ganzheitliche Ansätze. Kollektive Heilung. Das Herumdoktern am Einzelnen bleibt nachhaltig wirkungslos. Wenn das die Lösung ist, im Erwachsenenalter zermürbende Stunden auf der Psychocouch zu verbringen, um danach wieder nur „halb" in diese Welt zu wackeln, in der an jeder Ecke und selbst in meinem trauten Heim bei meinem trauten Partner eine Projektionsfläche für meinen Schmerz wartet, dann möchte ich bitte mein Problem zurück. So einfach ist das nicht.
Ich hätte es gerne einfach.
Eine Abkürzung. Schleichweg. Trickserei.
Zauberei.

Ich habe alles probiert, um dieses Gefühl der Trennung vom Hals zu kriegen. Da sitzt es immer noch und lacht mir schadenfroh ins Ohr. *Heute back ich, morgen brau ich, übermorgen hol ich mir der Königin ihr Kind.* Ich habe der Trennung Namen, Farben, Formen gegeben. Sie bleibt hocken wie ein achtzigjähriger

Skatspieler in seiner Stammkneipe.

Stubenhockerin.

„Ich habe dich nicht gerufen", sage ich.

„Trotzdem bin ich da", antwortet sie frech.

„Du darfst dir einen neuen Freund suchen. Auf Reisen gehen. Dich woanders umschauen", empfehle ich ihr.

„Mir gefällt es bei dir", kontert sie. Die Trennung scheint das Einzige zu sein, was noch monogam ist.

„Ich nähre dich nicht mehr, sondern tauche in ein Meer voller Liebe und Verbundenheit. Und du bist bald nur noch ein Schrumpfkopf."

„Das schaffst du nicht. Du bist zu schwach. Kleines Mädchen."

„Das werden wir ja sehen."

„Ja, das werden wir ja sehen."

BESUCH BEI PAPA

Schwesterchen und Brüderchen durften kurz nach der deutschen Wiedervereinigung zu ihrem Papa in den Westen fahren. Ich muss elf Jahre, Daniel acht Jahre gewesen sein. Mama hat uns am Bahnhof zum Zug gebracht, der völlig überfüllt war. Wir fanden nur noch am Eingang einen Stehplatz. Alles war laut. Ich war unsicher. Ich fühlte mich verloren. Aber das war es wert. Das Ziel verlockend. Die starken Arme meines Vaters.

Als sich die Türen schlossen, habe ich meinen kleinen Bruder an der Hand gehalten und mit der anderen meiner Mama gewunken. Sie war nicht glücklich. Ihre beiden Lieblinge, alleine mit dem Zug - die weite Strecke. Sie stand, wie ich unsicher und verloren, da am Bahnsteig. Der Schaffnerpfiff ertönte und wir rollten los. Auch die Tränen rollten. Da mussten wir jetzt durch. Wir wollten es so. Nach dem Umsteigen kamen wir in einen noch überfüllteren Zug und saßen die ganze Zeit auf unseren Reisetaschen. Wie zwei kleine Findlinge.

Angekommen im güldenen Westen war die Freude groß. Endlich konnten wir sehen, wie unser Vater lebt. Ohne uns. In meiner Erinnerung war die Wohnung düster und es gab einen Hamster. Papas Freundin Barbara machte kein Geheimnis daraus, dass wir nicht willkommen sind. Sie war angestrengt bemüht, es zu verbergen. Vor Kindern?! Vor Kindern kann man seine wahren Emotionen nicht verbergen (das vergessen viele Erwachsene). Ihre emotionale Kälte trübte unseren ganzen Aufenthalt. Ja, es war ein Sichaufhalten, Gast sein beim eigenen Vater, um beim nächsten Pfeifen des Schaffners wieder abzuzwitschern.

Ein kolossal beschissenes Gefühl.

Die Haltung meines Vaters war gedämpft. Eine Schattengestalt. Mehr Schatten als Gestalt. Und für mich nicht greifbar. Das kleine Städtchen, in dem er wohnte, hat mir nicht gefallen. Mehr weiß ich darüber nicht. Mehr gibt mein Hirnversteck nicht her.

Zwei Jahre später wiederholten wir unseren Besuch. Diesmal als Gäste in einer freundlicheren, aber kleineren Wohnung. Hier war kein Platz mehr für uns. Räumlich und emotional. Barbaras Ablehnung hatte sich verstärkt und das spürten wir deutlich. Zum Glück waren wir Geschwister beisammen und haben uns in diesem kühlen Klima gegenseitig gewärmt.

Es gab nur einen seelenreichen Moment, der mein Tochterherz innig berührt hat: Mein Vater zeigte mir die Bücher, die ihn interessierten und bewegten. Botanik und Geschichte. Einblicke in seine Lieblingsthemen. Als leidenschaftliche Leseratte war ich von seiner Bibliothek angefixt und gespannt, was Papa aus seinem Wörterregal alles hervorzauberte. Ein Werk erregte besonders meine Aufmerksamkeit: „Der 2. Weltkrieg - Bilder, Daten, Dokumente" von Herbert Michaelis. Auf 687 Seiten fanden sich politische und kulturgeschichtliche Ereignisse dieser Zeit. Fast Dreiviertel des Buches waren den Dokumentationen in Bildern vorbehalten. Faszinierend. Der Zweite Weltkrieg hatte mich schon sehr früh angepiekst und meine Aufmerksamkeit überdurchschnittlich erregt. Atemberaubend, ja geradezu aphrodisierend war die Geste meines Vaters, der mein Interesse registriert hatte.

Er schenkte mir das Buch.

Der Wahnsinn.
Es gehörte mir.
Eine Gabe Gottes mit den Fingerabdrücken meines Vaters. Das konnte nur eines bedeuten: Mein Vater liebt mich. In diesem Moment habe ich unerschütterlich daran geglaubt. Die kurze Frequenz dieser unerwarteten Liebesbotschaft kostete ich lange aus und verharrte ehrfürchtig in dem Sessel, in den ich immer mehr versank. Ich brauchte Zeit, um diese Zuwendung zu fühlen und aufzusaugen. Vielleicht war es auch nur ein Scherz. Was es auch war, ich umklammerte zweifelnd mein Buch und hätte es nur unter Gewaltanwendung wieder hergegeben.
Mein Schatz.
Meine Freude über diese Heil stiftende Errungenschaft hielt nicht lange an. Das Fenster der väterlichen Aufmerksamkeit wurde schnell wieder geschlossen und meine berauschenden Emotionen wieder eingesperrt. Mein Vater machte da weiter, wo er zuvor aufgehört hatte: Er übte an seinem unterwürfigen Eindruck. Was hatte ich erwartet? Eine lichtdurchflutete Blaupause der originalen Tochterliebe? Ich war tief enttäuscht.
Tief.
Mein Vater.
Er war nicht mehr der Mann, der mit der Faust auf den Tisch haute. Er ähnelte kaum noch dem Kerl, den ich vergöttert hatte. Kein Häuptling mehr. Eher ein gebrochener Indianer. Ein Pantoffeltierchen. Das schockierte mich und ich verlor den noch übrig gebliebenen Respekt vor ihm. In meinen inneren Monologen erlaubte ich mir, ihn eine „Pfeife“ zu nennen. Das gab mir Genugtuung. Meine plötzliche Verurteilungskraft gab mir Macht. Ein total neuwertiges und wertvolles Gefühl.
Ein gutes Gefühl.

Mein Bruder Daniel verbrachte ein Jahr später gemeinsam mit ihnen den Urlaub. Ich war nicht dabei. Gewollt. Ich wollte dieser Selbstdemütigung ausweichen. Und dabei blieb es.
Das war's dann.

GEWEIHTE JUGEND

Mit vierzehn Jahren. Einweihung in die Beteiligung. Festakt zur Aufnahme in die Gesellschaft. Initiation in den Geheimbund der Erwachsenen. Ich hatte keine Lust darauf. Erwachsensein hieß für mich: noch mehr Probleme. Dementsprechend gering war auch meine Motivation an diesem Tag.

Freudlos.

Der gesamte familiäre Hofstaat wurde zusammengetrommelt, um mich zu feiern - das kleine Mädchen, das erwachsen werden durfte, aber nicht wollte. Es war der letzte Festakt, an dem die Familie in der kompletten Besetzung zusammenkam. Selbst mein Vater nebst Partnerin war für diesen großen Tag angereist. Da gab es keine Ausreden, der Anstand verlangte es so. Auch wenn der antikapitalistische Ursprung dieser Weihe an diesem Tag nicht mehr erkennbar war. Ganz im Gegenteil. Es regnete bunte Banknoten, und das war zugegebenermaßen verlockend. Das blonde Mädchen kleidete sich adrett, mit weißer Rüschenbluse und grüner Weste in Satinoptik.

Schick.

Festlich war mir nicht zumute, obwohl mir ausnahmsweise alle Familienmitglieder ihre Aufmerksamkeit schenkten. Beinahe unangenehm. Außerdem war es nur ein Tag, der nicht die Macht hatte, die restlichen 364 Tage auszugleichen. Nach dem offiziellen Teil habe ich brav gegessen und mit meiner Lieblingscousine Nina getanzt. Zu ihr hatte ich eine ganz besondere Beziehung - was nicht verwunderlich war. Sie war ein Engel. Mit zwei Jahren Altersvorsprung war sie mir immer eine gute Ratgeberin und Begleiterin. Wir haben uns sehr geliebt und viel Zeit miteinander verbracht. Auch an diesem Tag.

Alle waren in fröhlicher Stimmung, doch ich habe mich nicht wohlgefühlt. Etwas stimmte nicht. Ich weiß nicht mehr, was. Meine Mama hat sich viel Mühe gegeben mit dem gesamten Rahmenprogramm. Ein vollkommenes feierliches Arrangement. Aber in mir tobte ein Widerstand. Gegen eine unehrliche Komponente, die nicht konkret benannt werden konnte.

Es war nicht echt.

Ich wollte einfach nur weg aus diesem Erwachsenentheater. Raus aus diesem komischen Szenario. Mein Unwohlsein verstärkte sich Stunde um Stunde zusehends, bis ich darum bat, nach Hause gebracht zu werden. Daheim und allein wurde mein Zustand akut desolat. Um mich abzulenken, ging ich in den Stadtpark, wo ich meine Freunde traf. Im Laufe des Abends kamen immer mehr Weihlinge zusammen, um auf ihre Art dieses Brimborium zu feiern. Eine Flasche Gotano Vermouth (der billige Martini) wanderte von Hals zu Hals, und die Glimmstengel wurden herumgereicht. Ich saß, wieder in bester Laune und Gesellschaft, in dem Pavillon, in dem - so hatte man erzählt - früher mein Vater die wildesten Partys gefeiert hat.
Ich komme ganz nach meinem Vater.
Aber auch nach der Mama.
Eine gelungene Mischung aus beiden, denke ich. Eine anmutige Schnapsdrossel. Prost! Und aus heiterem Himmel stand sie dann vor mir - Mama - und zitierte mich zepterschwingend heim. Ich bekam eine Standpauke. Missverständnis. Enttäuschende Blicke. Es hat mir nichts ausmacht. Der ganze Tag war seltsam, und ich war froh, dass er nun endlich vorbei war.
Trotztochter.
Erwachsen.
Na dann, gute Nacht!

ERSTE LIEBE

Das Rauchen hat mich gleich begeistert, dass Trinken erst später. Zigaretten paffen war für mich der Inbegriff des Erwachsenseins. Die Haltung von Rauchern hatte eine gewisse Gefälligkeit zwischen dem Rauchenden und der Zigarette - sie waren gute Freunde und erwiesen sich gegenseitig einen wohltuenden Dienst. Ich konnte es kaum erwarten, endlich auch so einen guten Freund zu haben. Ich sehnte mich danach. Nach Zuverlässigkeit. Etwas in meinem Leben, worauf Verlass wäre, das hielte, was es versprach.

Das hat es.

Wir sind heute noch gute Freunde.

Gleichzeitig ist die Kippe auch eine Rebellin. Sie besitzt die tiefe und alte Energie der Auflehnung. Großartig transportiert von James Dean auf dem Filmplakat zu „Denn sie wissen nicht, was sie tun". Autoritäten, Spielmacher und Moralapostel, er qualmt einfach über sie hinweg. Mit jedem Zug lädt er alle Aspekte des Lebens zu sich ein und stößt beim Ausblasen alles von sich, was nicht seinem Wesen entspricht. James Widerstand Dean, er hat mich umgehauen. Ich suchte und entdeckte die Aufständische in mir. Fortan machte meine Krisenbewältigung Spaß. Ich hatte weltbekannte Verbündete. Qualmende, aufsässige Prominente. Idole der etwas anderen Art: Frank Sinatra. Sean Connery. Fidel Castro. Lucky Luke. Alles Männer.

Die erste Revolte ließ nicht lange auf sich warten. Zu meinem sechzehnten Geburtstag überwies mir mein Vater fünfzig Mark auf mein Konto, nachdem ich fast zwei Jahre nichts von ihm gehört hatte. Den Betrag ließ ich bankwendend zurückgehen mit der Wirkung, dass ab nun komplette Funkstille herrschte. Ich nehme an, mein Vater war eingeschnappt, obwohl ich mir nicht vorstellen konnte, in so einem Alter noch beleidigt zu sein. *Ziemlich kindisch,* dachte ich. Fünfzig Mark - Pfand für zwei Jahre Abwesenheit. Ein mieser Ausgleich. Meine Seele war gekränkt. Trotz aller Verletzungen hat sich ein Teil in mir nie gebeugt, mein Stolz. Weitläufig als übermütige Eigenschaft kategorisiert, war der Kopf nach oben eine Überlebensstrategie für mich.

In dem Zusammenhang erinnere ich mich an eine weitere Situation, lange zuvor, bei seinem letzten Besuch. Er steckte mir hinter seinem Rücken einen Geldschein zu, so, dass es von seiner Dame unbemerkt blieb. Ich fühlte mich wie der letzte Bettelmann, in Schamgefühl versinkend. Auch fünfzig Mark. Das Allheilmittel meines Vaters. Als ob meine Seelenlücke der Schlitz eines Sparschweins wäre. Ein Herz für Geldscheine. Heimliche Geldscheine. Mach das bitte nicht mit deinem Trennungskind. Es ist ein schlechter Ablasshandel. Umarme es einfach. Immer wieder. Am besten fünfzigmal. Innig. Das ist wahrer Reichtum.

An besagtem Geburtstag begann ich also endlich das Rauchen und führte diese Sucht ahnentechnisch weiter. Mama und Papa haben geraucht. Für mich führte kein Weg daran vorbei. Es war cool und es entspannte mich. Noch mehr Entspannung bekam ich beim Inhalieren von Cannabis. Gras rauchen war voll mein Ding. Das Abdriften in schöne und harmonische Seinswelten wurde zu meinem neuen Heftpflaster. Abhauen auf die Insel der Seligen.

Vergessen.

Diesen Stoff hat mir der Himmel geschickt.

Wir waren füreinander bestimmt.

Die Innenwelten waren beschützt, das verletzende Draußen weit weg, weggepustet. Das hat mir gefallen. Während meiner Abi-Phase saß ich manchmal völlig zugedröhnt im Unterricht. Stoned. Alles war mir schnuppe. Egal. Hauptsache nichts mehr spüren. Im Rausch tat nichts mehr weh. Ab sofort war Gras mein neuer Freund, der nächste Verbündete. Weiterer Vertrauter. Mit einem dösigen Hirn konnte ich dieses Leben gut aushalten. Mit meinem ersten Lover Kenneth auch. Wir waren dauerbreit. Ich erinnere mich gerne daran. Kuschelabende im Nebel des Vergessens. Und was haben wir gelacht. Je nach Grassorte war die Wirkung dämpfend oder stimmungsaufhellend. Oder beides. Egal welcher Raum sich öffnete, wir gingen hinein. Hauptsache weg.

Im Gegensatz zu mir hatte Kenneth beide leiblichen Elternteile – rechts ein Mensch, links ein Mensch, jede Sekunde um sein Wohl besorgt. Wenn der Sohnemann Hunger hatte, selbst wenn es früh um drei Uhr war, hat Mama ihm etwas Leckeres gekocht. Und wir hatten nach dem Kiffen immer großen Hunger. Seine

Eltern waren omnipräsent und stets zur Stelle. Ihm ging das gehörig auf den Geist. Ich fand es toll. Wenn es ihm zu viel wurde und er sich zurückzog, ließ ich mich statt seiner verwöhnen. Meine ersten Schwiegereltern mochten mich. Die Tochter, die sie nicht hatten. Schwupp, war ich da. Wir durften alles, immer, zu jeder Zeit. Ihnen war bewusst, dass wir irgendwelche Substanzen konsumierten, der eigenartige Geruch im Zimmer war nicht zu vermeiden. Die aufkeimende Sorge war aber schnell verflogen, wenn wir angeheitert und mit einem Mordshunger in der Küche erschienen.
„Ihr Hunger ist gesund."
„Alles in Ordnung mit den Kindern."

Zunehmend fand ich auch Gefallen am Alkohol – er schmeckte mir ganz plötzlich. Süßer Rotwein, „Sangria", wunderbar. Bier habe ich kategorisch abgelehnt. Sobald ich es roch, spulten sich die Vaterfilme im Geiste ab. Ich wollte keinen von ihnen bis zum Abspann sehen. Bier empfinde ich auch heute noch als widerliches Gesöff. Aber der Wein war gut. In Verbindung mit Marihuana sogar überragend. Der Kreis meiner seelsorgerischen Freunde wuchs immer weiter und ich probierte alles aus, was mir Ablenkung und Nirwana versprach. Bald konsumierten wir auch synthetische Drogen. Die erste Dosis Speed – eine aufputschende Psychostimulanz – werde ich nie vergessen. Der euphorische Rausch hielt zehn Stunden an, auf allen Ebenen schmerzlindernd. Wachmachend und leistungssteigernd. Jedenfalls für den Moment: Nächte durchmachen super, danach Vollschlaf. Auch super.
Die Natur sorgt für Ausgleich.
Es war geil, Psyche und Körper auszutricksen. Und ich tat es oft. Den erhöhten Rededrang mochte ich besonders. Wir haben uns stundenlang zugeschwafelt und dabei Welten von Emotionen ausgetauscht. Das Einfachste überhaupt in diesem Zustand. Es gab in keine Richtung Hemmungen. Ich habe mich wahrhaftiger gefühlt, näher bei mir selbst. Es gab keine Mauern, keine Masken, kein Verstellen. Ich war echt und so mochte ich mich. Tagsüber hatte ich mein Leben im Griff. Abends gab ich meine Verantwortung an eine höhere Instanz ab.

Nachts war mein Himmel wolkenlos. Mein kontrollierter Drogenkonsum lieferte meiner Mama keinen Grund, sich Sorgen um mich zu machen.
Sie hat es sicherlich geahnt.
Gefragt hat sie mich nie.

Mein Abitur habe ich mit 2,9 abgeschlossen. Gleich danach begann ich eine Ausbildung. Eigentlich wollte ich Sängerin werden, doch daraus wurde nichts. Mit zwölf Jahren haben die Ärzte bei mir Knötchen auf den Stimmbändern festgestellt und mir wurde empfohlen, das Singen aufzugeben und die Texte im Musikunterricht nur noch aufzusagen. *Ade Gesangskarriere!* Mit meiner rauchig-männlichen Stimme hätte ich nur noch die zweite Hildegard Knef werden können, aber daran glaubte ich nicht. *Dann werde ich eben Schauspielerin. Da bin ich flexibel.* Ich schickte eine Bewerbung an GZSZ. Mit der Absage war auch dieser Wunsch für mich gestorben. Wie du siehst, bin ich nicht sonderlich ausdauernd. Beim ersten Scheitern gebe ich sofort auf. Später habe ich einmal gelesen, dass dies ein typisches Defizit bei Frauen ist, die von ihrem Vater verlassen worden sind. Fehlender Rückenhalt. Damit ging ich gleich in Resonanz, natürlich neigt man dazu, das gesamte Fehlverhalten in die Trennungsschuhe zu schieben. Ja. Aber eine bessere Ursache habe ich dafür nicht gefunden. *Dann mache ich eben was mit Kreativität.* Kreativ war ich, überdimensional. Für meine Mama wäre ich eine gute Rechtspflegerin geworden. Jetzt war ich auf dem Weg, Künstlerin zu werden. Eine gute Entscheidung: Ich habe Marcel kennengelernt. (Seine große Rolle in meinem Leben kommt noch.)
Mit viel Enthusiasmus stürzte ich mich in die Ausbildung. Ich lernte schnell und hatte Talent. Meine beiden Chefs förderten und forderten mich. Kein Zuckerschlecken. Ich musste mich erst mit viel Engagement und Biss behaupten. Ich hatte zwei Skorpion-Männer als Vorgesetzte. Wer ein wenig Grundwissen in Astrologie besitzt, hat eine Ahnung, wovon ich spreche. Meine Anerkennung musste ich mir hart verdienen. Zum Ausgleich gab es Bereiche, die mit lockerer Hand geführt wurden. Nach meinen ersten drei Monaten wurde ich für eine Woche alleine gelassen, die Oberhäupter wollten Ski fahren.

Ich hatte das Kommando.
Unsicherheit. Mut. Überlegenheit. Nach einer Woche war ich mir sicher, dass ich den Laden alleine besser schmeißen kann. Das war für mich eine gute Gelegenheit, die Luft der Selbstständigkeit zu schnuppern und Gefallen daran zu finden. Aber noch lagen fast drei Lehrjahre vor mir, keine Herrenjahre. Im Geiste war meine eigene Firma schon geboren, aber ich brauchte noch Praxiserfahrungen. Also sammelte ich. Ich war ein fleißiger und leistungsorientierter Lehrling. Am Wochenende tanzte und sniefte ich die Nächte durch, pünktlich Montag früh saß ich präsent und energisch auf meinem Drehstuhl vor dem PC. Die Arbeit ging mir leicht von der Hand, ich war begabt und gesegnet mit kreativen Instinkten. Ich machte das, was mir Spaß machte, und wurde dafür anerkannt und gemocht. Das klang nach Aufschwung. Es roch nach süßem Leben. Alles schien doch noch gut zu werden mit dem Trennungskind. Das war nur eine Phase. Man lässt sich so leicht von seinen Sinnen täuschen. Das Darunterliegende ist nicht zu erkennen.

Am Ende des zweiten Lehrjahres beteiligte ich mich an einem deutsch-französischen Schüleraustausch. Ich liebte Frankreich, ohne es zu kennen. Das Land reizte mich und das Angebot war verlockend. Ich wurde nicht enttäuscht. Drei Wochen war ich bei meinem Austauschschüler Adrien in einer Stadt in der Provence-Alpes-Côte d'Azur untergebracht und lebte buchstäblich wie „Gott in Frankreich". Dieser Umstand kam wie gerufen, es hätte auch dir gefallen: Freiheit, Gleichheit, Brüderlichkeit. Die Franzosen halten sich an ihre kollektiven Gebote.
Besonders die Brüderlichkeit im weitesten Sinne war für mich spürbar und erfahrbar: Familie und Zugehörigkeit standen hoch im Kurs. Es war beeindruckend, wie wertschätzend der zwischenmenschliche Umgang war. Selbst der Freundeskreis war familiär geprägt – und ich war ein Teil davon. Meine Gasteltern waren taubstumm und suchten aufmerksam und fürsorglich nach Möglichkeiten, mit mir in Kontakt zu kommen, um mich zu verwöhnen. Ich habe mich pudelwohl gefühlt. Adrien und sein Bruder waren sehr bemüht um mich. Sie

waren höflich, authentisch höflich. Und sie hatten großen Respekt vor ihren Eltern. Jede Früh waren sie die Ersten in der Küche und haben für sie das Frühstück vorbereitet. Jeden Franc haben sie gespart für eine neue Kamera als Geburtstagsgeschenk für ihren herrlichen Vater. Schmerzhaft vermisste ich meinen eigenen Vater. Mein König fehlte.

Die Nächte waren lang.

Das Kissen tränennass.

Nach zwei Wochen war ich so sehr integriert in dieses herzliche Familienbewusstsein, dass ich nicht wieder heim wollte. Ganz Frankreich schien intimst verbunden als Sippe, die mich mit offenen Armen empfing und nicht wieder loslassen wollte. Ich hätte nichts einzuwenden gehabt. Deutschland und alle, die dort wohnten, waren weit weg. Heimat war da, wo ich war. Es gab nur einen Haken: Daniel. Von meinem Bruder wollte ich nicht getrennt sein. Das würde ich nicht aushalten. Adriens Cheffe äußerte mehrfach den Wunsch, mich dazubehalten, weil ich so fleißig war. In Frankreich wird Arbeit anders definiert, in etwa so: Arbeitsbeginn zwischen acht und neun // lange Begrüßung und geselliger Austausch // PC anschalten // um zehn gemeinsames Frühstücken mit einer riesigen Auswahl an Croissants // ab elf Tippgemeinschaft Fußballweltmeisterschaft, sechzig Minuten arbeiten // zwei Stunden Mittagspause // vierzehn Uhr geselliger Austausch // „Sin City", dreißig Minuten arbeiten // dreißig Minuten Witze mit dem Cheffe // Kaffeepause // Ausklingen der beruflichen Aktivität.

Ich glaube, ich habe nie länger als eine Stunde am Stück gearbeitet. Es ist wirklich möglich, sich zu Tode zu langweilen. Der Cheffe hatte das Potenzial in mir erkannt, ich könnte für acht arbeiten. Das Leben hatte andere Wege für mich vorgesehen. Ich fügte mich in mein Schicksal und fuhr nach vier Wochen Zauberzeit in Lyon, Marseille und Montpellier zurück nach Germanien. Dort angekommen, fühlte ich mich fremd. Ich hatte große Schwierigkeiten, mich zurechtzufinden. Kenneth holte mich vom Zug ab. Als ich ihn sah, wollte ich nicht aussteigen. Mein innerer Widerstand war zu groß. Ich empfand nur Traurigkeit, das wurde auch beim Wiedersehen mit meiner Mama nicht besser. Ich verzog mich in mein Zimmer und weinte, wurde getröstet von Kenneth, von dem ich

nicht getröstet werden wollte. Ich hätte schreien können vor Verzweiflung. Es hielt mehrere Tage an. Mit meiner Freundin, die auch eine Austauschschülerin war, schmiedete ich große Pläne, wieder nach Frankreich zu gehen.
Sie ist gegangen.
Ich bin geblieben.

VERSUCHE, ERWACHSEN ZU SEIN

Sanft und zärtlich war mein erster Mannfreund. Und verspielt. Mit Hannes hatte ich eine schöne Zeit. Kurz nach unserem Kennenlernen zog ich mit neunzehn aus meinem Zuhause aus und bei ihm ein. Allein dieser Schritt hat sich unglaublich erwachsen angefühlt. Hannes hatte einen revolutionären Esprit und verströmte den Duft von Freiheit. Räumlich dem Patchworkgeschehen entflohen fiel ich auf meine eigenen Füße und lief in mein selbstbestimmtes Leben. Meine Euphorie war groß und natürlich wollte ich alles anders machen. Die Autonomie in meinem neuen Wirkungsfeld schmeckte aromatisch, wie frisch gebrühter Kaffee, der allmählich seine komplexe Lebendigkeit entfaltet.
Dunkler Toast und Eichenholz.
Eigengesetzlich und kraftvoll.
Ein großer Spielraum für meine Entwicklung. Ich hatte die Hosen voll und mein verletztes Kind war dabei. Wir haben viel gelacht und herumgealbert, das hat der neuen Selbstverantwortung die Schärfe genommen. Erwachsen sein hieß, vorrangig selbst zu entscheiden und zu bestimmen. Dabei überwogen die Vorteile: aufstehen, essen, duschen, faulenzen, kiffen und wieder schlafen gehen, wann immer ich wollte. Lediglich der Haushalt rief mit neuen Pflichten und der Kühlschrank wollte gefüllt werden. Glücklicherweise verfügte mein sechs Jahre älterer Partner über die nötigen Allein-leben-Erfahrungen und nahm mich Frischling liebevoll an die autarke Hand.
Für alle Fragen rund um die kulinarischen Notwendigkeiten meiner Hausfrauen-

funktion hatte ich eine telefonische Standleitung zu meiner Mama. Wie viele Minuten koche ich die Eier, bis sie perfekt sind? Brate ich die Jagdwurst als Beilage für die Nudeln mit Tomatensoße in Butter, Öl oder Butterschmalz? Kann man Spinat einfrieren? Wie würze ich alles mit viel Liebe? Mit der Angst im Bauch, Fehler zu machen und von meinem reifen Freund abgelehnt zu werden, war ich stets bemüht, mich zu entwickeln - zu einer gleichwertigen Lebensgemeinschafterin. Vollwertigen Partnerin. Frau, die geliebt wird.

Über allem schwebte die Illusion von Unabhängigkeit, leicht und süßlich. Bis sich mehr und mehr angepasstes Verhalten und konforme Regelwerke dazwischenschlichen. „Das bisschen Haushalt macht sich von allein, sagt mein Mann." Augenzwinkernd. In der Obhut meiner Mama war haushälterisch wenig von mir abgefordert worden. Es war zumutbar, den Müll rauszutragen und die Wäsche abzunehmen. Jetzt stand ich vor der Waschmaschine und glotzte unsicher in die Trommel. Erschwerend kam meine umständliche und schwerfällige Handhabe bei praktischen Dingen hinzu, die mich Zeit meines Lebens immer dann frequentiert, wenn ich es am wenigsten benötige. Kurzfristig bin ich dann ein Fachidiot, dessen größtes Glück es ist, wenn in der Nähe die Gebrauchsanweisung liegt. Lag sie nicht. Also stand ich häufig verstandesverloren auf dem dysfunktionalen Schlauch. Diese praxisbeschränkten Momente erleichterten es meinem Gegenüber fast immer, seine missbilligenden Pfeilspitzen in meine Verletzungen zu stecken.

Heute noch.

Meine größte Angriffsfläche: Begriffsstutzigkeit.

Um diesen Situationen auszuweichen, nahm ich die unverständlichen Herausforderungen selbst in die Hand, meist mit ungewöhnlichen Lösungsansätzen und dem Ergebnis, dass danach alles noch schlimmer wurde. Jetzt wurde nicht nur mein kurzperiodisches Ungeschick abgewertet, sondern auch meine idiotische Herangehensweise belacht. Heute kann ich oft selbstironisch mitlachen. Aber nicht immer. Über die kleinen unabhängig abhängigen Stolpersteine hinaus fühlte ich mich damals jedoch frei und gleichzeitig geborgen.

Gebunden an ein feines Satinband.

Meinen Vater, die Pfeife, hatte ich aus meinem Bewusstsein gestrichen. Hannes war jetzt für mich da. Mein Vaterersatz. Nach circa einem Jahr wollte er den Vater nicht mehr spielen, sondern sehnte sich selber nach jemandem, der für ihn spielte. Die fürsorgliche Frau im Haus. Mit dieser Erwartung stand ich auf Kriegsfuß. Mit zwanzig Jahren wollte ich kein Hausmädchen sein. Ich war doch frei, wild und nicht zu bändigen. Ich wollte die Welt erobern, nicht den Küchenherd. Und so trennten wir uns ein weiteres Jahr später einvernehmlich.
Meine Suche nach einer Vaterfigur wurde mir immer bewusster, das war für mich aber kein Grund, es nicht weiterhin immer vehementer zu versuchen. (Mit der Erkenntnis konnte ich wenig anfangen. Fachidiotin.) Die meiste Zeit war ich erfolglos, also entwickelte ich selbst ein starkes maskulines Ich und begegnete nun vorwiegend femininen Männern.
Irritierend.
Für beide Seiten.

REICH AN VERLUSTEN

Im Jahrestakt meiner Jugend habe ich vier wichtige Menschen in meinem Leben verloren. Mit vierzehn meine Tante Charlotte. Mit fünfzehn meine wundervolle Uroma Hanni. Sie hat unsere ganze Familie zusammengehalten und mir viele liebevolle und zärtliche Stunden geschenkt. Mit sechzehn meinen Opa Fritz. Als ich ihn im Krankenhaus besuchen wollte, war es schon zu spät. Mit siebzehn hat die Schicksalsgöttin erbarmungslos Unrecht walten lassen. Meine Cousine Nina kam bei einem tragischen Autounfall ums Leben. Ein familiärer Schock, von dem sich keiner erholt hat. Ich auch nicht. Sie war das himmlischste Wesen von uns allen. Bis heute kann ich mir nur vorstellen, dass die Schöpfung dringend einen Engel gebraucht hat - dafür war sie geradezu prädestiniert. Das ist das einzige Warum, dass ich gelten lasse. Und trotzdem habe ich mich lange dafür verurteilt, dass ich weiterleben darf und sie gehen musste.

Vier Menschen. Vier Lücken. Vier Verdrängungen.

Den Tod lernte ich viel zu zeitig in meinem Leben kennen. Er hat Schmerzen bedeutet für mich. Unfassbare. Aber, ganz ehrlich, der Tod hat für mich auch etwas Endgültiges, Abschließendes. Er ist nicht verhandelbar. Eine feste Größe. Das macht ihn klarer für mich. Ehrlicher. Sterben gibt dem Leben Struktur, wenn schon nicht der eigene Vater.

Seine Abwesenheit war für mich schwerer zu akzeptieren. Freiwilliges Verlassen. Autonomes Nicht-Dasein. Der Tod bringt den Menschen nie wieder zurück. Das musste ich schnell verstehen. Bis heute verstehe ich nicht, warum mein Vater so lange fortblieb.

Er war doch nicht tot.

IN DAS „ER" WACHSEN

Ein Jahr nach meiner Lehre gründete ich eine Mädels-WG - mit Karolin. Achtzig Quadratmeter, hohe Wände, moderner Schnitt. Ein Gefühl von Weite und Größe. Karolin studierte und ich drückte fortbildend die digitale Schulbank. Fernakademisch von daheim. Mit Karolin war ich in vielen Bereichen in bester Gesellschaft, auch sie hatte ihren Vater früh verloren. Familiäre Themen waren oft Diskussionsgrundlage bei uns und verbindende Säule unserer Freundschaft. Das halbierte Leid.

Wir richteten uns sehr speziell ein, in Geschmacksfragen waren wir uns einig. Mit schmalem Portemonnaie haben wir uns einen stilvollen Rahmen geschaffen, in dem wir die Puppen tanzen ließen. Immer an der Grenze zum Extremen und Ausschweifenden, oft darüber hinaus. Junge Frauen mit ungestümem Format.

Heißblütig.

Tonangebend.

Im Doppelpack waren wir allen überlegen. Niemand wagte sich, uns anzugreifen oder gar zu übertrumpfen. Wir waren die besseren Männer - Überlebensstrate-

gen, Feminismus falsch interpretiert - und dabei ungern gesehene Gäste auf fast jeder Party. Ungern gesehen auch von Frauen. Blickwinkelfrage. Wir haben aus unserem Leid eine Stärke gemacht, die uns emporhob: ein Platz im Olymp. Dringend notwendig. Wir fühlten uns gut damit, unantastbar und waren achtsam darauf bedacht, dass unser Herrscherinnen-Image nicht verletzt würde: Kurze Haare. Weite Hosen. Laute Stimmen. Große Präsenz.
Kriegerinnen.
Im Grunde waren wir nur verletzte Tiere, die sich instinktiv wehrten. Unsere Rechnung war einfach: ich Schmerz = du Schmerz. Wir fühlten uns automatisch berechtigt, unseren Schmerz auf andere umzuverteilen, die noch nicht viel gelitten hatten im Leben. Gerechtigkeit muss sein. Ein offensiver Sturm, und wir standen im ruhigen Auge und hatten nichts zu befürchten. Denn das war unsere größte Furcht: etwas zu befürchten. Im Kern waren wir großzügig, freundlich und herzlich. Du magst es vielleicht kaum glauben, aber das waren wir wirklich. Unser großes, offenes Herz hat uns aber kein Glück gebracht.
Wir lebten Sex, Drogen und Rock'n'Roll. Exzessiv. Keine Party ohne uns. Wie auch, sie fanden meistens in unserer Wohnung statt. Selbstbestimmt nutzten wir abwechslungsreiche Drogen, um uns das Hirn samt unguter Erinnerungen wegzublasen. Wir haben fast alles ausprobiert. Ein natürliches Halluzinogen aus Mexiko - Trichterwinde -, das unter anderem zurückliegende Traumata sichtbar macht, hat uns beiden einen Horrortrip beschert. Karolin musste sich stundenlang übergeben und ich schwankte zwischen großer Euphorie und tiefer Traurigkeit. Lachanfälle wechselten minütlich mit Heulattacken. Ein Abdruck meiner Vergangenheit. Die Geister, die ich rief - obwohl ich sie nie wiedersehen wollte. Ein böser Spuk, der nicht zu enden drohte. Das Verdrängte kam über unterschiedliche Wege nach oben. Echte mexikanische Indianer hätten sich bei unserem Anblick ins Fäustchen gelacht. Castaneda hätte gebrüllt.
Spezialistinnen.
Wir waren getrieben von dem Bedürfnis, seelisch zu heilen, und Drogen ermöglichten uns ein tieferes Vordringen in unsere emotionalen Abgründe als theoretische Psychologie. Schritt für Schritt stillten wir unseren Wissensdurst und

übten uns in Selbstreflexion. Sporadisch tauchten erste Züge einer Erwachsenenhaltung auf. Damals begann eine jahrelange Suche nach Selbstheilung. Wir waren bereit, mit allen Möglichkeiten zu experimentieren.
Astrologie war unser Einstieg. Hier fanden wir Antworten auf überfällige Persönlichkeitsfragen. Wir mussten erst uns selbst erkennen, vorher könnten wir die Welt nicht verstehen. Es glich einer Erleuchtung: Ich bin Löwe, ein Rudeltier! Mein Vater hat das Rudel und mich allein zurückgelassen. Seine spätere Ablehnung und fehlende Fürsorge kommt einem Verstoßenwerden gleich. Das war prägnant für mich: Daher also mein massiver Selbstwerteinbruch und mein Herumstreunen.
Rudelseelenallein.
Wildnis.
So weit das erste Verständnis aus astrologischer Sicht. Inhaltlich noch zu dünn, also forschte ich weiter: mystische Wissenschaften. Neurolinguistische Ansätze. Innerweltkonzepte. Abwegig war die Beschäftigung mit der Philosophie, das hat mich endgültig verwirrt. Was ist das Ich? Was ist die Welt? Und wie hängen beide zusammen? Schopenhauer. „Das Rätsel liegt in unserem Innern." Ja, freilich. Wo sonst. Und wo genau liegt die Lösung des Rätsels, Arthur? Die Antwort blieb er mir schuldig. Trotzdem habe ich ihn verehrt. Er war so radikal, wenn auch schnell trivial. „Wenn der Hund mit einem langen Stock durch eine Tür hindurchkommen will, wird er den Kopf so lange drehen, bis es klappt." Nietzsche weiß es noch besser: Menschen sind kluge Tiere. Vom Hund zum Übermenschen. Auf dem Weg zur perfekten Art. Die beste Version meines Selbst scheitert an den vielen Interpretationsmöglichkeiten. Außerdem stört sie meine Ruhe mit ihrer Unbeständigkeit. Ich suche Sicherheit. Ein schwieriges Unterfangen, denn kein offener Geist kann auf Dauer in ein und demselben Hafen ankern. Carl Gustav Jung lenkt mich von der Bredouille ab und bringt mich auf das Gegenstück des Ödipuskomplexes: Elektrakomplex – übergroße Bindung der Tochter an den Vater bei gleichzeitiger Feindseligkeit gegenüber der Mutter. Feindselig? Das untersuche ich intensiv, kann aber keine angespannten Tendenzen zu meiner Mama erkennen.

Noch nicht.
Ich verstehe immer nur die Hälfte von allem. Gefährliches Halbwissen. Ich fühle mich zu unreif für psychoanalytische Konzepte. Männerkindergarten. Freud und seine weltverändernden Widersprüche. Wer bin ich und wie viele? Bin ich selbst schuld an diesem ganzen Schlamassel? Herzlichen Dank! Ein übergeordneter Blick auf meine Seelenlage blieb mir verschlossen und ich beendete vorerst meinen Ausflug in die philosophisch-psychologischen Gefilde. Cicero weiß es am besten. Er weiß nichts. Aber das weiß er. Kein Grund, sich nicht wieder in das Leben zu stürzen.
Partys.
Herrenbekanntschaften.
Letzteres wollte mir einfach nicht gelingen. Die Herren waren entweder zu leichtfüßig oder zu klammernd. Keine dauerhaft akzeptable Partie. Bis er kam. Oder besser gesagt, bis ich ihn erkannte, denn er war ja schon da: mein bester Freund. Tausendmal berührt, schlagartig verknallt, über Nacht. Liebe auf den 385. Blick, dafür umso heftiger. Es gab kein Halten mehr. Schnell waren wir ein Paar und bald zog ich aus der WG aus und bei ihm ein. Im Daumenkinoformat lernten wir das voneinander kennen, was wir noch nicht wussten. Fortan teilten wir alles zusammen. Anfangs war es eine glückliche und rauschende Zeit – überwiegend, denn wir waren selten in nüchternem Zustand. Alles fühlte sich einfach an. Wir waren aus demselben Holz geschnitzt. Immer einig, nie konfliktbeladen.
Ben hat mich zwei Jahre lang auf Händen getragen. Ein Kavalier der alten Schule: gebildet, kultiviert und gepflegt. Seine Umgangsformen waren beneidenswert und seine Manieren beeindruckend. In seinen Armen habe ich mich respektiert und wertgeschätzt gefühlt. Er hat mich umgarnt, gehegt und gepflegt. Ich habe sie geliebt, seine ehrliche Aufmerksamkeit. Diese Qualität habe ich später nicht wieder bei einem Mann gefunden – andere, diese nicht.
Jedes Wochenende hat Ben ein Frühstück für mich gezaubert, das bis ins kleinste Detail auf meine Wünsche und Bedürfnisse abgestimmt war. An seinem selbstlosen Geben hingen nie große Erwartungen, dafür umso mehr Liebe.

Genauso liebevoll hat er mich bekocht, mit Raffinesse und Stil. Bei ihm hatte ich eine gute Schule in Anstand und Haltung. Ein Kurs in Knigge plus. Ein ganz besonderer Mensch. Ein Träumchen.

Ich stand in Gottes Gunst.

Kurz.

Etwa zur gleichen Zeit wurde bei meiner Oma Krebs diagnostiziert. Erst im Darm und dann im Magen. Nach den OPs machten sich die Metastasen auf den Weg in die Bauchspeicheldrüse und bewohnten bald den ganzen Körper. Sie war bettlägerig und unsere Familie teilte sich in die Pflege ein. Ich übernahm die Mittagszeit. Ich kochte ihr eine warme Mahlzeit oder erwärmte das Essen, das meine Mama vorbereitet hatte. Davon aß sie meistens zwei Löffel. Mehr nicht. Ich schlang alles Wissen über alternative Krebstherapien in mich hinein - sie lehnte alles ab und legte ihr Leben in die Hände der Schulmedizin.

Ich hatte Angst.

Sie hatte Angst.

Sie hatte schon seit zwei Jahren Panikattacken. Keiner wusste, warum. Keiner wusste, dass es überhaupt Attacken waren. Keiner kannte sich aus. Ich war so oft wie möglich bei ihr oder wir telefonierten. Meine Mama krempelte ihr gesamtes Leben um und betreute ihre Mutter liebevoll und aufopfernd. Die Idee, dass sie sterben würde, kam mir nie in den Sinn, sie war völlig unakzeptabel und absurd. Ausgeschlossen. Doch der Tod hat nicht mit sich handeln lassen. Der Anruf kam abends: „Sie liegt im Sterben. Komm schnell!" Als ich ihre Schlafstube betrat, wusste ich, dass es stimmte. Es war nur noch ein Hauch von Leben in ihr, der auf mich gewartet hatte. Im Kreis all ihrer Lieben wurde sie erlöst. Mit dem Tönen eines kurzen Liedes verschwand sie aus unserem Leben. In mir zerbrach das Letzte, was noch ganz war. Ich stand unter Schock.

Wieder im Krieg mit Gott.

Nach ihrer Beerdigung ging es nur noch bergab für mich. Ich humpelte nicht mehr auf einem Bein durch die Welt, ich wollte mich überhaupt nicht mehr fortbewegen. Ich irrte ohnmächtig im Nebel, ohne zu trauern, ohne irgendwas. Meine Maxime „Nie wieder fühlen!" hatte sich verselbstständigt und verhärtet zu

einem Leben zerstörenden Dogma. Mein System erkrankte an Diffusität und Konfusität. Symptome und Beschwerdebilder: unerklärlich.
Ich fiel von einer Arztpraxis in die nächste und kam immer verzweifelter wieder heraus. Um mich herum bildete sich ein Kokon, der mich von der Außenwelt abschnitt. Niemand hatte mehr Zutritt zu mir. Auch Ben nicht. Ich lebte in einem Vakuum, das sich anfühlte wie das Vorzimmer zur Hölle. Eine Zwischenwelt, in der mich selbst Drogen nicht mehr erreichten. Die Götter in Weiß plädierten auf „Pfeiffersches Drüsenfieber". (Ich glaube, das ist es öfter.) Die Tests meiner aktuell behandelnden Ärztin ergaben Unstimmigkeiten bei Knochenmark und Nervensystem. Ich musste dringend selbst aktiv werden: Ich googelte im Internetcafe und stieß sofort auf Resonanz, als ich auf das Wort „Leukämie" stieß.
Panikattacken!
Unvergessliches Erbe meiner Oma.
Ich kippte vom Stuhl und wollte nie wieder aufstehen.

ANGST VOR DER ANGST

Nach Wochen der Dunkelheit und des Unwissens saß ich in einem Zustand der Hilflosigkeit und Ohnmacht wieder bei einer neuen Ärztin in der Praxis. Alle Kraft und Energie war aus meinem Körper gewichen.
Schatten meiner selbst.
Sogar zum Heulen war ich zu kraftlos. Ich saß einfach nur da und beantwortete drei Fragen. Frau Doktorin erkannte sofort, was mit mir los war. Die Frau war auf Zack und ließ keinen Zweifel an ihrer Diagnose. Endlich hatte das Kind einen legitimierten Namen: „Panikattacke". Nie davon gehört. Bisher hatte ich meine schrecklichen Zustände nicht so bezeichnet, woher auch. Ich wusste es nicht. Ich kannte mich nicht aus. Jetzt bekam ich Beruhigungstabletten - und einen Termin beim Psychiater in drei Wochen.
Geschockt lief ich nach Hause. Die tausend Meter fühlten sich an wie eine Tages-

tour durch die Wüste. Ich konnte kaum die Beine voreinander setzen, hielt immer wieder inne und kontrollierte, ob ich noch lebte. Das Gefühl des Alleinseins war übermächtig. Es sollte in den nächsten Wochen und Monaten mein ständiger Begleiter sein. Meine Außenwelt registrierte ich kaum mehr. Weggesperrt, Augen und Ohren nur noch auf mich gerichtet. *Atme ich noch? Schlägt mein Herz noch? Oh Gott, ich habe keinen Puls!* Ein lebensunwürdiger Zustand.
Daheim angekommen, fand ich die Wohnung leer vor. Ben arbeitete seit einiger Zeit nach seiner regulären Arbeit noch als Service in einer Bar. Meistens war er vor drei Uhr morgens nicht zu Hause. Er nahm jede Gelegenheit wahr, nicht in meiner krankhaften Gegenwart zu sein. Meine Verwandlung von der selbstbewussten, anbetungswürdigen Frau zu einer unerreichbaren Nebelgestalt hat er nicht verkraftet. In seinem Bewusstsein gab es keine Schublade für eine Nervenkrankheit. Er war völlig überfordert mit meiner Situation und zog sich in Ablenkungen zurück. Ich wiederum war zutiefst enttäuscht und erschüttert. Wie konnte gerade er mich so einfach fallen lassen?! Heute weiß ich, wie schwer es auch für ihn war. Aber zu dieser Zeit - der bis dahin schlimmsten Zeit in meinem Leben - hat mich mein Partner verraten. Ja, Verrat! Ein großes Wort. Hört, hört! Ein Wort, das nicht einfach achtlos dahingeplappert wird. Ein Begriff, der die Macht hat, Dämonen heraufzubeschwören. Eine Energie, die alles und jeden vergiftet, der damit in Berührung kommt. Eine Tür, die lieber verschlossen bleibt. Ich habe sie jetzt geöffnet. Du hörst zu? Natürlich habe ich anständige Bedenken, doch für mich war es damals Hochverrat. Und es gab keine mildernden Umstände: Ich war verlassen, verloren und allein. Sechzehn Jahre lang hatte ich dieses Gefühl erfolgreich vermieden. Ich war mir sicher, es nie wieder fühlen zu müssen. Ich hatte auf mein Credo vertraut - seine Unwirksamkeit brach wie ein Eisregen über mich herein und durchfror mich bis auf die Knochen.
Totalabsturz.
Die nächsten Tage verbrachte ich am Ort der Finsternis. Sobald ich das Haus verließ, lauerte hinter jeder Ecke eine Lebensgefahr. Die Welt war schon lange kein sicherer Ort, jetzt war sie es noch weniger. Jetzt war sie mein Feind. Ich bestand zu fünfzig Prozent aus Angst und zu fünfzig Prozent aus purer Angst -

Panik. Die „Angst vor der Angst", wie sie heute genannt wird, beherrschte mit Krone und Zepter mein Gehirn. Ein Parasit, der sich zu einem Albtraum entwickelte. Ich war komplett lebensunfähig. Unvorstellbar für jeden, der diesen Horror nicht selbst erlebt hat. Ich kann nur versuchen, es dir zu beschreiben. Beschreiben kann man das nicht.
Die Panikattacken kommen aus heiterem Himmel. Keine Vorzeichen, keine Auslöser. Es beginnt mit Atemnot und mündet in wildem Herzrasen. Ich habe jedes Mal geglaubt, mein Herz kollabiert. Die Anfälle haben keine festen Zeiten oder dieselbe Dauer. Sie befallen mich impulsiv, ganz wie es ihnen beliebt. Unabhängig von Zeit und Raum haben sie keine verbindlichen Parameter. Sie sind das Gegenteil von Kontrolle.
Chaos.
Unordnung.
Panik ist wider die menschliche Natur. Ein Fehler im System. Nachdem ich viele Male fluchtartig Discounter, Restaurants, Kinos und Feste verlassen habe, ging ich kaum noch vor die Tür. Selbst Autofahren war mir nicht mehr möglich. Wenn die Panik einsetzte, musste ich sofort rechts ranfahren und aussteigen. Aber auch zu Hause verschonten mich die Attacken nicht und wurden immer massiver. Meistens war ich allein, wenn sie mich besuchten. Das war ich aber auch, wenn jemand bei mir war. Die Hilflosigkeit des anderen hat die Angst nur noch verschlimmert. Niemand konnte es verstehen und deshalb auch nicht helfen. Es gab lediglich zwei Helfer, die schon in homöopathischen Dosen wirkten: Rotwein und Rennen. Sobald sich eine Attacke ankündigte, bin ich, egal zu welcher Uhrzeit, um die Häuser gerannt.
Eines Abends, ich war wieder ganz sicher, dass ich diesen Anfall nicht überleben, sondern sofort einen Herzstillstand erleiden würde, hatte unser Nachbar, ein Krankenpfleger, einen Zaubertrank für mich gerührt, der mich sofort in eine Tiefenentspannung versetzte. Dieses Gesöff bekam ich nun öfter. Konnte ich ihn einmal nicht erreichen, rief ich den Notarzt und bekam eine Beruhigungsspritze.
Drei Wochen verbrachte ich in meiner eigenen Nervenanstalt und dann hatte

ich meinen Termin beim Psychiater. Nach ca. fünfzehn Minuten hielt ich endlich meinen Retter in der Hand: Psychopharmaka. Es gab nur einen Wermutstropfen: Das Mittel wirkt erst nach zwei bis drei Wochen. Als ich das Ärztehaus verließ, dachte ich das erste Mal darüber nach, wie es wäre, nicht mehr da zu sein. Alle Probleme wären mit einem Schlag gelöst und beendet. Die Idee vertiefte sich nicht, ich war zu schwach, darüber nachzudenken. Ich wurde nur noch gelebt. Ich weiß nicht, wie ein Mensch so etwas aushalten kann.
Aber er kann.
Drei weitere Wochen Hölle.
Eine Zeit des Nichtanwesendseins, stets begleitet von der Befürchtung, dass dieser ichlose Zustand nie wieder aufhört. Keiner da, der mich verstand und mir die Hand reichte. Wieder allein. Ich existierte. Ich vegetierte. Bis die ersehnte Verbesserung kam. Ich wurde langsam wieder lebensfähig. Das war einerseits sehr beruhigend, andererseits quälte mich eine zermürbende Skepsis, dieser heller werdende Weg zurück ins Leben könnte ein fieser Irrtum sein. Ich traute dem Tag nicht und ich fürchtete die Nacht. Aus dem wilden Draufgängerkind war eine vorsichtige und zaghafte Frau geworden. Das war überhaupt das Schlimmste: meine Kraft, meine Stärke, mein strahlendes Sein ...
Alles pfutsch!
W wie weg.
Weil all das nie da gewesen war.
Weil alles auf Sand stand. Treibsand.
Der mich zu verschlucken drohte. Dabei riss er nur das mit sich, was nicht der Wahrheit entsprach - meine selbst erschaffene Scheinwelt. Übrig blieb ein nackiges, ängstliches und verstörtes Kind. Der Schaltschrank klickte und es fühlte sich so an, als hätte ich die letzten sechzehn Jahre nicht existiert. Ich war immer noch das siebenjährige Mädchen, und die selbstbewusste Frau war eine Illusion. Es hat sie nie gegeben. Es gab keine stimmige Grundlage für ihre Entwicklung. Ich verharrte in meinem siebten Lebensjahr, umgeben von einem Lügenkonstrukt. Ein genialer Selbsterhaltungstrick des Ego. Ein fesselndes Wunderwerk des Verstandes. Eine raffinierte und gleichzeitig zerstörende

Autosuggestion. Im Gesamten fast schon beeindruckend, voller Brillanz und undurchschaubar vernetzter Feinheiten.
Es ist faszinierend, was für eine große Schauspielkunst in uns Menschen steckt. So gesehen bietet das Theater mehr Realität als unser persönliches Leben. Die ganze Welt behumst sich selbst, nur wenig ist echt und wahrhaftig. Panikattacken und Depressionen sind gar nicht überraschend, wo doch so viele Pseudoidentitäten auf roten Sofas und in den Vorständen sitzen und globale Geschicke lenken. Die ganze Erde ist ein einziger schlummernder Kollaps.
Ist doch logisch.
Jetzt verstand ich es.
Auf einer Feier habe ich alle Drogen konsumiert, die mir unter die Finger kamen, und mich endgültig weggeschossen. Es folgte ein Systemzusammenbruch. Es folgte die Erkenntnis: *Wenn ich so weitermache, bezahle ich mit meinem Leben!* Trotz verschwindend geringer Begründungslage entschied ich mich für das Leben und rührte ab sofort keine synthetischen Substanzen mehr an. Mein Entzug ging vier Wochen lang. Jede Früh erwachte ich in meinem durchschwitzten, heißen Bett. Das angesammelte Gift suchte sich Wege nach draußen, aus jeder Pore drang toxisches Gas.
Ich hatte noch einmal Glück gehabt.
Leider nicht mehr lange mit Ben.
Wir verloren uns bald, wie man sich eben verliert. Unsere Wege hatten sich nur gekreuzt und waren dann eine Weile parallel verlaufen. Um die Ecke wartete schon die nächste Erfahrung.

NOCH MEHR FAKTEN

§ 1591 BGB:
Mutter eines Kindes ist die Frau, die es geboren hat.

§ 1592 BGB:
Vater eines Kindes ist der Mann,
1. der zum Zeitpunkt der Geburt mit der Mutter des Kindes verheiratet ist,
2. der die Vaterschaft anerkannt hat oder
3. dessen Vaterschaft nach § 1600d oder § 182 Abs. 1 des Gesetzes über das Verfahren in Familiensachen und in den Angelegenheiten der freiwilligen Gerichtsbarkeit gerichtlich festgestellt ist.

VATER-KOMPLEX

Gibt es einen Seelenplan? Ja, natürlich. Wenig später hat der Schöpfer kräftig am Schicksalsrad gedreht. Vorhang auf für den nächsten Akt in meinem vorbestimmten Lebenskomplott:

Marcel & Tom.

Unausweichlich.

Der Himmel hat dieser Verbindung zugestimmt. Ich habe eingewilligt in eine beschlossene Sache. Ich habe mich Herz über Kopf in Marcel verknallt und mich damit selbst in die Rolle einer Stiefmutter katapultiert. Alles ging ganz schnell. Es geschah an einem Tag, der schon nach dem ersten Augenaufschlag nach unruhiger Energie roch. Ich fühlte mich schwach, müde und ausgelaugt. Widerstandslos und ohne Eigeninitiative ließ ich mich treiben: *Mag kommen, was will, es ist mir recht.* Meine Freundin Karolin reagierte am Telefon auf meinen desolaten Zustand mit einer Einladung. Ein gemeinsamer Besuch unseres Stadtfestes würde meine Lebensgeister wecken - Karolin war eine sehr kluge Frau. Die Vorstellung, zwischen Tausenden Menschen zu stehen und unter dem Lärm tobender Attraktionen meine letzten Kraftreserven aufzubrauchen, missfiel mir. Trotz innerer Ablehnung zog mich ein unsichtbarer Faden am Kragen, um mich aufzurichten.

Lustlos tauchte ich meine Wimpern in schwarze Tusche, pinselte kräftiges Rouge auf meine Wangen und schlüpfte in Jeans und Pullover. Grob herausgeputzt und mit einer heranrollenden Panikattacke in der Brust stand ich wenig später mitten im Getümmel. Nicht wirklich anwesend, ein Abziehbild meiner selbst. Die Achterbahn polterte durch meinen Kopf und beim Anblick des Kettenkarussells verlor ich das Gleichgewicht. Ein guter Moment, um einfach umzufallen und nie wieder aufzustehen. Alle Zellen meines Körpers kapitulierten und sehnten sich nach Stille, einer todesähnlichen Ruhe.

Licht aus.

Seelenplan aktiv.

Ich habe ihn nicht kommen sehen.

Zwei große kraftvolle Arme umschlangen fest meinen schwachen Körper. Halt. Ich ließ mich tief fallen in diese unerwartete Geborgenheit. Wärme durchflutete meinen Leib. Ein Sog der Liebe ergriff mich. Eine lebensbejahende Kraft kroch in meine Knochen.
Licht an.
Mein lebensmüdes Eilgebet wurde erhört und der heilsbringende Retter zu mir gesandt. Tief schluchzend lag ich an seiner Brust. Immer inniger schmiegte ich mich an diesen Brandungsfels, an die einladende Stabilität. Meine Seele hüllte sich in dieses Frotteehandtuch, dieses Seelenkuschelweich. Unsere Umarmung wurde inniger und unsere Körper drängten sich aneinander. Verschmelzung. Wir lösten uns vom Diesseits und tauchten in eine allumfassende Welt. Wir klebten eine gefühlte Ewigkeit wie eine homogene Masse aneinander. Außerhalb des Raum-Zeit-Kontinuums. Unser Schicksal: besiegelt und unterschrieben.
Still schwor ich mir: *Diesem Mann, dem Besitzer dieser beschützenden Arme, schenke ich mein Herz, nichts* geringeres*! Ich bin sein! Dieses ausfüllende Gefühl will ich jeden Tag! Darauf verzichte ich nie mehr!* Siebzehn Jahre Hunger leiden. Meine Sehnsucht war am Ziel, ich lag in den Armen eines „Vaters“ und fühlte mich endlos geliebt. Ein Geschenk des Himmels, verpackt von einem Mann, den auch ich beschenken wollte, mit all dem, was mir lieb und teuer war. Zu diesem Dank verpflichtet, kam ich zurück in die Gegenwart, hob meinen Kopf und schaute in zwei liebeshungrige und glückliche Augen: vertraut.
Marcel.
Als sich unsere Blicke trafen, wussten wir beide mit Gewissheit: *Du bist mein Platz, mein Wegweiser, der Beginn meiner Reise in neues Land.* Die gegenseitige Verlockung war groß. Ein leidenschaftlich lodernder Moment. Meine Augen spiegelten seine Sehnsucht. Seine meine. Bestimmung. Meine stiefkindlichen Karten mischten sich neu, drehten mich um 180 Grad. Ich nahm meinen Platz als Stiefmama ein. Im gleichen Atemzug wurde eine Stelle als Stiefkind vergeben. Ein neues Patchworkkonstrukt, in das ich - halb zusammengeflickt, aber mit naiver Zuversicht - sprang wie ins kalte Wasser.
Eiskalt.

Ahnungslos und unwissend. *(Eine Stiefmutter muss jedermann, wenn sie auch eine gute ist, teuer bezahlen, sagt Seneca.)* Obwohl ich ihn bereits kannte:

Meine erste Begegnung mit Marcel lag einige Jahre zurück. Er war der Bruder meines damaligen Lehrmeisters: Eines Tages saß er lässig am Frühstückstisch. Er sah umwerfend aus. Unverschämt harmonische Proportionen. Eine fatale Mischung, fordernde Mixtur. Anbetungswürdig. Ich tat ihm den Gefallen und war schockverliebt. Prinzipiell fiel es mir nicht schwer, solche Charmebolzen zu verstehen. Ich war immer Frau der Lage, uneinnehmbar. Anflüge von Annäherungen blockierte ich: *Männer, ich habe genügend andere Probleme!* Die Herren der Schöpfung machten meist einen großen Bogen um meine distanzierte Attraktivität. Es hat Zeiten gegeben, in denen ich ohne Eigeninitiative ungeküsst blieb. Es war mir egal. Aber dieser Mann war mir nicht egal. Ihn wollte ich küssen. Sofort! Diese Lippen. Und er wusste es. Er hatte einen ungeschützten Zugang bei mir entdeckt und ich war wie ein offenes Buch für ihn. Er servierte Sticheleien und Komplimente, die mir die Schamesröte ins Gesicht trieben. Er suchte meine Nähe, fand sie auch, und ich schnappte innerlich nach Luft. Berauschend. Gleichzeitig war ich wütend, dass ich seinen Avancen nicht eleganter ausweichen konnte. Ich war unterlegen und das ärgerte mich. Eine fürchterlich erotische Anziehungskraft. Das gewisse Etwas.
Eine feinfühlige Aura, die jede Frau in vibrierende Schwingungen versetzt. Er kroch in mein Energiekleid und legte sich wie Balsam auf meine Seele. Das auszubildende Mädchen und der neun Jahre ältere Bruder des Chefs – Stoff für einen entzückenden Groschenroman. Wir einigten uns schließlich auf eine harmlose Schwärmerei mit installiertem Keuschheitsgürtel. Ich war an Ben vergeben und Marcel wurde plötzlich glücklicher Vater. Es wurde still um uns. Nach drei Jahren trennte sich die Kindesmutter von ihm, der Junge blieb beim fortan alleinerziehenden Vater.
Ich stehe immer noch verwirrt im Gemenge des Volksfestes. In den Armen dieses Vollzeitvaters. Liiert mit Ben. Vollgepumpt mit Psychopharmaka – seit dem Entzug – und unfähig, das gerade Erlebte einzuordnen. Unter dem gestikulie-

renden Beschuss meiner Freundin löse ich mich plötzlich aus der Umklammerung und flüchte aus Angst vor den tiefen Gefühlen.
Zu viel.
Zu stark.
Ich laufe einfach los und lasse ihn stehen. Seine Worte klingen mir noch in den Ohren: „Endlich habe ich dich gefunden." Das Geschehene überfordert mich und ich irre wie benommen umher. Es braucht ein klärendes Zaubermittel: Schnaps. Eine Bar. Heiland. Karolin schützt meine hochempfindliche Stimmung vor verbalen Übergriffen. Jetzt ganz schnell irgendein hochprozentiges Gebräu runterkippen, um dieses emotionale Chaos zu betäuben. Kopf in den Nacken und die mentale Instanz runterfahren.
Nach unserer dritten Saufrunde erkenne ich ihn. Marcel. Am anderen Ende des Tresens. Fluchtreflex. Ich verschwinde endgültig in der Dunkelheit der Nacht und erwache am nächsten Morgen, unbefleckt und emotional verleiert, neben Ben.

Die nächsten Tage verbringe ich in einer Art Dämmerzustand, unfähig, das Erlebte zu reflektieren. Marcels Arme kleben immer noch beschützend an meinem Leib. Trotz ängstlicher Fehlbarkeit kann ich immer wieder ein Schmunzeln nicht unterdrücken. Es fliegen stündlich zahlreiche SMSen ein, die meine Erinnerung wachhalten. Mit überraschender Direktheit drängt er mich zu einer Stellungnahme. Meine partnerschaftlichen Verbindlichkeiten sind für ihn weder Hindernis noch begründeter Zweifel. Klar und deutlich gibt er mir zu verstehen, wir wären jetzt füreinander bestimmt, und allem Anschein nach hätte ich keine Wahl. Frontalangriff.
Stilles Kopfnicken.
Leises Einverständnis.
Das Paradies öffnet seine Pforten für mich.
Eines Morgens empfängt mich Ben am gedeckten Frühstückstisch mit frisch gebrühtem Kaffee. Ich schleiche demütig an meinen Platz und weiche seinen Blicken aus. Nach dem ersten Bissen bricht alles aus mir heraus und ich erzähle ihm all das, was ich in den letzten Tagen unauslöschlich erlebt habe. Meine

Ehrlichkeit überrascht mich. Es ist mir ernst. Ich habe mich in einen anderen Mann verliebt. Ein schwerer Gang, aber ich habe mich entschieden.
Später: Viele rüttelten an meiner Entscheidung, verteidigten Ben und hinterfragten meine Absichten: „Was ist denn in dich gefahren, diesen Prachtburschen gegen einen Womanizer einzutauschen!?" Von vielen Seiten stürmten Vorwürfe auf mich ein, die meine Wahl zeitweilig ins Wanken brachten. Es gab stundenlange Aussprachen mit Freunden und Verwandten. Es blieb dabei. Erklären konnte und wollte ich es nicht. Es war so.
Kennst du das? Du weißt es einfach.
Dank einer Handvoll ehrlicher und objektiver Wegbegleiter wagte ich den entscheidenden Schritt. Sie haben die mangelhaften und essenziellen Fehlbereiche meiner Beziehung erkannt und ermutigten mich zur Veränderung. Sie nahmen wirklich die Veränderung in meinen Augen wahr, die leuchtende Strahlkraft, die nur noch wenig gemein hatte mit dem stumpfsinnigen Blick in der letzten Zeit. Diesen Menschen bin ich bis heute aufs Tiefste für ihre Wahrhaftigkeit verbunden und dankbar.
Danke.

KLEINER GROSSER TOM

Trotz der vielen Kanonenschüsse von außen und meinen eigenen kleinen Zweifeln wusste ich, dass es keinen Umweg um Marcel gab. Er war die nächste Sprosse auf der Leiter meiner Entwicklung. Ich kam nicht an ihm vorbei. All seine ausgesandten väterlichen Signale nahm ich unbewusst und ungefiltert in mich auf und folgte ihrem Rufen schicksalsergeben. Er war zehn Jahre älter. Väterlicher als Ben. Reifer. Konfliktfähig und geistig auf Zack. Das solide Versprechen von Geborgenheit und Wärme. Er hielt sein Wort.
Aktiv übernahm er die männliche Rolle, kaufte uns ein Eigenheim und betrieb Nestbau. Ich durfte mich zurücklehnen und empfangen. Endlich! Wir, das waren

fortan ich, er und sein dreijähriger Sohn Tom. Die passenden Rollen wurden schnell gefunden: Marcel und Tom suchten beide eine Mutter und bekamen sie. Ich suchte und fand einen Vater. Tom vollendete die Suche und machte das ursprüngliche Bild einer Familie perfekt. Familie: Kraftplatz für die Seele. Wir glaubten fest daran, dass diese Institution, mag sie auch zusammengeflickt sein, unser Seelenheil wäre.

Wir setzten alles auf eine Karte.

Die anfänglichen Unsicherheiten waren schnell überwunden, alles fügte sich von selbst und fand seinen Platz im Flickwerk. Wir waren inbrünstig davon überzeugt, dass uns dieser Patchworkcoup gelingen würde. Ich wollte es so sehr. Ich hatte die Arme „meines Vaters" wiedergefunden und war bereit, alles zu tun, um sie zu behalten. Der hohe Preis, den ich dafür zahlen würde, war die Inkarnation der Stiefmutter - nicht böse, aber feindselig. Doch zunächst schien mir die Bewältigung meiner neuen Aufgabe nicht besonders schwer. Unbeschwert wie ein warmer Sommerregen begegnete ich dieser Herausforderung. Tom war den Windeln entwachsen. Also: Was gab es schon groß zu tun? Mein Ziehpapa hat sich mit zwei Kindern arrangiert. Er lebt noch.

Kein Grund zur Panik.

Ich schaukle das Kind.

Tom machte mir seinerseits den Einstieg in die neu zu besetzende Mutterrolle leicht. Er war ein außergewöhnlich einfühlsamer kleiner „Mann". Nach dem ersten kurzen Beschnuppern war er mit mir als Brustersatz einverstanden. Wie sein Vater hoffte er auf mich als Liebespenderin. Und bei aller Liebe war das, was ich bereit war zu geben, mikroskopisch. In mir gab es keinen prall gefüllten Speicher voller Herzenswärme und Zuneigung. Ich war ja selbst leer und benötigte dringend Liebespflaster. Notfürsorge. Von der Idee der treusorgenden Mama war ich weit entfernt. Mein eigener Koffer war voll mit Bedürfnissen, Sehnsüchten und Zielen. Außerstande, meine eigene Seele zu nähren, war es mir nicht möglich, die von Tom zu streicheln.

Was konnte ich tun?

Ich begann, mich in die Mutterrolle hineinzudenken. Meine Anfänglichkeiten scheiterten an zu wenig Mitgefühl und emotionaler Hingabe an diesen Prozess. Ich suchte nach verfügbaren Ressourcen, um Fürsorge zu schöpfen. Es gab sie nicht im Sonderangebot und sie hatte auch wenig Interesse daran, mit mir zu kooperieren. All meine Anstrengungen waren seelisch strapaziös.

Ich schenkte dem Jungen viel Aufmerksamkeit, beachtete ihn innerlich aber kaum. Gefühlvoll nahm ich ihn in den Arm, im Innern spürte ich nichts. Verständnisvoll ging ich auf seine Ängste ein, intern schimpfte ich ihn einen Schwächling. Es war die reinste Heuchelei - und er hat es gespürt.
Vergeblich habe ich versucht, etwas zu sein, was ich nicht war. Ich wollte es mit aller Macht erzwingen, als den Teil meiner unausgesprochenen Abmachung mit Marcel, dem Wir-retten- uns-gegenseitig-Pakt. Ich konnte meine Verbindlichkeit nicht erfüllen. Das Mutterprogramm war bei mir nicht installiert und der Demo-Version fehlten die entscheidenden Tools. Heimlich las ich das Buch „Das SOS-Elternbuch" und hoffte auf wirksame Herangehensweisen. Die darin beschriebenen Lösungen für die häufigsten Erziehungsprobleme waren ausgefeilte strategische Konzeptionen. Leider gab es keine Impulse, Liebe und Fürsorge zu nähren und zu verströmen. Dafür hatte ich nun erzieherische Werkzeuge zur Hand, Wutanfälle zu schlichten und aktiv zuzuhören. Tom war aber nie wütend. Wenig kommunikativ. Alles für die Katz.
Die fehlende Liebe und die unehrlichen Zuneigungsversprechen machten sich körperlich bemerkbar. Mein ganzer Leib fröstelte und die Kälte zog in meinen Herzraum. Fortan hatte ich starke Probleme mit meinen Brustwirbeln. Angespannt. Blockiert. Fest. Die kühle Instanz meiner emotionalen Verlogenheit zog bis in die Lendenwirbel hinunter und blockierte auch dort. Die synthetisch hergestellte Maske der Fürsorglichkeit spannte sich um meinen Kiefer und krallte sich tief darin fest. Ich war ein wandelndes Kühlhaus. Auch jetzt, während ich diese Zeilen niederschreibe, kriecht die Kälte durch meine Füße in meinen Bauch hinauf und vereist mein Herz. Damals wie heute kann ich mich nicht dagegen wehren, es geschieht. Stockt dir der Atem? Atme!
Kaltherzig und kaltblütig.

Der warme Wunsch, Tom von ganzem Herzen zu lieben, steckte in meterhohen Eisblöcken fest. „Wenn du Marcel lieben willst, dann musst du auch Tom lieben", so die prompte knappe Anweisung der Schwiegermutter, ausgesprochen in den Anfängen unseres zarten Kennenlernens. Bedrohlich. Widerstand. Liebe unmöglich. Jetzt erst recht nicht: *Bin ich eine Liebesmaschine, die sich automatisch an- und ausschalten kann?* Tom einfach so lieben. Einfach so.
Ein Fingerschnippen, zack, an!
Nein.
Ich strampelte mit Händen und Füßen gegen diese unnatürliche Anforderung, auferlegt und programmiert von mir selbst und eingepeitscht von Mitbestimmern. Der ganze Stiefmutter-Auflagen-Katalog quoll mir bald aus den Ohren. Das fiktive Wunschkonzert auf meine Rolle als Stiefmutter schallte dumpf durch meine Gehörgänge. Unaufhaltsam wurden Ratschläge, gut gemeint, unbestreitbare Empfehlungen und pädagogisches Mentoring über mich ausgeschüttet. Jeder fühlte sich plötzlich als der größte patchworkaffine Naseweis. Alle Augen auf den kleinen, armen Tom gerichtet, auf sein vermeintliches Wohl oder Unwohl. Die Angst saß tief, der Junge könnte Schaden nehmen. Der Schaden war schon entstanden. Das Missgeschick passierte bereits ohne mein Zutun. Ich kam später. Trotzdem wurde ich zwanghaft ermuntert, den Schaden nicht nur zu begrenzen, ihn wiedergutzumachen. Indem ich Tom einfach so liebe. Einfach so. Die ganze Verantwortung für sein Seelenwohl wird demokratisch auf meine Schultern verteilt. Und falls ich versage ...
... die Mär vom dämonischen Wesen der Stiefmutter.
Ich werde zur Strippenzieherin auserkoren, die Legislative bleibt in den Händen des gemeinen Volkes. Ich darf doch bitteschön einfach nur funktionieren, einfach so lieben, einfach mal Mutter sein. Die Einstimmungsphase von neun Monaten steht mir nicht zu. Ab sofort bin ich ein heilerzieherisches Werkzeug, ohne Selbstbestimmung, ohne Bedürfnisse. *Heul nicht! Du hast es dir selbst so ausgesucht. Tom konnte nicht wählen.*
Tom. Sein Verlust wurde nicht intern thematisiert, nicht in ihm. Im Außen sollte die Lösung liegen: sein Bindungsbedürfnis zur eigenen Mutter mit meiner

Anwesenheit zu kompensieren. Das Kindeswohl wiederherstellen.

Alles Paletti.

Tom urteilte nicht. Er bewertete nicht. Weder beschwerte er sich, noch forderte er. Er ließ alles über sich ergehen. Zu geschockt von der Trennung seiner Eltern, um zu reagieren. Zu schwach, um sich mitzuteilen. Mir begegnete er mit einer dankbaren Haltung, voll kindlicher Zuversicht, ich könnte ihn retten. Er glorifizierte mich und tat alles, um mein Herz für sich zu gewinnen. Seine offene Haltung, seine Unverdorbenheit und seine natürlichen Impulse machten ihn für mich zu einem Zauberwesen.

War ich eifersüchtig auf ihn - lächelte er mich an.

Überkamen mich Zweifel - strahlte er aus vollem Herzen.

Hatte ich keine Antworten mehr - stellte er mir Fragen. Die richtigen Fragen, die, die man weder hören noch beantworten möchte. Liebevoll und beständig bohrte er mit seinen kleinen Fingerchen in meinen offenen Wunden: „Wieso siehst du so traurig aus?“, „Warum musst du so lange auf der Arbeit sein?“, „Weshalb rauchst du schon wieder?“, „Kannst du Oma nicht leiden?“, „Ist dein Rücken kaputt?“. Seismographisch reagierte er auf meine inneren Missstände und durchlebte sie mit mir. Das viele Zurückfallen auf mich und meine Bedürftigkeit war ihm schneller vertraut, als es einem erfahrenen Psychologen hätte auffallen können. Meine verzweifelten Versuche, es allen und jedem recht zu machen, empfand er als Zeitverschwendung. Ich sah es an seinem Gesichtsausdruck.

Ganz direkt.

Für meinen dramatischen Perfektionsdrang hatte er wenig Verwendung. Er verließ den Raum und ließ mich nachdenklich darin zurück. Manchmal war ich garstig zu ihm und konnte mich nicht anders ausdrücken. Dann sah er mich an, als hätte der Teufel persönlich von mir Besitz ergriffen. Statt zu flüchten, näherte er sich mir und streichelte beruhigend meine Seele. Kam ich spät von der Arbeit heim, saß er gewaschen und gestriegelt im Schlafanzug am Esstisch, damit wir gemeinsam speisen konnten. Ich liebte es. Er wusste es. Und liebte es auch. Hatte ich meine vertrauten Rituale vergessen, erinnerte er mich wieder daran. Er passte auf mich auf, nicht ich auf ihn. Ja, er war der Wächter meiner Seele

und mein vergessenes Mitgefühl.
Verkehrte Welt.
Mit stoischer Geduld und leiser Duldung begegnete er meinem eigenwilligen und oft hochmütigen Wesen. Dabei betrachtete er mich zärtlich, als könnte er hinter den Wolken immer nur die Sonne erkennen, die für ihn scheint und ihn wärmt. Tatsächlich aber konnte mein abweisendes Gebaren wenig nahrhaft für ihn gewesen sein. Er speicherte die wenigen Sonnenstrahlen konzentriert ab und warf sie mir in dunklen Momenten wieder zurück.
Zauberwesen.
Reinstes Herz.
Dieser wundersame kleine Knabe hielt die Erlaubnis zum Traurigsein in seinen Händen und machte keinen Gebrauch davon. Statt sich in Verzweiflung zu stürzen und daran zu leiden, ohne die leibliche Mutter weiterwachsen zu müssen, übernahm er das Ruder seines Seelenschiffes. Statt sich seinem Mutterseelenallein hinzugeben, peilte er meine Brust als Ersatz an. Ein beeindruckender Stratege. Überlebenskämpfer. Ich verwehrte ihm die Erfüllung dieses Wunsches, aber er beharrte optimistisch und ausdauernd darauf. Statt Druck aufzubauen, erteilte er mir herzerfrischende Lektionen. Jeden meiner Widerstände quittierte er mit einer weiteren Türöffnung auf dem Weg zu ihm. Er nahm mich an die Hand und zeigte mir seine bunte, ursprüngliche Welt. Entführte mich in sein Reich der Fantasie, wie alle Kinder:
Kobolde.
Einhörner.
Riesige Teddybären grüßten mich fröhlich. Feenstaub lag auf meinem überhitzten Verstand. Farbenprächtige Schmetterlinge umzingelten mein verhärtetes Herz. Alle luden sie mich herzlich ein, mit ihnen zu spielen und Wunder zu erleben. Ich ließ mich begeistern und berühren. Anstecken. Hier verweilten wir. Wollten nicht zurück in die kalte und verletzende Welt. War ich im Spiel mit ihm versunken, nahm er meine Veränderung sofort wahr. Meist tat er so, als würde er es nicht bemerken, um mich nicht verlegen zu machen. Vielleicht würde ich es dann nie wieder tun. Beide kosteten wir jeden Tropfen dieses magischen

Universums ganz aus. Wir forderten und verlangten nichts voneinander. Wir waren einfach. Einfach so. Unsere Annäherung folgte den Rufen der Elfen und Trolle. Wir spielten uns ein, und ein zart gewobenes Band umschlang vorsichtig unsere Seelen. Unserem freiwilligen Bündnis stand nichts mehr im Wege.
Fast nichts.
Toms fehlende Erwartungshaltung an meine Person glichen all jene aus, die in diesem Familiengefüge mitbestimmen wollten. Insbesondere an ihnen krankte unsere sich nähernde Wahlverwandtschaft, sodass sie beinah im Keim erstickt wäre. Ich hatte es mit einem mächtigen Gegner zu tun: massive Übergriffigkeit. Unter dem Decknamen übertriebener Hilfsbereitschaft hatte ich kaum die Chance, mich von dem aufdringlichen Ohrengesäusel abzugrenzen. Erwehrte ich mich doch einmal gegen einen dieser penetranten Überfälle oder gut gemeinten Ratschläge, brannte emotional die Hütte. Ich durfte mir boshafte Vorwürfe anhören und wurde wegen Undankbarkeit verurteilt.
Du weißt es längst, es ist zu offensichtlich, um es zu übersehen. Vielleicht kennst du es selbst: Der Patchworkrattenschwanz ist selbst so unbewusst, dass er seine eigenen Defizite nicht erkennt. Er ist auch kaum in der Lage, sich selbst zu reflektieren.
Trotzdem fühlten sich die Patchworkvorarbeiter ohne Praktikumserfahrung mir überlegen. Bogen sie es so hin, dass ich unter ihr Knie kam. Das stank zum Himmel und kostete mich viel Energie. Mit ständigen Hilfsangeboten und untergejubelten Belehrungen bemühte sich die Verwandtschaft, ihr eigenes kleines Selbst in den Vordergrund zu schieben und die prominenten Plätze zu besetzen. Eigentlich bettelten sie mit jedem gut gemeinten Ratschlag selbst nach Aufmerksamkeit, aufdringlich und unangemessen.
Wer sollte es ihnen verübeln, ich?
Auch Marcel und Tom konnten sich dagegen nicht wehren. Wir waren letztlich alle drei dem unbewussten Geplärre ausgeliefert. Und aus beiden Freundes- und Bekanntenlagern kamen zu allem Überfluss weitere selbsternannte Familientherapeuten hinzu. Allesamt Patchworkspezialisten.
Ratschläge sind auch Schläge.

Mitten ins Gesicht.
Diese peinlich indiskreten Interventionsmaßnahmen leiteten maßgeblich das Misslingen unseres sensibel beginnenden und störanfälligen Patchworkflows ein: Wir zogen uns immer öfter in uns selbst zurück, retteten uns gegenseitig. Wieder einmal. Draußen die therapeutische Invasion, drinnen fühlten wir uns sicher.
Ein Eremit mit drei Köpfen.
Isolation, unser Fluchtweg.
Hermetisch geschützt vor zudringlicher Einmischung hielten wir uns gegenseitig fest und beweinten natürlich diese „getrennte" Situation. Unser Umfeld menschenleer. Nur wenige hatten noch Zutritt zu unserem abgeschirmten Reich – die guten Geister, die uns stützten und ermutigten. Marcel und Tom war es recht so. Beiden genügte unser kleines Miteinander. Die Welt draußen war ihnen befremdlich. Abtauchen ihre Antwort. Aus Selbstschutz.
Ich brüllte innerlich. Als Herdentier und gerne in Beziehung stehend war mir diese Rückzugsbewegung nicht nur fremd, sondern auch schmerzlich. Gesellschaft war mir immer eine willkommene Freundin, lebendig, inspirierend und per se Gelegenheit für Freude. Jetzt schaute ich in ihre wahre Fratze, erkannte ihre gemeinen Schatten und mauserte mich zum Menschenfeind. Der Feind saß mit scharfen Geschützen vor unserem Burggraben. Wir hielten die Stellung. Geschichten erzählen vorm knisternden Kamin. Kuschelabende vor dem Fernseher. Muffins im Backofen. Bastelnachmittage am Stubentisch. Albernheit. Ein Leicht- und Nichts-ernst-Nehmen.
Doch unsere dreieinige Innenwelt bekam Risse. Unsere selbst konstruierte Illusion von Familie fand am heimischen Herd immer weniger Nährboden. Thematiken der Hierarchie, Eifersucht und Besitzdenken bahnten sich schleichend Wege in unsere Enklave. Jeder wollte seine Position behaupten, ohne zu wissen, wo genau er auf dem Spielfeld stand. Jeder schwamm in seinen eigenen Bedürfnissen und Wünschen umher. Drei, die sich im Kreis drehen. Selbstreflektierende Momente blieben in Sturheit stecken. Uneinigkeit breitete sich zwischen uns aus. Hilflosigkeit hielt Einzug.

Das massive Aufmerksamkeitsdefizit war meine bitterste Pille. Der Außenwelt-Entzug drängte mich zurück in die Rolle des bedürftigen Kleinkindes. Fehlende Beachtung war meine Achillesferse: Ich spielte nur die zweite Geige. Ich war der Kotzbrocken, der etwa achtzig Prozent von Marcels Aufmerksamkeit einbüßte und an Tom verlor. Waren wir auch – fern von anderen Menschen und Meinungsbildern – zusammengerückt, offenbarte sich in unserem Mikrokosmos das viel größere Schlachtfeld. Das „hinten anstellen" ging mir mächtig auf den Keks, Rücksichtnahme ausgeschlossen. Tom wurde allmählich zwischen Kuchen backen und Gute-Nacht-Küsschen zu meinem Konkurrenten. Das trennte uns erneut voneinander.

Und ich? Ich buhlte wieder um Aufmerksamkeit. Besonders die Flucht in Krankheiten war mir dabei ein wertvolles Werkzeug und versprach mir direkte Vorteile. Auf diese simulierende Methode griff ich zwar unbewusst, aber verschwenderisch zu, denn die fehlende Zuwendung wurde augenblicklich erstattet. Weder interessierten mich die dahinter liegenden psychischen Mechanismen noch der manipulative Anteil dieser inneren Technik. Sie war wirkungsvoll, und so bediente ich mich je nach Herzensnot. Ich empfand meine Anstrengungen in diesem Trio als gewaltig und das Echo als viel zu gering. Ich musste für Ausgleich sorgen. Beschwerden vorzugaukeln war der einfachste und sicherste Weg, solange ich dabei ein Abdriften in Wehleidigkeit vermied – es entsprach nicht meinem Konzept des „tapferen Mädchens". Es brauchte nur ein Symptom, dass mir Aufmerksamkeit zusicherte und zudem große Selbstheilungschancen böte, um auch den Ruhm abzugreifen, der mir für meine eigenverantwortliche Heilung zuteilwürde.

Rückenschmerzen.

Kein exotisches Hexenwerk. Sie bildeten einen Zugang zu Verständnis und Mitgefühl, beides benötigte ich zunehmend. Anfangs begnügte ich mich mit Verspannungen im Lendenwirbelbereich und eingeschränkter Beweglichkeit. Über die Jahre wurden die Schmerzen massiver, mit Blockierungen im Hals- und Brustwirbelbereich, die teilweise bis zur völligen Bewegungslosigkeit führten. Es ging weder vor noch zurück. Stillstand auf allen Ebenen. Angefeuert und herbeigesehnt von mir selbst. Es entstand, wie ich heute weiß, ein Schmerzgedächtnis, das mit jeder weiteren Verspannung erneut aktiviert wurde.

Ich war Schmerz.

Ich nährte Schmerz.

Ich habe mich für Schmerz entschieden und er hat sich verselbstständigt und in seiner Eigendynamik unkontrolliert über mich ausgeschüttet. Marcel war fast täglich aufgefordert, seine Zuneigung zu intensivieren und in mich zu investieren. Ich war der Ansicht, Tom könnte auch mit fünfzig Prozent gut auskommen.

50:50.

Win-win.

Obwohl ich es besser wusste.

Kam es trotz guter Hoffnungen zu Ungerechtigkeiten in der Liebesvergabe, reagierte ich verbittert. Oft unter Einsatz eines dominanten Sprachgebrauchs. Ich motzte ungehalten gegen Tom und formulierte bald wichtige und notwendige „erzieherische" Maßnahmen. Brotkrümel auf dem Tisch konnten auf dramatische Weise zu einem gestörten Essverhalten mutieren. Spät ins Bett gehen deklarierte ich als maximalen Ungehorsam. Egal was Tom tat oder nicht tat - es war falsch. Er war der Leidtragende. Oft konterte ich auch mit Distanz oder Liebesentzug, die wesentlich schlimmere Misshandlung. Marcel war überfordert und Tom suchte trotz der offensichtlichen Ablehnung weiter meine Nähe, den Zugang zu meinem Herzen, zu meinem Mitgefühl. Meine Tür war in diesen Augenblicken verschlossen, und ganz besonders für ihn. Er rannte gegen meine emotionale Mauer und tat es immer wieder. Nichts, was ich tat oder sagte, schreckte ihn ab. Für kurze Augenblicke war er verunsichert und verletzt, dann ermunterte er mich wieder geduldig - mit seinen liebevollen Gesten, die eigentlich hätten meine sein sollen, für ihn. Ich war außerstande, sie ihm zu geben.

Heute bin ich erschüttert darüber. Ich sehe mein Fehlverhalten - und seinen Schmerz. Meine eigennützige Dürftigkeit empfinde ich schlicht als bemitleidenswert. Die Reflektion über mein narzisstisches Wirken macht mich traurig. Toms bedingungslose Zuneigung rührt mich tief. Ein riesiges Bedauern beschwert mein Gemüt. Dass ich nichts davon ungeschehen machen kann, lässt mich hilflos winseln. Liebevolle Zurechtweisungen meiner Freunde und meiner Familie, ich hätte das Beste getan und versucht, perlen nur ab.

Nein, ich habe nicht mein Bestes getan.

Nein, ich habe es nicht einmal versucht.

Wir waren alle drei bloße, blinde Gefangene unserer eigenen Verletzlichkeiten und haben diese als Anlass zum Reagieren und Handeln genommen. Jeder auf seine Weise. Anstatt eine starke und aufbauende Konstante in Toms Leben zu sein, habe ich meiner kindlichen Bedürftigkeit den Vorrang gegeben. Ich wollte mich retten. Niemand anderes tat es. Tom wusste es instinktiv und hat mich trotzdem geliebt. Seine Gnade ist das größte Geschenk in meinem Leben. Es mussten viele Jahre verstreichen, bis ich das verstand und bis mein Herz bereit war, das zu fühlen. Bis ich es dir berichten kann, ohne zu mildern und zu beschönigen.

Gemessen an den Kinderschicksalen dieser Welt empfand ich mein eigenes Leid lange als „unzulänglich". Diese Wahrnehmung hat sich verändert. Zu meinen Gunsten, zu Gunsten der Sache selbst: Allein ein Trennungskind zu sein genügt, um eine Vielzahl gestörter Verhaltensweisen zu entwickeln. Um diese zu erkennen, bedarf es eines ehrlichen Austauschs, eines sich Anvertrauens und eines geeigneten Settings, um den traumatisierten Raum betreten zu können - geschützt und gleichzeitig offen. Und auch den Raum, in dem ich mich als das Baby erfahren darf, das ich einmal war, das nach jedem Hinfallen und Umfallen voller Zuversicht und Vertrauen wieder aufgestanden und weitergelaufen ist. Diese Qualität habe ich immer schon in mir und ich musste mich dringend an sie erinnern.

Nichtsdestotrotz: Noch mal von vorn.

Der Reihe nach:

DAS SCHWIEGERMONSTER

Nach einem Jahr Patchworkprobezeit kaufte Marcel ein Haus für uns drei. Eine komfortable Festung mit allen materiellen Annehmlichkeiten. Hier waren wir für alle Herausforderungen gewappnet. Er schuf ein behagliches Familiennest, aus welchem noch viele weitere Sprösslinge schlüpfen sollten.

Daran glaubten wir fest.

Der Einzug in unser wohliges Heim war mit Zuversicht ausgestattet und mit großen Visionen dekoriert. Für mich war es eine große Erlösung - Ablösung von Marcels Mutter, die bis zu diesem Zeitpunkt Hausherrin und Patriarchin der gemeinsamen familiären Unterkunft war. Ein tiefes Aufatmen ging durch unsere selbstbestimmten Räume. Jetzt durften wir ganz nach unserem eigenen Gusto leben und entscheiden. Das Patchworktrainingslager war eröffnet. Liebevoll und mit viel Freude richteten wir unser Eigenheim ein. Es gab genügend Platz für alle persönlichen Noten und Vorlieben.

Tom bezog eine geradezu unverschämt große Kinderstube mit vielen Fenstern auf der Südseite. Ein Sonnenscheinzimmer. Wir fanden es angemessen und gaben seiner Kinderseele viel Raum für Entfaltung. Ein indigoblauer kuscheliger Teppichbelag bildete die Basis für ausgedehnte Spielgelage auf dem Fußboden. Ein wilder Haufen bunter Kuscheltiere schaute uns amüsiert dabei zu. Toms Zimmer war eine gelungene Mischung aus Räuberhöhle und Ikea-Produktkatalog.

Der 3D-Küchenplaner entwarf für uns eine komfortable glanzlackierte Küche. Marcel wollte, dass ich mich wohlfühle, behaglich. Ich fand das sehr wertschätzend, hatte aber Probleme, meine Persönlichkeit ergonomisch mit dieser maßgeschneiderten Exklusivität zu verbinden. Ich spürte Zweifel in mir, diesem Luxusmonster auch gerecht zu werden. Wie fühlt sich eine Steckrübe aus der Arbeiterklasse in einem Premium-Kupferkochtopf auf einem Großflächeninduktionskochfeld?

Fehl am Platz.

Ich war nicht gut genug für Seidenglanz und die schöne Aura von eloxiertem Aluminium. Marcel sah das anders: Die Neumama verdient einen majestätischen

Kochpalast. Basta! Er leerte seinen Geldbeutel für unsere Idee einer Familie. Für eben diese edle Absicht. Ich wollte nicht undankbar sein. Ein Teil von mir fügte sich widerwillig dem unverhofften Wohlstand, ein anderer Teil öffnete sich dem Geruch des Reichtums: *Warum eigentlich nicht? Zier dich nicht so mädchenhaft. Was ist so falsch an Komfort?* Ich bemühte mich. Marcels Beitrag zu unserem „Wir" verpackte er mit viel Liebe und einer schier grenzenlosen Großzügigkeit. Er war in vielerlei Hinsicht beeindruckend. Harmonisch lud er mich zu allen Entscheidungsfragen ein und integrierte einfühlsam meine räumlichen Vorstellungen. Ich fühlte mich als gleichberechtigte Mitbestimmerin in unserer Patchworkwelt. Der große Kamin versprach mir Einkehr, Ankommen und Geborgenheit. Ich glaubte ihm.

Hier wollten wir alle fehlenden und verlassenen Teile wieder zusammenführen. Die natürliche Ordnung wiederherstellen. Eine Familie sein. Zugehörig, verbunden, beisammen - eine schlichte und ursprüngliche Motivation. Warum sollte eine so positive Ausrichtung scheitern? Die Zeit nach unserem Einzug hatte Bilderbuchcharakter. Wenig trübte unser gemeinsames Glück. Entgegen aller panischen Befürchtungen lebte sich Tom schnell in seinem neuen Zuhause ein. Auch die sorgende Befürchtung einer schwierigen Integration in den neuen Kindergarten entpuppte sich schnell als großmutterhafte Hyperbel. Kontakte wurden leicht geknüpft und bald schon hatten wir die ersten kleinen Schlafgäste. Freunde für Tom.

Mit jedem Tag kehrte das ungetrübte Lächeln eines glücklichen Kindes auf Toms Gesicht zurück. Sein immungeschwächtes System erholte sich schnell unter den neuen Bedingungen. Die vielen kleinen Kränkeleien und Anfälligkeiten - als Folge der elterlichen Trennung - verwandelten sich in dieser neuen Umgebung rasch in gesunde rote Bäckchen, einen Mordsappetit und neugierige Augen. Er gewann wieder an Kraft und Lebensfreude. Bald schon entwickelte ich ungewohnte Mutterqualitäten: Meine erste Mission widmete sich dem Ausmisten des Apothekerschranks. Beim Öffnen fiel ein Bataillon chemischer Keulen und eine Flut von Beipackzetteln in meinen Schoß. Fünf verschiedene Hustensäfte, drei Packungen Fieberzäpfchen, mehrere Schnupfensprays, mit und ohne Meersalz, bunte Hustenpastillen, Kortisonpräparate, Asthmaspray, antimikrobielle Cremes, Hartkapseln gegen Magenkrämpfe und viele weitere Symptombekämpfer. Bis auf die Garfield-Pflaster und ein paar Verbandsmaterialien kippte ich allen Inhalt in den Abfalleimer.

Auf meinem Plan standen nun Zuwendung und Thymiantee. Mit erstaunlicher Wirkung. Ich war zunehmend gerne um Toms Wohl bemüht. Eigentlich eine Langschläferin, konnte ich es jetzt kaum erwarten, frühmorgens an sein Bett zu schleichen und in sein verträumtes Gesicht zu schauen.

Blaue Augen.

Verwuschelter Blondschopf.

Hinreißend.

Wenn Marcel mit frisch duftenden Brötchen vom Bäcker kam, waren der Frühstückstisch gedeckt und Toms Zähne blitzblank. Kaum hatte ich den kleinen Mann dem Kindergarten übergeben, freute ich mich schon auf das Wiedersehen. In seiner Abwesenheit war es seltsam still. Beruflich war ich ausgelastet. Seit einem Jahr selbstständig, füllte ich diese Leerzeit gewöhnlich im häuslichen Büro mit Aufträgen. Ich liebte meine Arbeit. Sie hat mich erfüllt. Jetzt richtete sich mein Blick ständig auf die Uhr. Alle Aktivitäten, die mit dem Muttersein verbunden waren, machte ich zu meinen. Es war ein neues, schönes Gefühl, gebraucht zu werden. Meine Fürsorglichkeit entfaltete sich am intensivsten beim Zubereiten des Abendmahls. Kochen wurde plötzlich zu meiner großen Leidenschaft und ich freute mich selig darüber, dass es meinen beiden Männern so sehr schmeckte. Das Abendessen als Ritual, so wie ich es liebte. Zu dritt zelebrierten wir dieses innige Gemeinschaftsmoment. Die Welt war in Ordnung und scheinbar jeder an seinem Platz. Unterbrechungen unseres beschaulichen Beisammenseins gab es nur von meinem Schwiegermonster. Auf ihre Kontrollanrufe war Verlass:

Kaum haben wir die erste Gabel zum Mund geführt, klingelt das Telefon.

„Ich wollte nur hören, ob es euch gut geht. Sitzt ihr beim Abendessen? Hat Susanne schon Feierabend? Hat sie gekocht? Was gibt es denn Schönes?"

„Kartoffelbrei, liebevoll selbst gerührt, mit Gurkensalat, frisch geraspelt, und

Rühreier, selbst gelegt. Hallo Helga."
„Geht Tom dann auch brav ins Bett?"
„Nein, wir wollen die Nacht eigentlich durchmachen."
„Du nun wieder, hahaha, aber du liest ihm doch noch eine Geschichte vor, oder? Er mag das doch so sehr. Denkst du auch daran?"
„Liebe Helga, selbstverständlich. Jeden Abend. Wie gestern. Wie vorgestern. Und morgen auch."
Und so weiter. Und so fort.
Ich sage ihr nicht, dass die meisten Geschichten von meiner Kindheit im Plattenbau handeln und dass Tom stundenlang zuhören könnte. Vor allem die Stellen, an denen ich als Kind Mist gebaut habe, amüsieren ihn am meisten. Er rollt sich dann vor Lachen und will die Geschichte noch mal und noch mal hören. Zufrieden schläft er dann ein, ohne Drama und Heulerei. Das habe ich von meiner Oma übernommen und es verfehlt seine Wirkung nicht.
Die Galle stößt mir bitter auf. Meine Hände geballt zur Faust unterm Tisch. Was macht diese Frau mit mir? Was macht diese Situation aus mir? Ich fühle mich nicht wohl in dieser gehässigen Energie. *Wie soll ich auf ihre fiese subtile Bevormundung reagieren? Mit Anstand und Verständnis?* Das habe ich versucht. Heuchlerisch.
Wie vereinbare ich Freundlichkeit und Selbsttreue, Abgrenzung mit Verbundenheit? Eine innige, liebevolle und aufrichtige Begegnung scheint unmöglich zu sein. Dabei wollen wir beide aber genau das. Liebend gerne trage ich meinen Teil dazu bei, ein friedliches und wertschätzendes Miteinander zu erleben. Meine Stiefposition verhindert das, weil sie ständig abgewertet und hinterfragt wird. An die Stelle einer offenen Haltung und eines liebenden Herzens tritt Trotz, Boshaftigkeit, Rebellion und Kampf. Ich befinde mich immer im Verteidigungskampf um meine Position. Eine Endlosschleife, weil es nicht „mein" Platz ist, und auch das wissen wir beide.
Marcel blickt traurig drein, hinab auf meine Fäuste.
Tom hüllt sich in einen imaginären Mantel. Er muss sich schützen. Senkt den Blick und starrt auch auf meine Hände.

Der Küchentisch schweigt.
Wer ist der schwarze Peter?
Die Stiefmutter.
Ganz gleich, ob ich es will oder nicht will. Oberflächlich betrachtet verlief das Gespräch recht harmonisch. Auf dem Thema „berufstätige Mutter" rumzulutschen hat sie heute vergessen. Der größte Dorn in ihren Augen: meine Selbstständigkeit. Diese emanzipierte Unart muss mir schleunigst ausgetrieben werden. Flexible Arbeitszeiten, Selbstentfaltung und die Liebe zum Beruf - alles unnützes egoistisches Gewäsch für sie. Meine Arbeit, ein mieser Eindringling ins Wohlergehen der Familiensubstanz. Hinderlich bei ihren erwünschten Bestrebungen, mich zum stiefmütterlichen Nutztier für alle häuslichen Angelegenheiten zu machen. Selbstaufgabe statt Selbstbestimmung. In dem Punkt war sie sich mit ihrem Sohn einig, nachdem sie ihm diesen pastoralen Gedankenschleim erfolgreich injiziert hatte. In beiden war der Glaube an eine glückliche Frau am Küchenherd tief verankert. Ich stand dem Bild nicht per se ablehnend gegenüber. Im Gegenteil. Mein Widerstand reagierte vielmehr auf die massive Übergriffigkeit auf meine Person und das anmaßende arrogante Überpinseln meiner eigenen Bedürfnisse und persönlichen Entscheidungen. Ich sollte ihrem Leitfaden folgen.
Dankbar sein.
Mich fügen.
Ich habe für mich erkannt, wie warm und wohlig sich Fürsorglichkeit anfühlt, und erlebt, wie ein Kind im Haus mein Herz streichelt. Das war mir schneller vertraut und lieb, als ich wollte. Der Druck von außen, mich in diese Mutterrolle zu zwingen, hat meiner Freiwilligkeit geschadet. Ich habe mir zugetraut, fürsorglich und selbstliebend zugleich zu sein. Die Rolle „dieser" Stiefmutter war dafür zu eng definiert. Leider schlug Marcel in dieselbe Kerbe. Auch er wurde nicht müde, meine beruflichen Ambitionen zu unterbinden. Er vertrat in jedem Punkt die von mir ungeschätzte Ansicht seiner Mutter: Frauen an den Herd. Vollzeitfamilienwohltäterin. Er war wirklich gut darin, mir die Aussicht auf das Stiefmutterkreuz schmackhaft zu machen, doch mein Wohl war in diesem

Konzept nicht einberechnet. Das Kleingedruckte enthielt meine systematische Entmündigung. Das erzieherische Mitbestimmungsrecht war mir mit dem Prädikat „Stief" bereits entzogen worden, jetzt wollten beide mit vereinter Kraft meiner Selbstbestimmung an den Kragen. Beide hatten in ihrem eingeschränkten Blickfeld keine Wahrnehmung für meine Person, die ihrer Arbeit mit Liebe und Leidenschaft nachging, einer Arbeit, die ein essenzieller Bestandteil meiner Kraft und Energie war.

Was ist falsch daran? Ich hinterfragte fleißig meine eigenen Selbstverwirklichungsmotive, konnte daran aber nichts Egoistisches erkennen. Marcel und seine Mutter erkoren sich als Retter meiner narzisstischen Seele: *Die Frau muss zur Vernunft gebracht und in das Mutterseligsein überführt werden. Das allein wird sie heilen.*

Ich sprang über meine eigenen widerständigen Schatten und verringerte meine Arbeitszeiten. Ich war tatsächlich entspannter und fühlte mich gut damit. War ich auf dem egoistischen Holzweg gewesen? Leider reichten meine Annäherungen nicht aus, ich sollte meine beruflichen Ambitionen gefälligst ganz aufgeben und ein Vollzeitheftpflaster für Toms Verletzungen sein. Das Maß an Feinfühligkeit, das diese Situation erfordert hätte, blieb dabei aus.

Tom bezog oft Position für mich und bestärkte meine Weise, die Stiefmutterrolle auszufüllen. Das war nicht seine Aufgabe. Unser gemeinsames Resonanzfeld wurde immer größer, aber auch das war nicht recht. Egal was ich tat oder unterließ, es war falsch.

Toms sechstes Wiegenfest war ein Tag, der die Komplexität von Stief-Themen mit all ihrer Macht und Ohnmacht realistisch darstellte. Ein Tag – eingebrannt in mein Herz. Ein Tag, der es wert ist, in aller Ausführlichkeit erzählt zu werden, mit all den vorherrschenden Emotionen und der Hilflosigkeit aller Anwesenden. Verurteilend, liebend, bewertend und emotional tief verstrickt – subjektiv, denn nur so ist er zu verstehen.

Ja, auch retraumatisierend.

Allein der Gedanke an diesen Tag schmerzt. Vielleicht lohnt es sich, ihn nochmals aus der Nähe und in all seiner Komplexität zu betrachten. Vielleicht kann ich unter all meinen Beschimpfungen meine Eigenverantwortung für das Misslingen erkennen. Eine Stiefmutter muss jedermann, wenn sie auch eine gute ist, teuer bezahlen.

SCHMIERENTRAGÖDIE

Der Inhalt

Der Plott wird jedem Zuschauer, wenn auch aus unterschiedlichen Blickwinkeln, bekannt sein: ein Kindergeburtstag. Die Handlung unterscheidet sich eklatant von einem herkömmlichen Kindergeburtstag durch die Anwesenden, welche allesamt in einem Patchworkgeflecht verstrickt sind. Der markanteste Unterschied besteht jedoch darin, dass die Hauptdarstellerin und Organisatorin dieses Festes eine Mutter ohne Nabelschnur ist.

Diese Schmierentragödie ist nicht nur eine Abhandlung über die grimmgeprägte Stiefmutter, sondern sie zeigt gleichermaßen die Alltagsrealität einer Familie in Zeiten instabiler Werte - ein Spagat, der Kindern, Eltern und Angehörigen alles abverlangt. Die Handlung spiegelt den Verlauf eines typischen Patchworkvorhabens: von der Illusion des Gelingens über den Kampf mit der Realität bis zur Ohnmacht beim Scheitern. Der Anfang versprüht den unverwüstlichen Glauben an die Kraft der Liebe und der Familie und endet im Erwachen aus dieser Halluzination. Das leise Zerbrechen des Wunschbildes „Wir sind eine Familie" und der Hoffnung auf Wundheilung lässt jedes noch so offene und liebende Herz sich verkrampfen. Krampf und Kampf begleiten das gesamte Stück. In wenigen Momenten gelingt es der Liebe, ihren Platz einzunehmen, wo sie sogleich blockiert wird von den Bedürftigkeiten und Erwartungen aller Darsteller.

Der Kriegsschauplatz gehört zur modernen Welt. Ich selbst bin generalstabsmäßig bewaffnet - inmitten zweier Familien, die begleitet werden von Freunden, deren Fokus auf Rechthaben und nicht auf Glücklichsein liegt. Welche Priorität das hochgelobte Wohl des Kindes während des gesamten Aktes hat, darfst du selbst einschätzen. Die Komplexität des kriegerisch verhandelten Themas spiegelt sich eindrucksvoll in der Darstellerliste wieder: Menschen, die im Verlauf der Tragödie, je nach Resilienzausstattung, die Hände heben, kapitulieren oder in stillschweigende Ohnmacht fallen.

Der Raum

Vor der Kulisse eines wohlhabenden und privilegierten Daseins, in dem weder Krieg noch Hunger gelitten wird, erschreckt sich der Zuschauer, wenn er es bewusst erlebt, über das Drama, das eine Wohlstandsgesellschaft aus ihrer selbst erschaffenen Haltung und ihren eigenen Verletzungen heraus kreiert.
Bist du bereit?
Sei präsent, ehrlich, bewertend, liebevoll.
Sei anwesend.

Die Darsteller

Tom	sechs Jahre, *Trennungskind*
Marcel	Toms leiblicher Vater
Ilka	Toms leibliche Mutter, *Trennungskind*
Helga	Marcels Mutter, Toms Oma
Karsten	Marcels älterer Bruder, Toms Onkel
Silvia	Karstens Partnerin
Moritz	fünf Jahre, Sohn von Karsten und Silvia
Susanne	Toms Stiefmutter, *Trennungskind*
Ellen	Susannes Mutter, Toms Stiefoma
Michael	Susannes Stiefvater, *Trennungskind*
Daniel	Susannes jüngerer Bruder, *Trennungskind*
Vito	Marcels bester Freund
David	Vitos Stiefsohn, *Trennungskind*
Nadine	Ilkas beste Freundin
Renè	Nadines Mann
Mia	vier Jahre, Tochter von Nadine und Renè

Bella & Carla	Susannes Geschwisterpaarfreundinnen
Fin	sechs Jahre, Carlas Kind, *Trennungskind*
Frank	Carlas Partner, Fins Stiefvater

Das Vorspiel

Schauplatz der Vorbereitungen ist die heimische Küche. Meine festlichen Ambitionen und die Liebe, die ihnen innewohnt, werden von Tom und Marcel mitgetragen. Sie erfreuen sich an meiner Begeisterung und dem stiefmütterlichen Beitrag, den ich damit leiste. Ungezwungen und mit Herzblut. Das schwappt über und beide unterstützen mich mit Hingabe. Das gemeinsame Kartoffelschälen in harmonischer und intimer Dreisamkeit wird zu einem Akt der Glückseligkeit. Liebe durchflutet den ganzen Raum, wärmend, Licht bringend, heilsam. Wir tauchen mit dem Kochlöffel in einen Strom voller Zuversicht und Herzlichkeit. Ich will den Moment festhalten, einfrieren, verlängern. Eine Endlosschleife daraus basteln. Tom und Marcel scheinen es ähnlich zu fühlen.

Ein kurzer Moment des Friedens.

Energie sammeln.

Für den Wind, der uns bald entgegenbläst.

Bis Mitternacht dauert unsere Vorbereitungszeremonie. Marcel und Tom tragen meine Großoffensive, als wäre es die ihre, so viel Freude schwingt darin mit. Voller Stolz, an diesem Abend Teil eines großen Abenteuers zu sein, schließt mein kleiner Junge zufrieden seine Äugelein. Sein Lächeln an diesem Abend brennt sich massiv in mein Herz. Das Stief der Mutter ist für einen winzigen Augenblick weit weg und ich genieße die Rolle der fürsorglichen Frau im Haus - ja, sie gefällt mir sogar ausgesprochen gut. Marcel nimmt mich glücklich in seine Arme und bedankt sich bei mir mit Geborgenheit und Wärme für diese Augenblicke der tiefen Verbundenheit. Ich lasse mich fallen in die Illusion des Patchworkglücks. Jetzt fühle ich mich als Teil eines großen Abenteuers.

Die Nacht ist noch lange nicht zu Ende. Der Geburtstagskuchen wartet darauf, gebacken zu werden. Flink geht mir Marcel zur Hand. Er erklärt meine Aspiration für verrückt, unterstützt meine Leidenschaft aber zum Wohle von Tom.

Ein wenig verrückt.
Ja.
Das bin ich.
Verrückt danach, für den kleinen schnarchenden Mann im Nebenzimmer einen unvergesslichen Geburtstag zu gestalten. Meine Freude wächst mit jedem Stück Obst, das wir zur Garnierung auf den Kuchen legen, bis eine bunte Blumenwiese aus Mandarinen, Kiwis, Bananen und Himbeeren entsteht - Sinnbild für die blumigen Zeiten, die vor uns liegen. Noch schnell die Geschenke für Tom verpacken, drapieren und den Raum schmücken. Es ist weit nach eins, als wir die Happy-Birthday-Girlande aufhängen. Erschöpft und zufrieden fallen auch wir ins Bett.
Am Geburtstagsmorgen steht ein blonder sechsjähriger Junge mit verquollenen Augen inmitten seines Geschenkimperiums und leuchtet. Als er mich sieht, will er mir alle Geschenke gleichzeitig zeigen und verschwindet unter dem Berg der bunten Geschenkpapiere. Ich lache aus vollem Herzen. Dieser Augenblick: höchste Freude! Tom schaut mich an, mit diesem besonderen Lächeln, das er immer zeigt, wenn er mich zum Lachen bringen will. Wenn ich lache, geht es auch ihm gut. *(Geht es den Eltern gut, geht es den Kindern gut!?)* Unsere Herzen sind durch einen unsichtbaren goldenen Faden verbunden und schwingen fröhlich im Gleichtakt. Ich gehe auf ihn zu, nehme ihn in die Arme und bedanke mich für seine Liebe. Gemeinsam fallen wir um und liegen nun lautstark lachend inmitten der Geschenke. Marcel tritt herein und schmunzelt leicht - er hat wenig übrig für alberne Momente.
Langsam trübt sich der Stieffamilienhimmel. Toms leibliche Mutter Ilka wohnt diesem Ereignis bei. „Beiwohnen" erscheint mir hier für das passende Wort zu sein: bei etwas als Gast oder Zuschauer teilnehmen. Sie ist ein seltener Gast, der die passive Zuschauerrolle bevorzugt. Aufgrund einer Laune der Allverbundenheit gab ich dem Impuls nach, sie einzuladen.
Naiv!?
Das erste Läuten erfüllt den Raum. Du kennst das sicher, wenn man schon am Drill der Klingel spürt, welcher Unglücksbote da vor der Tür steht.

I. Akt – Die Ankunft

Die Kunst des stilvollen Timings wurde nicht von meiner Schwiegermutter erfunden. Ich empfinde es als unhöflich, 25 Minuten vor dem benannten Zeitpunkt zu erscheinen, und stehe jetzt schon angenervt in der Küche. Es erstaunt mich immer wieder, welche Macht diese impertinente Person über mein Nervenkostüm hat.

Einatmen.

Ausatmen.

Betont freundlich bitte ich Marcel, seiner Frau Mama die Tür zu öffnen und sie in unser glückseliges Heim einzulassen. 25 Minuten. Eine Frechheit. Weder habe ich mich schon umgezogen noch die Haare gemacht. Großartig! Ich platze innerlich.

Tief einatmen.

Tief ausatmen.

Meine Empfangsenergie also ist nicht herzlicher Natur. Mein innerer Widerstand zu groß. Ein geheucheltes „Herzlich Willkommen" kommt nicht über meine Lippen. Meine Arme sind vor der Brust verschränkt. Schwierige Voraussetzungen für eine harmonische Begegnung. Aber von vorgetäuscht offenen Armen kann nichts Wahres kommen.

Mit übertrieben gefälliger Stimme krächzt Helga im Flur: „Na, wo ist denn mein Geburtstagskind ... Toooooommmmm. Na wo isser denn, mein Kleener?"

Ich bin sofort gereizt.

„Tooooomm", ruft jetzt auch Marcel, seine Mutter nachäffend. „Oma ist da und möchte dir gratulieren. Willst du nicht deine Geschenke aufmachen?"

Manipulatives Gesäusel. Das Geschenk als Lockmittel, das macht mich traurig. Ich kann den Erwartungsdruck hinter dem Herbeirufen spüren. Aufmerksamkeit. Dieselbe Aufmerksamkeit, mit der sie ihn überschüttet, in der Hoffnung, sie käme direkt zu ihr zurück. Sie bleibt aus. Helga wendet sich enttäuscht ab und kommt zu mir in die Küche. Marcel steht hilflos im Türrahmen. Toms Nichterscheinen grämt sie beide sehr. Helga versteht nicht, dass er sich entzieht. Es liegt garantiert am Umgang mit mir und meinen Selbstbestimmungsflausen.

Ich lese es in ihren Augen in Großbuchstaben: *DEINE SCHULD!*
Tom hat seine eigenen Techniken zum Schutz vor Übergriffen, auch vor meinen. Er taucht ab. Helga stürzt sich auf die nächste Opferadresse: Binnen fünf Sekunden dominieren ihre sämtlichen Mitbringsel meine freien Arbeitsflächen. Bewusst platziert. Es schwingt immer eine heimtückische Energie in ihrer Haltung mit.
„Hallo, meine Liebe, bist du wieder schön fleißig?“, sagt sie mit schrillem Unterton und nimmt die ganze Glanzküche mit ihrer heilsbringenden Schwiegermutteraura in Besitz. „Komm mal her. Ich habe Toms Lieblingskuchen gebacken. Der muss noch geschnitten werden, in kleine Häppchen. Halt das mal.“ Sie zieht mich an meinem Ärmel zu sich heran und drückt mir ihre Makroplastik in die Hände.
Ich öffne die Box: „Deine Himbeerschnitten sind noch halb gefroren“, und schaue sie bewusst mitleidig an.
Sie winkt lässig mit der Hand ab: „Die tauen schnell auf. Du kannst sie ja kurz in die Mikrowelle stellen.“
„Wir habe keine Mikrowelle!“
Sie winkt wieder mit der Hand ab: „Was du nur immer hast. Uns hat es auch nicht geschadet.“
Sicher bin ich mir da nicht.
Seelenruhig kommt Tom in die Küche geschlendert. Sofort stürzt sich Helga auf ihn und reißt ihn an sich: „Da bist du ja endlich. Wo warst du denn!? Mein Junge. Da isser. Mein Junge. Alles Gute zum Geburtstag, mein Liebling.“ Sie hält ihn fest umklammert. „Hast du dich auf die Oma gefreut? Freust du dich, dass die Oma jetzt da ist?“
Tom dreht seinen Kopf weg und schaut über die Schulter zu mir. Ich atme tief durch und zucke mit den Achseln. Ich kann ihm nicht helfen, ihn nicht aus dieser großmütterlichen Zwangsjacke befreien. Was soll ich denn sagen: *Lass deinen Enkel los.* Und: *Wärst du bitte so höflich, wieder zu verschwinden.*
Wir befinden uns mittendrin im ersten Patchworkkonflikt. In einer Ursprungsfamilie wäre diese Situation schnell geklärt: Als Toms leibliche Mutter würde ich

meinen Sohn beschützen. Ohne Nabelschnur kann ich nur ohnmächtig danebenstehen und diese Penetration über Tom ergehen lassen. Alternativ wäre es möglich, seinen gesamten Geburtstag in die Luft zu sprengen. Mir sind die Hände gebunden.

Er erfasst und versteht die ganze Situation. Dieser kleine Mann. „Oma, ich war auf der Toilette." Das ist wirklich erstaunlich und haut mich emotional um.

Sie hört ihm nicht zu.

Moritz, Toms Cousin, kommt fröhlich in die Küche und begrüßt ihn mit einer Umarmung.

„Moritz, gratulierst du Tom ordentlich zum Geburtstag", unterbricht Helga die Geste.

Ihr zweitgeborener Enkel schaut sie genervt an und schüttelt Tom albern die Hand. Beide lachen und wollen im Kinderzimmer verschwinden.

Helga schreit ihnen hinterher und prangert wieder ihre Geschenke an.

Marcel kommt hinzu. „Mutter! Jetzt lass ihn halt in Ruhe", sagt er laut.

„Aber der Junge ..."

„Mutter! Schluss!"

Marcel nimmt Tom aus der Schusslinie. Ich bedanke mich still bei ihm.

Meine Schwiegermutter schafft es, innerhalb von fünf Minuten aus einem friedlichen Dasein ein chaotisches Tohuwabohu zu machen. Die Rangordnung erlaubt es ihr. Ich stehe in meiner hierarchischen Position unter ihr – die spät Dazugekommene. Neubesetzte.

Positionsniedrige.

Unterste Sprosse der Leiter.

Ein Spielball für die Traditionsfamilie. Ein heilloses Durcheinander innerfamiliärer Kontroversen. Ein Stellungskrieg. Die Kinder werden haltlos und bevormundet durch diese Verwirrung mitgeschleift. Ständig auf emotionaler Wanderschaft, auf der Suche nach stabilen Wurzeln, nach innerer Verbundenheit und äußerem Schutz in einem unablässigen Loyalitätskonflikt. Was für den erwachsenen Menschen schon eine Herausforderung ist, muss für die Kinder unerträglich sein. Um bei meiner Geschichte zu bleiben: In Abwesenheit der leiblichen

Mutter und der Großmutter darf ich das „Mama"-Lager beziehen und es zu Toms Wohlergehen ausfüllen. Dieses Wohlbefinden definieren per se Großmutter und Vater. Sobald die Großmutter mit ihrer ranghöheren Anwesenheit die Bühne betritt, werde ich zur Magd degradiert. Gesellt sich die leibliche Mutter zu diesem Schauspiel hinzu, darf ich mich still und leise auf die Auswechselbank bequemen. Glänzen beide mit ihrer dominanten Hierarchie, wie bei diesem Geburtstagsfest, muss ich meine mütterlichen Zelte abreißen und bin nur noch der Knecht ohne Stimmgewalt, verantwortlich für das bunte Rahmenprogramm. Ich darf den Herrschaften den Kaffee einschenken, den Kuchen reichen und mich nach ihrem Befinden erkundigen. Über die familiären Belange entscheidet jetzt die Herkunftsfamilie – und ich habe meinen Mund zu halten.
Schweigend füge ich mich dieser Rangordnung und lasse zu, bis aufs Mark erniedrigt zu werden. Mein eigenes Seelenheil ordnet sich der Obrigkeit dieses Blutes unter. Nun. Ich kann innerlich aufhören zu schimpfen und zu weinen, es war meine eigene Entscheidung. Mit dem letzten übrig gebliebenen Selbsterhaltungstrieb stelle ich spöttisch die Tupperdose mit den halb gefrorenen Himbeerschnitten ab, richte mich innerlich auf und wappne mich für die Ankunft der leiblichen Mutter.
Unterdessen treibt Helga weiter ihr Unwesen. „Was hat er denn nur. Der Junge. Früher war er nicht so. Ich weiß nicht, was der Junge hat", beklagt sie sich in meine Richtung.
Ich nehme ihren anvisierenden Blick im Augenwinkel wahr und entgegne: „Jetzt sei doch nicht so. Das sind Kinder", und zitiere damit ihren allerliebsten Lieblingssatz.
Helga kocht, die Magd hat das Wort erhoben. Sie funkelt mich böse an. „Was bist du denn gleich wieder so schnippisch?"
„Das sind deine Worte."
Ein hässlicher Kampf. Der Harmoniebewahrer in mir wird zum Biest. Ich verliere das Ziel der Liebe aus den Augen und habe nur noch eine Absicht: diese Person zu diskreditieren.
Schade.

Während des gesamten Szenarios stehen Karsten, Helgas Erstgeborener, und seine Frau Silvia neutral im Flur. Sie kamen gemeinsam mit Helga an und fügten sich sofort in eine Beobachterposition. Vorsichtig treten sie jetzt heraus, schauen mich mitleidig an und begrüßen mich zaghaft. Sie hören das Ticken der Bombe in mir drin. In diesem Spiel bleiben sie meist objektiv. Primär interessieren sie sich für das Wohlbefinden und die Entwicklung von Tom. In dieser Sache haben sie wenig eigene Befindlichkeiten. Das ist erfrischend ehrlich und ihre offene Haltung empfinde ich als sehr wohltuend. Ergreifen sie für mich Partei, gehen sie immer das Risiko ein, familiär von Marcel oder Helga geächtet zu werden. Das ignorieren sie gekonnt und bleiben klar in ihrer eigenen Wahrnehmung.

Silvia schenkt mir ganz unprätentiös ihre Aufmerksamkeit. Von ihrer Seite gab es von Anfang an keine hohen Anforderungen an meine Person. Nicht alles an meinem Umgang mit Tom findet ihre Wertschätzung. Ihre Anregungen zur Verbesserung verpackte sie stets unaufdringlich. Sie wurde nicht müde, mich aus ganzem Herzen zu unterstützen in dieser so verzwickten familiären Situation. Dank ihrer Nabelschnur und ihres Charmes fällt ihr der Umgang mit Helga leichter. Für ihren selbstlosen Beistand bin ich ihr sehr dankbar. Sie hätte mich ebenso am stieffamiliären Arm verhungern lassen können. Jetzt unterbricht sie die Stille:

„Kann ich dir etwas helfen?"

Ich bedanke mich, aber verneine.

„Soll ich den Sekt einschenken, damit wir gemeinsam anstoßen können?", übernimmt Silvia aktiv die Führung.

Ich schaue verlegen auf die Sektgläser. „Ich habe es noch nicht geschafft, sie auszuspülen und zu polieren."

Silvia schmunzelt. „Das kann ich doch schnell machen."

Ich bedanke mich still und überlege krampfhaft, was noch zu tun ist, bevor die nächsten Gäste kommen. Zeit zum Verschnaufen gibt es jetzt nicht mehr.

„Was ist denn das für ein Tisch?", stört Helga klagend die kurze Stille. Sie steht im Türrahmen mit aufgerissenen Augen.

„Das ist der Tisch für die Kinder“, erwidere ich ruhig.
Sie schnaubt verächtlich und setzt ihre Empörung fort. „Wieso setzt du Tom an einen anderen Tisch. Das verstehe ich nicht. Wir können doch alle an einem Tisch sitzen. Was du dir immer so denkst!? Das haben wir nie so gemacht.“ Ohne meine Antwort abzuwarten rennt sie ins Wohnzimmer und räumt das Geschirr um.
Silvia verleiert die Augen.
Ich verleiere die Augen.
„Warum räumt Oma alles um?“, steht jetzt Tom fragend vor mir.
„Ich weiß es nicht, mein Schatz“, antworte ich ihm ehrlich.
Ich habe keine Erfahrung, ob die Idee eines Kindertisches für die Kinder vorteilhaft oder pädagogisch wertvoll ist. Vater des Gedankens war der Platzmangel für die ganze Patchworkgemeinde. Ich habe mich kurz mit Tom abgestimmt - er fand die Idee toll und wollte den Kindertisch selber decken und schmücken. Als er mir seinen fertig dekorierten Tisch präsentierte, musste mein innerer Anordnungsästhet kurz schlucken. Ich gab mir Anweisung, den Mund zu halten, und machte Platz für einen Raum der Liebe, der in dem bunten, wilden Gelage die eigentliche kindliche Perfektion erkannte. Tom bemerkte meinen Zwiespalt und freute sich über mein Schweigen - und das Lächeln darunter. Er war stolz auf seinen Tisch.
Also gehe ich ins Wohnzimmer und räume das Geschirr wieder zurück. *Helga kann mich mal.*
Es klingelt.
Tom springt in den Flur, um die Tür zu öffnen.
Meine Mama kommt vorahnend in die Küche, stellt ihre Sachen beiseite, so, dass sie keinen stören, und schaut Silvia und mich fragend an.
Silvia verleiert die Augen.
Ich verleiere die Augen.
Meine Mama verleiert die Augen und umarmt mich. Sie hat ein Gespür für verpestete Luft und weiß, dass ich gleich losheulen könnte.
„Hast du deiner Tante schon Guten Tag gesagt?“, platzt Helga dazwischen.
„Ja“, antworten Tom und meine Mama im Chor.

Meine Mama kann es nicht ausstehen, wenn Helga sie „Tante" nennt. Sie mag ja nicht die Herkunftsoma sein, hat aber beeindruckende großmütterliche Begabungen, die Tom wertschätzt. Wir haben uns alle nach mehrfachen „Tante Ellen" einfach auf „Ellen" geeinigt. Nur Helga kann nicht von der „Tante" lassen. Wenn ich meine Mama zusammen mit Tom sehe, kann ich ihr diese Farce nicht verübeln - da hätte auch ich große Angst um meinen Oma-Posten.
Zynisch speit sie in Richtung meiner Mutter: „Sie will die Kinder an einen anderen Tisch setzen."
Ich erkenne, wie meine Mama ihre Synapsen hochfährt, und noch bevor sie Helga antworten kann, ruft Silvia vorausschauend und laut nach den Männern und hält die gefüllten Sektgläser in die Luft. „Lasst uns anstoßen - auf Toms Geburtstag!" Sie drückt jedem ohne Widerspruch ein Glas Blubberwasser in die Hand. Die kleinen und großen Männer treten ein und nehmen jeder ein Glas.
„Prost!", initiiert Silvia.
„Prost. Auf einen schönen Tag!", folgt ihr meine Mama.
„Ja. Prost - auf Tom!", bestätige ich feierlich.
„Prost - auf Tom!", ruft Tom begeistert und setzt sein Glas an. Noch bevor es seine Lippen berührt, stürzt Helga auf ihn zu und entreißt ihm das Sektglas. „Ihr könnt doch dem Jungen keinen Alkohol geben!", krächzt sie empört.
Ich fange ihren Blick auf und kann die Giftspritzen in ihren Augen blitzen sehen.
„Helga, das ist Kindersekt", zerschneidet Silvia den Strom an Boshaftigkeit.
„Das ist nur Kindersekt", versichere ich ihr im gleichen Atemzug und nicke.
Helga brummt, nur Ohren für das, was sie selber sagt: „Das geht doch nicht."
„KINDERSEKT", rufen fast alle genervt zugleich.
„Oma, Blubberbrause", nickt Tom ihr zu.
Ich bin pappsatt. Im Stillen frage ich mich, womit ich das verdient habe.
Für Duschen bleibt nun keine Zeit mehr. Ich ziehe eine bunte Bluse über, richte mein Kinn und schwelge ein paar Sekunden in versöhnlichen Takten. Für mein schlechtes Zeitmanagement kann ich meine Schwiegermutter wirklich nicht verantwortlich machen. Ein wenig öffne ich mein festgezogenes Herz und begebe mich in eine fröhlich zuversichtliche Stimmung. Beschwingt von der

Idee, auf alles mit Liebe zu antworten, vernehme ich erneut die Klingel. Marcel erreicht vor mir die Tür.

II. Akt – Die Leibhaftige

„Hallo, schön, dass du es geschafft hast. Komm doch rein."
Ich stehe im Flur, mit Blick auf die Küche, in der sich meine Schwiegermutter angewidert abwendet und ihre Himbeerschnitten bespricht.
Toms Mutter betritt mit der Aura eines Hochglanzmagazins unsere heiligen Hallen und schreitet hoheitsvoll in den Küchenbereich. Leicht abwertend betrachtet sie das Interieur und nimmt von den Anwesenden wenig Notiz.
Meine Reaktion auf ihren prominenten und unpersönlichen Auftritt lässt nicht lange auf sich warten: „Hallo und herzlich Willkommen, Ilka. Komm gerne herein und schau dich in aller Ruhe um."
Sie dreht sich schwungvoll zu mir um, schaut durch mich durch und fragt sich, wer sie da gerade angesprochen hat, sie kann niemanden sehen.
Herzklappenöffnung.
Prompt antworte ich auf ihr eitles Gebaren mit meinem süßesten Lächeln. Irritiert davon sucht sie in der Schar möglicher Bewunderer nach neuen Anknüpfungen. Leider fühlt sich keiner der Anwesenden dafür verantwortlich, bis auf Helga – und diese nutzt ihre Bühne.
„Hallo, meine Liebe. Schön, dich zu sehen. Tom wird sich sehr freuen, dass seine Mutti heute zu seinem Geburtstag gekommen ist. Toooomm, schau mal, deine Mama ist da. Komm doch mal her. Deine Mama ist da. Tooooommmmi", ruft sie in Dauerschleife.
Ilka blickt auf Helga herab und lässt keinen Zweifel daran, dass sie ihre heuchlerische Art verabscheut. „Lass gut sein, Helga. Er wird schon kommen, wenn er mag." Mit diesen Worten lässt sie Helga stehen und wendet sich den anderen zu.
„Trinkt ihr Sekt?", fragt sie leicht argwöhnisch.
„Ja, magst du auch einen?", entgegnet ihr Silvia.
„Nein danke, ich finde nicht, dass Alkohol passend für einen Kindergeburtstag ist."

Es folgt ein kollektives Stöhnen über ihre bekannte Doppelmoral.
Ich kippe meinen Sekt runter, gehe beschwichtigend und leicht beschwingt auf sie zu und umarme sie zaghaft. „Schön, dass du gekommen bist. Darf es ein Wasser für dich sein - sprudel, medium oder ganz still?"
Ich kann nicht behaupten, sie nicht zu mögen. Wir kennen uns länger und sind bis zu unserem Positionswechsel sehr gut miteinander auskommen. Sie inszeniert sich gerne als Grande Dame, hat aber von solcher wenig Qualitäten vorzuweisen. Lediglich ihre Gucci-Sonnenbrille und die schneeweiße moderne Herrenbluse mit ausgeprägtem Stehkragen erinnern an einen gewissen Glamourfaktor. In den Hemdsärmeln jedoch steckt ein Trennungskind mit schwankendem Realitätsverlust. Sie selbst definiert sich als engelsgleiches Geschöpf mit überragenden Mutterqualitäten. Sie versteht es hervorragend, alle Gäste mit erfundenem Gedankengut zu unterhalten und die Luft mit Phantasmen zu füllen. Ein überschätzter Kopf mit viel Make-up. Leider blockiert sie jeden Hinweis auf ihr liebenswertes Wesen. Marcel nuschelte einmal etwas von verhaltensgestörter Kindheit. Mit fünf weiteren Geschwistern von vier verschiedenen Männern war ihr eigener Weg fast unausweichlich gezeichnet: Sie ist stolze Mutter von drei Kindern von drei verschiedenen Vätern.
Auf jeden Fall ist sie amüsant. Amüsant ist sie.
In achtzig Prozent der Fälle sagt sie Termine aus fantasievollen Gründen kurz vorher ab und Tom sitzt dann enttäuscht auf seinen gepackten Koffern.
Jetzt schiebt Marcel Tom in die Küche, damit er seiner Mutter Guten Tag sagen soll. Tom freut sich sichtlich, seine Mama zu sehen. Die verpflichtende Geste missfällt ihm. Die Umarmung der beiden wirkt genauso steif, wie man sie unter diesen erzwungenen Umständen erwarten würde. Umzingelt von allen anderen, die sie mit Argusaugen beleuchten, fühlen sich beide erkennbar unwohl. Zwar habe ich sie zusammen noch nie besonders herzlich erlebt, aber diese Situation ist für Tom und seine Mama wirklich nicht schön. Tom freut sich sehr, dass sie wirklich gekommen ist, und Ilka zeigt ebenso aufrichtige Freude, ihren kleinen Jungen zu sehen. Alle gaffen und ich schließe mich an. Es ist zu spät, mich wegzudrehen, bevor Tom mich aus der Umarmung mit seiner Mutter heraus an-

schaut. Ein Blick, der viele Gedanken auf einmal sagt:
Susanne, ich weiß nicht, wie ich mich verhalten soll. Mache ich das richtig? Ist das okay für dich? Es tut mir leid, aber es ist doch meine Mama, und ich freue mich. Geht das okay für dich?
Ja, nicke ich stumm.
Den Anblick der beiden empfinde ich als natürlich. Er stört mich nicht. Ich fühle nichts Verletzendes dabei. Was mich aber wütend und traurig macht, ist Toms Ohnmacht. Ich hätte sie ihm gerne erspart, ihn beschützt. So, wie es eine ganz normale Mutter machen würde, nehme ich an. Nun, die bin ich aber nicht. Und es ist auch nicht meine Aufgabe. Tom ist der Schutzbefohlene seiner Eltern. Diese scheinen aber mit ihren eigenen Befindlichkeiten beschäftigt zu sein. Die Reaktion der anderen nehme ich nicht wahr. Ich erkenne mich gefühlt als den einzigen Menschen im Raum, der die Hilflosigkeit des Jungen registriert. Sie ist mir bestens bekannt. Vielleicht bin ich einfach nur zu dünnhäutig oder zu vorgeprägt. Mir schießen die Tränen in die Augen. Ich drehe mich weg. Auffallend für jeden im Raum. Keinem scheint bewusst zu sein, dass das Kind gerade die größte Arbeit macht, sich emotional abrackert.
Niemand denkt die Situation bis zu Ende und erkennt, dass Tom gerade den elterlichen Rucksack der Verantwortung trägt und darunter fast zusammenbricht. Was das seelisch mit einem Kind macht, wird in den Wie-Patchwork-gelingt-Ratgebern mit zwei Sätzen abgehandelt. Wie stark es dieses Kind langfristig prägt, in solchen quälenden Situationen in seinem Leid nicht erkannt, geschweige denn beschützt zu werden, fällt ungesehen durch die Raster der Ratgeber-Inquisition. Zu düster für die Propaganda der hellen Bonuselternwelt. Die Welt der Erwachsenen wohlgemerkt, sonst würde es ja „Bonuskinder" heißen. Wer gibt den kleinen zarten Händchen das Vertrauen zurück, dass die Welt ein guter Ort ist? Wer? Wir kennen beide die Antwort. Du und ich.
Jede Zelle meines Körpers weint.
Sind wir Menschen zu selbstbezogen? Haben wir uns zu Profis im Wegsehen entwickelt? Sind unsere eigenen Bedürfnisse zu zeit- und raumfüllend? Die Beachtung der notleidenden Kinder findet nicht statt.

Zu aufreibend.
Mein Ziehpapa Michael wagt sich unter seiner Tarnkappe hervor und lässt ein satirisches „Prost" hören. *Bitte einmal alle schütteln und weiter fleißig an das Patchworkmärchen glauben.*
Nur Helga lächelt selig. Ihr Enkel hat seine Mama wieder. Die sie verachtet. Aber in diesem Moment passt ihr das gut in den Kram. Sie verschränkt die Arme und spricht mich unverhohlen spöttisch an: „Susanne, hast du gewusst, dass Toms Mama heute auch kommt?"
„Ja, ich habe sie eingeladen.
Ilka schenkt mir ein kleines Lächeln und Helga einen strafenden Blick. Mit Tom an der Hand lässt sie sich von ihm die Wohnung zeigen.
So weit. So gut. Ich komme nicht dazu, mir weiter Gedanken über diese Situation zu machen, weil es jetzt ununterbrochen klingelt. In der Hoffnung, in ein liebevoll vertrautes Gesicht zu blicken, öffne ich die Tür und stehe vor Ilkas bester Freundin Nadine. Gemeinsam mit ihrem Mann Renè und ihrer Tochter Mia steht sie kampfbereit im Türrahmen, um Ilkas Position als Mutter zu verteidigen und die meinige zu untergraben. Sie begrüßt mich ganz herzlich und schiebt sich schwungvoll an mir vorbei. Ihre Aura ist erfüllt von Ablehnung und Feindseligkeit. Treu ergeben positioniert sie sich an der Seite ihrer Busenfreundin. Ihr Mann Renè ist mir gegenüber grundskeptisch und weist mich gerne mit Sticheleien auf meine persönlichen Defizite hin. Im Gegensatz dazu ist die fünfjährige Mia ein offenes Wesen, das nicht an Loyalitätsschwüre gebunden ist. Wir mögen uns. Albern gerne herum. Rumblödeln ist eine Verletzung meiner Aufsichtspflicht.
Jawoll, Sir.
Madame.
Die leuchtenden Augen der Kinder werden übersehen. In diese Welt will ich mich nicht einfügen. Und tue es doch.
„Nadine, darf ich dir etwas zu trinken anbieten?", frage ich gefügig. „Ein Wasser, ein Glas Sekt oder ..."
„Am Nachmittag trinke ich keinen Sekt", entgegnet sie mir stolz.
„Also darf es ein harmloses Wasser sein?", hake ich nach.

Sie nickt und wendet sich ab.
Ich laufe zurück in die Küche und frage mich unentwegt, was ich hier eigentlich tue und ob ich mir das wirklich antun möchte. Da kommt mir Tom mit seinem neuen Playmobil-Set entgegen und zeigt es mir freudestrahlend. Jetzt erinnere ich mich wieder.
Ich tue es für Tom.
Tom.
In der Zwischenzeit hat sich unser Flur gefüllt. Einmal neue Gäste bitte.
„Kann ich am Küchenfenster weiterrauchen?", empfängt mich Marcels bester Freund Vito.
„Unbedingt", erwidere ich, satt von dem Anstandsgeplapper, dass unser ganzes Haus erfüllt.
Vito besuchte uns früher oft und kramte bei einem Bier gerne für uns in seiner psychologischen Hobbykiste, die eigene stiefväterliche Erfahrungen beinhaltet. Wohl aus diesem Grund neigte er mehr und mehr in meine Richtung bei Streitgesprächen zwischen Marcel und mir. Marcels erfolgloser Abnabelungsversuch von seiner Mutter führte nach schier endlosen Diskussionen bei uns beiden nur noch zu müdem Kopfschütteln und Resignation. Vito sprang oft für mich ins Feuer, leider ohne nennenswerten Erfolg. Er zog sich zunehmend aus unserer verfahrenen Geschichte zurück und erfreut uns jetzt nur noch zu offiziellen Anlässen mit seiner Anwesenheit.
„Ich darf doch?", fragt er und schenkt sich ein volles Glas Sekt ein.
Helga knurrt innerlich.
Silvia schmunzelt.
Vito drückt seine Zigarette aus, nimmt einen großen Schluck vom Blubberwasser und schlendert in die Wohnstube. Dort angekommen höre ich ihn laut sagen: „Oh, Madame gibt sich die Ehre. Darauf stoße ich an." Er hebt sein Glas in Ilkas Richtung.
Derweil schälen sich im Korridor meine Freundinnen Bella und Carla aus ihren Winterjacken und nehmen mich dann gemeinsam in den Arm. Tom kommt dazu und begutachtet Fin, Carlas sechsjährigen Sohn. Fin ist auch ein Trennungskind

in konfliktbeladenen Konstellationen. Sein Ersatzpapa Frank macht von außen betrachtet einen sehr guten Job – das Gleiche wird er wohl von mir denken.
„Ist SIE schon da?", fragt mich Bella.
„Ja, sie sitzt im Wohnzimmer."
„Wie fühlst du dich damit?"
„Wie in einer schlechten Soap", antworte ich kopfschüttelnd.
„Dann bin ich mal gespannt", meint Carla und geht auf direktem Weg ins Wohnzimmer. Bella atmet an meiner Seite kurz durch, streichelt mir mitfühlend über den Rücken und geht dann mit mir in die Küche, um die anderen zu begrüßen. Als sie Helga die Hand hinstreckt, schaut diese nicht von ihren Himbeerschnitten auf und ignoriert sie.
„Hast du genügend Platz für so viele Gäste?", fragt Helga stattdessen mich. „Und reicht dann auch der Kuchen für alle?"
„Klar. Dann dürfen die Kinder nicht so viel essen", gebe ich schlagfertig zurück. Meine Mama prustet los und Bella verkneift sich ein Lachen.
Nach Luft schnappend, weil sie meinen Worten ernsthaft Glauben schenkt, rennt Helga aus der Küche. Ihre trostlosen Gedanken bleiben im Dunst der Küche hängen: *Ich gehöre nicht hierher.*
Recht hat sie.
„Die zweite Kanne Kaffee ist fertig. Ich schneide noch den Quarkkuchen und dann kann es losgehen, ihr Lieben", trällere ich zuversichtlich.
Ellen und Silvia bewaffnen sich mit den vollen Kuchentellern und verteilen sie in der Stube auf den Tischen. Ich hole die Blumenwiese aus der Speisekammer und stelle sie in die Mitte des Kindertisches. Alle Erwachsenen sitzen schon. Ich gehe in Toms Zimmer und trommle die Kinder zusammen. Keiner rührt sich. Sie sind alle in ihr Spiel vertieft und glücklich. Ich beneide sie und unterbreche sie nur ungern. Unschlüssig, wie ich diese Rasselbande jetzt zu einem Stück Kuchen überreden kann, bleibe ich einfach stehen und beobachte sie. Es ist Tom, der mir hilft: „Susanne. Darf ich den bunten Kuchen schneiden?", fragt er mit großen Augen. Als er nachts noch einmal aufgestanden ist, weil er vor Aufregung nicht schlafen konnte, hat er die fertige Blumenwiese auf dem Küchen-

tisch stehen sehen, sie mit halb offenen Augen bewundert und sich gefragt, wo die auf einmal herkommt.
„Ja. Du darfst. Das ist dein Geburtstagskuchen. Aber dann los jetzt!"
Die Kinder stürmen ins Wohnzimmer und bleiben um den Kindertisch herum stehen. Tom hält schon das Messer in der Hand. Ein Erwachsenenwerkzeug. Ich lächle und habe keine Bedenken bei diesem Anblick. Wir haben viel mit Messern geübt und Tom war dabei stets sehr wachsam.
Ich vertraue ihm.
Leider bin ich die Einzige.
Ein Raunen geht durch den Raum.
Helga springt von ihrem Stuhl auf, der krachend nach hinten fällt, und stürzt auf Tom zu. Theatralisch entreißt sie ihm das unheilvolle Messer und schreit mich zornig an: „Kannst du nicht aufpassen!? Alle hätten sich verletzen können."
Ich blicke unsicher zu den anderen. Sie nicken stumm.
Helga packt Tom an den Schultern und zieht ihn mit sich. „Komm Tom, setz dich mit zu uns an den Tisch. Da kann dir nichts passieren."
Tom, total erschrocken, wehrt sich nicht.
Volltreffer!!!
Mitten rein ins Stiefmutterfettnäpfchen.
Ich entferne mich rückwärts aus dem Raum und gehe mit hängendem Kopf in die Küche zurück. Dort stütze ich mich aufs Fensterbrett und schaue verloren hinaus. Gerade erst sechs Jahre und ein Messer in der Hand? Da war ich wohl zu voreilig mit meinem Vertrauensvorschuss. Vorsichtig legen sich zwei Hände auf meine Schultern: „Ist okay. Nichts passiert. Ärgere dich nicht. Du bist erst seit ein paar Monaten mit Marcel zusammen und auch noch sehr jung, vergiss das nicht. Es ist ganz normal, wenn du nicht gleich alles richtig machst."
„Aber ..."
„Nichts aber", unterbricht mich meine Mama. „Atme kurz durch und setz dich dann zu uns. Ich will keine Tränen sehen. Du hast es dir so ausgesucht."
Sie hat recht. Ich habe mich dafür entschieden, diesen Stiefmutterplatz einzunehmen. Ich schnappe mir die Kaffeekanne und bediene weiter meine Gäste

und ihre Klischees. Am Tisch empfängt mich eine angespannte Stimmung. Ich befülle alle leeren Kaffeetassen und setze mich an den Kindertisch. Unter Kindern bin ich am liebsten. Die Situation hat trotzdem ein trauriges Geschmäckle. Ich sitze mit dem Rücken zu den anderen und muss mir das Theater nicht weiter anschauen. Vito und sein Stiefsohn David, der gerade angekommen ist, gesellen sich zu mir. Vito macht aufmunternde Späßchen und ich lasse mich mitreißen. David wirkt, wie meistens, fehl am Platz.
Wir schneiden die Blumenwiese an. Ein großes Stück von der Sonne bringe ich zu Tom, der sich lächelnd bedankt und das Stück Schokokuchen beiseiteschiebt. Helga hat ihm ein Schokotörtchen gebacken.
Er mag kein Schoko.
Sie legt beschützend den Arm um ihn, damit ich ihn nicht an den Kindertisch entführe. Ich erkundige mich bei allen Gästen, ob sie versorgt sind, und setze mich zurück zu den Kindern. Dort ziehe ich mir eine unsichtbare Tarnkappe über und weine in mich hinein.
Es klingelt. Ich bleibe sitzen. Marcel öffnet meinem Bruder Daniel die Tür, der energisch den Schauplatz betritt. „Was ist das denn für eine traurige Veranstaltung?", ruft er in die Runde. Mit einem Blick sucht und findet er mich.
Ich drehe mich nicht um. Er weiß Bescheid.
Er dreht sich zu Tom. Mit einem Ruck hat er ihn vom Stuhl gehoben, umarmt ihn fest und schmeißt ihn in die Luft. „Bist du der junge Mann, der heute Geburtstag hat?"
„Jaaa", quietscht Tom.
Während Daniel ihn herumwirbelt, setzt Frau Knigge zur Zurechtweisung an: „Daniel. Daaaaannnieeeel. Dem Jungen wird es doch schlecht. Er hat eben erst gegessen. Daniel!!! Hörst du!?"
Daniel hört nicht.
Daniel ist taub für Helgas Anklagefrequenz.
Er dreht noch eine Extrarunde mit Tom, setzt ihn dann behutsam am Kindertisch ab und nimmt selbst neben Helga Platz. „Wie ein Kinderlachen doch die ganze Welt verzaubert. Herrlich! Findest du nicht auch, Helga?"

„Du bist zu grob“, lässt sie ihn abblitzen.
„Ja, und zu spät und zu laut und zu verantwortungslos bin ich auch.“ Mein Bruder lässt sich nicht die Butter vom Brot nehmen und kostet ein Stück von Toms Schokokuchen.
„Das ist Toms Kuchen! Also weißt du!“
„Er mag kein Schoko“, unterbricht mein Bruder sie und schaut zu unserer Mum, die gerade nicht weiß, ob sie schmunzeln oder ihn moralisch abstrafen soll. Also unentschieden. Er schiebt sich genussvoll das ganze Stück in den Mund.
Miss Ilka rümpft ihr süßes Stupsnäschen. Ihre Busenfreundin tut es ihr gleich. Meine Mama schüttelt den Kopf und mein Ziehpapa legt sich im Geiste die passenden Worte zurecht.
Den Rest kann ich nicht sehen. Im Flur höre ich plötzlich Ilka fragen: „Gibt es noch Kaffee?“
Silvia antwortet: „Ja, es wäre schön, wenn du so nett wärst, auch den anderen Kaffee nachzuschenken am Geburtstag DEINES Sohnes.“
Betretenes Schweigen.
Ich unterbreche es mit der vollen Kaffeekanne in der Hand. Spalier stehen für das Patchworkmärchen.
„Danke, Schatz“, sagt Marcel und streichelt mir über den Rücken. *(Danke, Schatz, dass du meiner Mutter huldigst. Danke, Schatz, dass du meine Ex-Frau bedienst. Danke, Schatz, dass du dich nicht beklagst. Danke, Schatz, dass du das alles für Tom machst. Danke, Schatz ...)*
Es dringt nicht zu mir durch.
Wie auch.
Wertschätzung für stillen Gehorsam.
Danke.

III. Akt – Die unvermeidliche Eskalation

Auf meinem Weg in die Küche vernehme ich die scharfen Worte von Silvia: „Wie stellst du dir das denn zukünftig vor, Ilka? Wirst du Tom nur ...“
Ich schließe die Tür hinter mir und will von all dem nichts mehr hören. Das

Patchworkkarusell dreht sich in schwindelerregender Höhe. Auch durch die geschlossene Tür dringt Silvia hartes Urteil. Sie schmeißt all ihre angestauten Emotionen auf den Tisch und scheint erst richtig in Fahrt zu kommen. Ich kann sie verstehen. Sie hat alles hautnah miterlebt und macht sich jetzt Luft. Sie weiß, dass diese Trennung und der Umgang damit Toms sensiblem Wesen irreparabel schaden werden, und sie straft es unmissverständlich ab, dass Ilka zugunsten ihres eigenen Wohls so großzügig darüber hinwegsieht. Sicher könnte ich jetzt schadenfroh sein, dass Miss Gucci auf der Anklagebank sitzt. Aber ich bin es nicht. Ich fühle mich nicht wohl dabei. Ich überlege, ob ich die Situation unterbrechen soll. Doch das steht mir nicht zu. Weder bin ich die Ursache für diesen Eklat noch der Schiedsrichter. Eigentlich habe ich damit rein gar nichts zu tun. Eigentlich bin ich nur eine Zuschauerin.
Eigentlich bin ich niemand.
Mein Bruder steckt seinen Kopf durch die Küchentür. „Ach du Scheiße. Hier geht's ja ab. Tu mir bitte einen Gefallen und bleib hier. In der Stube wird scharf geschossen. Ich beschäftige die Kinder im Kinderzimmer, okay?" Er grinst frech und freut sich auf den selbst gemachten Blödsinn in seinem Kopf. Ich nicke dankbar, bewege mich nicht von der Stelle und lausche der Energie im Wohnzimmer. Karsten spricht gerade - nicht weniger laut als Silvia. Ich höre Zwischenrufe von Helga. Keinen Pieps von Ilka oder Marcel.
Schnell nehme ich Tabakbeutel und Jacke von der Garderobe und werfe kurz einen Blick auf das Tamtam im Kinderzimmer. Ich öffne die Tür und sehe alle Kinder um Daniel herumtoben, bis auf ein Kind - Tom sitzt in den Armen meiner Mama am Bettende. Ich frage ihn, ob er kurz mit nach draußen möchte.
Er hört mich nicht.
Alle Schotten dicht.
Abgetaucht.
Auch der Löwe verlässt die Höhle. Nach zwei Zigaretten bin ich immer noch nicht schlauer, wie ich mit diesem familiären Schlamassel umgehen kann. Ich glaube, dass es für diese Situation in ihrer geballten Komplexität kein Richtig oder Falsch geben kann. Es gibt keinen roten Faden, an dem ich mich entlang-

hangeln, keine Erfahrungswerte, an denen ich mich orientieren kann. Einzig mein Ziehpapa könnte mir hilfreiche Empfehlungen geben, aber der sitzt im Auge des Orkans. Also bin ich wieder allein. Schlussendlich sind wir alle allein. Jeder nur für sich.

Keine gewinnbringende Erkenntnis.

Mit diesem Ich-bin-allein-Gefühl schleiche ich mich wieder in meine verwickelte Lebenswelt. Keiner fragt, wo ich war. Vielleicht haben Sie Angst, mich anzusprechen, weil sie meine angestaute Wut spüren. Die wäre jetzt zu viel. Betroffenes Schweigen wird nur durch das Zusammenkratzen der letzten Kuchenkrümel unterbrochen. Kann es noch unangenehmer werden?

„Kann ich beim Abräumen helfen?", höre ich aus mehreren Frauenmündern.

Ich ignoriere sie und nehme stillschweigend ein paar Teller und Tassen in die Hand und drehe mich auf meinem Absatz. Ich bin allein. Also lasst mich gefälligst alle in Ruhe. Alle.

Bella ist die Einzige, die sich nicht daran hält. Sie bringt Geschirr zu mir und atmet tief durch. „Puh. Jetzt hast du etwas verpasst. Silvia hat Ilka in die Mangel genommen. Alle waren mucksmäuschenstill. Sie hat mir richtig leidgetan."

„Ja, mir tut sie auch leid." Mehr kann ich dazu nicht sagen.

„Der arme Tom", seufzt sie weiter.

„Ja, der arme Tom", wiederhole ich niedergeschlagen.

Mit hängenden Köpfen räumen wir den Geschirrspüler ein.

Ich weiß nicht wohin mit meiner Traurigkeit und meiner Wut. Traurig darüber, dass diese Patchworkidee nicht gelingt. Wütend darüber, dass ich daran geglaubt habe. Ohnmächtig, weil ich mir meiner kleinen unbedeutenden Rolle in diesem Spiel mehr als bewusst werde.

Meine Mama gesellt sich zu uns. Sie sagt nichts und doch so viel. Will abchecken, wie es ihrer Tochter geht. Der Eiertanz ist ihr bekannt. Sie kennt ihn gut aus der Position der getrennten leiblichen Mutter, ständig im Kampf mit Michael, der nach ihrem Empfinden immer etwas zu sensibel, zu leicht verletzt oder zu streng handelt. Das Gleiche wirft sie mir vor. Vielleicht sind es die Kennzeichen eines Stiefs: schnell verletzt, sensitiv und daraus resultierend hart.

Langsam füllt sich die Küche mit hilfsbereiten flüchtenden Gästen, mit aufmunternden Worten und ablenkenden Aktivitäten. Ich lasse mich nur oberflächlich darauf ein, kann die scheiternden Energien nicht abschütteln, kann nicht aus meiner Haut. Das bleibt nicht unbemerkt. Die Motivationen für eine Ablenkung erhöhen sich minütlich. So gerne möchte ich mich von der Leichtigkeit einfangen lassen, hoffen und glauben. Im Innern zerreißt es mich, dass ich es nicht kann. *Bin ich von diesem ganzen Theater einfach nur angewidert oder tendiere ich prinzipiell zum Drama?* Selbst heute noch fällt mir diese Reflexion schwer. Sag du's mir.
„Susanne, der Clown ist da! Der Clown ist da! Komm schnell! Der Clown ist da!", ruft Tom in die Küche hinein und tippelt aufgeregt auf der Stelle. „Er ist da, ein richtiger Clown!", ruft er in Richtung Wohnstube.
Jetzt habe ich meine Ablenkung. Bunt und fröhlich. Ich schicke die wilde Meute in die Wohnstube zurück und bespreche mit dem Clown im Kinderzimmer sein Spaßkonzept. Gegen seine alberne Art kann ich mich nicht wehren - ein Kleinod der Entspannung. *Danke, lieber Clown, du bist ein Lachfeuer für Groß und Klein und heute noch viel mehr: ein Segen.*
Die Rasselbande, angeführt von Tom, stürmt in das Kinderzimmer. Der Clown macht einen fantastischen Job, denn sofort verfällt die ganze Runde in helles Gelächter. Einen kurzen Augenblick bleibe ich noch in diesem Tohuwabohu und wärme mich auf, dann warten die Vorbereitungen für das Abendessen auf mich. Gefühlt versammeln sich nun alle in der Küche. Am liebsten würde ich sie alle ins Kinderzimmer schieben und von dem Clown mal richtig durchschütteln lassen. Aber die Energie aus dem Kinderkosmos schwappt auch durch zwei Türen zu uns herüber. Die angespannte Stimmung beruhigt sich langsam, und ich suche mir bereitwilliger helfende Hände. Nun ist die Küche das, was eine Küche ausmacht: ein warmer Ort der Verbindlichkeit, eine Oase der Geselligkeit, eine Höhle des Friedens. Ich tauche ein in dieses Gemeinschaftsgefühl und spüre durch die Wände, dass auch Tom sich in sein Kindsein fallen lassen kann.

Abspann – Die Reflexion

Inmitten dieser komplexen Familienzusammenführung konnte sich Tom der Aufgabe, allen gerecht zu werden, nicht entziehen – und diese war zu groß für einen sechsjährigen Jungen. Sie wäre es auch gewesen, wenn er acht, vierzehn oder vierzig wäre. Er liebte seinen Papa, seine Mama, seine Oma und mich und war damit ständig in Loyalitätskonflikte verstrickt, die Stress in ihm auslösten und ihn langfristig auf eine unnatürliche Angepasstheit hin prägten. Tom fehlte die Freiheit, alle bedingungslos lieben zu dürfen, und das hielt ihn in einem ständigen Dilemma fest. Niemand konnte vorhersehen, wie sich diese Unverträglichkeit auf sein psychisches System und seine spätere Beziehungs- und Bindungsfähigkeit auswirken würde. Und doch wurde genau diese Aufgabe an ihn gestellt. Purer Stress. Quälendes Leid, das unbemerkt blieb und sich seinen zerstörerischen Weg in die Kinderseele suchte und ihn fand.

Es ist ehrlicherweise sehr überraschend, wie stark mich die Intensität dieses Tages nach vierzehn Jahren noch berührt und welch großen Schmerz sie in mir auslöst. Ich fühle alles, als wäre es gestern gewesen. Ich switche verzweifelt schluchzend, kopfschüttelnd und weinend zwischen den Zeilen, meinen Zigaretten und literweise Kaffee hin und her, weil ich es nicht aushalten kann. Eigentlich zwinge ich mich zum Schreiben und würde mich lieber mit allem möglichen ablenken. Ich danke an der Stelle meinem Mann und meinen Freundinnen, die mich antreibend stets an meine Entscheidung erinnern, alles niederzuschreiben und nichts auszulassen – auch wenn das bedeutet, mich wieder und wieder dem Drama hinzugeben. Im Moment fühlt es sich an, als würde es nie aufhören. Ich scrolle durch die zahlreichen Bilder von diesem Tag und erlebe alle negativen Emotionen noch einmal. Die Fotos spiegeln eine traurige Ohnmachtsstimmung und aggressive Ausstrahlungen. Könntest du diese Bilder jetzt sehen, bräuchte ich keine Worte mehr. Leider. Anspannung und Hilflosigkeit in den Gesichtern. Fluchtreflexe in den Körperhaltungen. Gezwungenes Aushalten. Festhalten an Trugbildern. Die bunten Seifenblasen – geplatzt. Ein verzwicktes Arrangement. Meine Idee. Mein Anteil am Scheitern: Meine unterschwellige Ablehnung gegen dieses Familienkonzept hat nicht zum Gelingen beigetragen.

So sehr ich es mir gewünscht habe, so sehr habe ich es auch missachtet und innerlich kritisiert.

Ein zermürbender Zwiespalt.

Eine traumatisierte Komplexität: Familiensinn, Egoismus, Zugehörigkeit, Kindeswohl, Masken, Zusammenhalt, Trennung, Ablehnung, Hoffnung, Widerstand, Liebe und Wut drängen sich wetteifernd an die vorderste Front meiner Aufmerksamkeit. Welche Emotion darf es denn bitteschön sein? Die Traurigkeit sichert sich die Goldmedaille. Auf Platz zwei lächelt schüchtern die Liebe.

Ich lächle zurück.

Kraftvoll.

Hoffnungsvoll.

Trotz scheiternder Tendenzen: Ich bleibe dabei und glaube daran, dass Patchwork funktionieren kann. Wir Erwachsenen haben es in der Hand, wir können diese destruktiven Schauplätze verändern, unseren inneren Kampf aufgeben zugunsten kooperativer Verhaltensweisen. Das ist möglich. Es bleibt dabei. Dieses Fest - ich würde es immer wieder so tun.

Was nun die Festgesellschaft betrifft, so war jeder bemüht, diesem Tag seine eigentliche Absicht einzuhauchen. Liebe. Warum ist das nicht gelungen? Was ist passiert? Wie heißt die Lösung? Eigenverantwortung? Empathie? Eine Mischung aus beidem? Es braucht vor allem ein Klima aus Respekt und Wertschätzung als Grundlage. Hier scheitern schon die meisten, weil ihr rechthaberischer Naseweis die Sicht auf neue Perspektiven verstellt - auch in mir. Immer eine sturköpfige Nasenlänge voraus, oder zwei. Das erschwert auch den wichtigen offenen und ehrlichen Austausch. Es benötigt Mut und Zuversicht für notwendige Veränderungsprozesse. Starre Konzepte, alte Muster und ausgediente Meinungen dürfen aufgebrochen werden. Das kann schmerzhaft sein. Ja. Die eigenen Verletzungen, Erfahrungen und unterdrückten negativen Emotionen müssen unbedingt sichtbar gemacht und in ihrer Macht erkannt werden. Schmerzhaft? Mit Garantie. Ohne diese wertvolle „Arbeit" jedes Einzelnen kann kein Perspektivwechsel gelingen, kann kein Neuland betreten und in Chancen und Lösungen gedacht werden. Wir sind alle aufgerufen, unseren Beitrag zu leisten. Mit dem

Finger an der eigenen Nasenspitze.
Du.
Ich.
Wir.
Es bleibt dabei. Ich glaube daran.
Immerhin: Zum Ende der Festveranstaltung hat sich Ilka nett bedankt und auch Helga fand dankbare Worte des Abschieds. Anschließend haben wir als Familiendreierlei alles stehen und liegen gelassen und uns gemeinsam auf die Couch gekuschelt. Im Fernsehen lief „Germanys Next Topmodel". Ich konnte mich medial ablenken und Tom und Marcel nutzten die Gelegenheit, um Intimität und Berührung aufzusaugen. Es wurde nicht gesprochen oder über den Tag reflektiert. (Das wurde es nie. Schweigend hing jeder seinen eigenen Gedanken nach. Ein Austausch kam nicht zustande. Marcel und Tom litten einsam vor sich hin. Da war kein Herankommen.) In meiner Umarmung leckten sie sich die Wunden, wenigstens das konnte ich für sie tun. (Mein Ausdruckskanal über Mitteilen und Teilhaben blieb unberührt und ich war wieder allein.) Vom Schlaf schon fast übermannt fragte mich Tom mit leiser Stimme:
„Susanne, warum machst du nicht mit bei den Topmodels?"
„Meinst du, das sollte ich tun?", schmunzelte ich über seinen Vorschlag.
„Ja, denn du bist ja die schönste Frau der Welt", sagte das kleine Wesen neben mir und schlug die Äugelein zu. Dieser Moment muss gemeint sein, wenn Mütter davon schwärmen, dass die Kinder einem ganz viel zurückgeben. Das muss es sein. So fühlt es sich an.
Mutterglück.
Ich weinte die ganze Nacht in mich hinein über mein Prädikat.

NEBENWIRKUNG: SCHMERZ

Die Körper-Geist-Seele-Triade und ihre miteinander verwobenen Zusammenhänge scheinen heute noch zahlreiche Menschen zu verblüffen. Besonders Praktizierende in Gesundheitsberufen.
Meine traumatisierten Rückenbeschwerden manifestierten sich chronisch in meinem linken Oberkiefer und bündelten dort ihre Schmerzattacken an einer Stelle. Die Aufbissschiene, die mir nach einem Jahr als Stiefmutter eingesetzt wurde, kam ohne ganzheitliche Betrachtungsweise. Die Ursache war schnell gefunden: tägliche Computerarbeit und chronische Fehlhaltung. Übeltäter. Brav benutzte ich die Schiene, um einen Ausgleich meines schiefen Kieferstands herbeizuführen, welcher für die Beschwerden verantwortlich sein sollte.
Das tat sie auch. Vorübergehend.
Nach wenigen Tagen mit diesem Plastikgestell in meinem Mund trat die ersehnte Entspannung ein. Ich war zufrieden und mein Verstand mit der Ursachenforschung und Therapie einverstanden. Der Tragekomfort ließ zu wünschen übrig, die Gesichtsästhetik war eingeschränkt und das Handling erwies sich als kompliziert. Der Druck jedoch war gewichen und das Symptom erfolgreich bekämpft – es bedurfte keiner intensiveren Auseinandersetzung mit dieser Problematik. Notfalls müsste ich die Schiene mein Leben lang tragen.
Tragen. Tragen. Tragen.
Ich ergab mich meinem Schicksal, meinen Beruf wollte ich nicht aufgeben. Meiner Eitelkeit habe ich es zu verdanken, dass ich trotz dessen nach Alternativen suchte und eine fand: Statt der Schiene sollte nun ein Physiotherapeut mit einer manuellen Therapie für das Kiefergleichgewicht sorgen. Die vielen teils schmerzhaften Behandlungen erzielten leider nur kurzfristige Erfolge und hätten ebenfalls ein Leben lang „verabreicht" werden müssen.
Mit der Illusion einer völligen Gesundung marschierte ich zuversichtlich weiter zu einem Neurologen. Die Kiefergelenkbeschwerden hatten sich jetzt noch zusätzlich auf den Hals-, Brust- und Lendenwirbelbereich gelegt, immer abwechselnd.

Nach wirbelknacksenden Chiropraktiken wurde ich mit der Empfehlung, mir ein neues Berufsfeld zu suchen, verabschiedet. Die Arbeit am Computer wäre für mich zukünftig nicht mehr tragbar. Diese Einschätzung war der Beginn meiner medizinischen Odyssee. Ich schenkte der Ärztin Glauben und vertraute ihrer Einschätzung.

Bald darauf kramte ich in alten Berufswahlzellen, wurde fündig, erkannte aber, dass meine Arbeitsalternativen allesamt sitzende Tätigkeiten waren und somit dem Ausschlussprinzip zum Opfer fallen würden.

Es gab noch eine Option.

Die Leichte.

Die Angepasste.

Die Trügerische – Hausfrau.

DAS KARUSSELL DREHT SICH WEITER

Sieben Jahre lang habe ich als Vizemutter Erfahrungen sammeln dürfen. Gute wie schlechte. Meine Entwicklung vom Stiefkind zur Stiefmutter war ein langer Prozess mit vielen Herausforderungen. Meine eigenen Trennungskinderfahrungen waren in vielen Momenten vorteilhaft, konnten aber auch hinderlich sein, wenn die Aufmerksamkeiten mich nur schwach erreichten. Im Grunde ging es immer nur um den Vater, die Mutter und das Kind. Oftmals auch um die Oma. Meine Gefühle und ich hatten darin wenig Raum. Das für mich konzipierte Aufgabenfeld wurde strengstens überwacht. So durfte ich mich hingebungsvoll um Toms sämtliche Grundbedürfnisse kümmern: saubere Wäsche, gesunde Mahlzeiten, medizinische Versorgung, kreative Freizeitgestaltung, Allgemeinbildung, Weckdienst und ein ordentlicher Haushalt. Ab und zu war mir auch erlaubt, Tom etwas Neues beizubringen, wenn es in das Vater-Schwiegermutter-Raster passte: *Dass du ihm bloß keine Flausen über selbstbestimmte Ideen in den Kopf setzt.* Auf artige Angepasstheit wurde geachtet. Und darauf gepocht.

Ich erfüllte meinen Stiefmutterjob so gut wie möglich. Was ich dürfte und was nicht gerne gesehen wäre, wusste ich aus meinen eigenen Stiefpapaerfahrungen. Elementare Entscheidungen zu treffen war für mich tabu. Familieninterne Prozesse unterlagen geheimster Strenghaltung. Eigene Impulse für Toms „Erziehung" waren nicht gewollt. Neue pädagogische Sichtweisen wurden erfolgreich untergraben. Ich besaß kein Sorgerecht, sondern nur das Versorgerecht. Das Bürgerliche Gesetzbuch verweigerte mir obendrein das Umgangsrecht. Ich durfte ihm eine Buchstabensuppe aufwärmen und ihm den Hintern abwischen, Befugnisse darüber hinaus waren untersagt. Als eigenwilliger und kreativer Mensch habe ich in diesem eng gestrickten Rechtssystem fantasievolle Gesetzeslücken entdeckt.

Tom und ich.

Wir hatten eine gute Zeit zusammen.

Das klingt nach einer allzu lockeren Hand. Das war es nicht. Von vielen Außenstehenden wurde ich für meine Strenge getadelt. Im Vergleich zu Marcel stimmte das vielleicht. Ich bevorzuge den Begriff „Konsequenz", die ohne Blutsverwandtschaft leichter umzusetzen ist. So scheint es. Es hieß, ich führte Toms Erziehung mit hartem Regiment – und das, obwohl ich kaum Gelegenheiten zum „Erziehen" hatte. Erstaunlich.

Es gab tatsächlich eine Situation, die dem Urteil der anderen entsprach und mich mit Schuldgefühlen zurückließ: der rote Krebs in der Badewanne. Ein Abend, an dem ich mich in meiner Erinnerung hektisch und gereizt wiederfinde. Ich war ungehalten. Es war Badetag. Auf dem Herd brutzelte schon das Essen und ich sprang multifunktionell zwischen Küche und Bad hin und her. Tom trödelträumte herum. Sein Zeitlupenrhythmus machte mich rasend. Ich wollte meine Geschwindigkeit durchsetzen, damit es keinen Verzug in meiner perfekten Terminierung gab. Für Empathie fehlte mir schlicht die Zeit. Tom stellte sich mit den Füßen in die Badewanne und schrie leicht auf.

„Das Wasser ist zu heiß."

Ungeduldig versenkte ich meine Hand ins Badewasser, fühlte kurz und beurteilte es als angenehm warm.

„Das Wasser ist lauwarm", antwortete ich knapp. „Setz dich jetzt bitte in die Wanne."

Er versicherte mir nochmals sein Unbehagen.

Mein Geduldsfaden riss. Nach meinem zweiten Temperaturtest per Hand duldete ich keinen Aufschub mehr. „Setz dich hin. Ich schaue kurz nach dem Essen, bin gleich wieder da."

Nach circa fünf Minuten betrat ich wieder das Badezimmer und bekam einen Schock.

„Ich bin fertig und habe mich gewaschen", sagte ein knallroter Kinderkörper.

Panisch schnappte ich mir ein Handtuch, hüllte den verbrannten Tom-Körper ein, hob ihn aus der Wanne und tupfte ihn sanft ab. Tränen schossen mir in die Augen, Schuld und Scham überwältigten mich. Ich drückte den Jungen ganz fest an mich und sagte ihm in weinender Endlosschleife, wie leid es mir täte. Ich konnte selbst nicht glauben, was ich da angerichtet hatte.

Unwiderruflich.

Knallrot eingebrannt.

Ich habe es mir nie verziehen.

Meine Mutter erzählte mir einige Tage später, dass man zur Temperaturkontrolle immer den Ellenbogen benutzt, die empfindlichste Stelle am Körper. Ich habe es ausprobiert. Es hat gestimmt. Leider zu spät. Das ist der Beweis: Ich bin eine schlechte Stiefmutter und auch als jede Art von Mutter nicht zu gebrauchen. Ich habe mir große Vorwürfe gemacht. Toms Antwort auf meine Dauerentschuldigungen besiegelten das Urteil auf noch andere Weise:

„Ich habe es dir doch gesagt, aber du hast mir nicht geglaubt."

Was eine einzige Situation in einem Kind auslösen kann – Glaubensmuster:

Meinen Worten wird kein Glauben geschenkt.

Man hört mich nicht.

Ich werde nicht wahrgenommen.

Die Eltern bestimmen über mich.

Ich kann mich nicht wehren.

Ich bin zu schwach, zu klein, zu unbedeutend.

Eltern sind gefährlich.

Was dieses eine Fehlverhalten in Tom hinterlassen hat, weiß ich nicht. Ich habe achtsam versucht, seine fürchterliche Erfahrung bei jedem folgenden Badetag mit einer neuen, unheilvolleren zu überschreiben. Sein gestörtes Vertrauen in meine Elternkompetenz konnte ich nur langsam wieder aufbauen.

Was liegt dir jetzt als Beschimpfung auf der Zunge?

Sag jetzt nichts Falsches!

Herzlos?

Überhaupt habe ich Tom oft zu viel zugetraut und zugemutet, so wurde es jedenfalls gesagt. Das stimmte. Ich wollte seiner permanenten Verhätschelung etwas Ausgleichendes gegenüberstellen. Mein Umgang mit ihm war oft von der Idee getragen, seine Selbstständigkeit und Eigenverantwortung zu fördern. In manchen Situationen war dies auch förderlich, was ich daran erkannte, dass es Toms Selbstvertrauen nährte. Im direkten Vergleich zu den Helikoptern stand ich auf der Position einer strengen und harten Instanz, die ständig über das Ziel hinausschießt und dem Jungen zu viel abverlangt.

Woher sollte sie es auch wissen, diese Nichtmutter. Ich wurde aufgebracht und bemitleidenswert beäugt. Mit Vorliebe. Wenn die Stiefmutter im Raum war, brauchte es kein Radio und keinen Fernseher. Es gab genügend Raum und Platz für kritische Anmerkungen. Und wenn wir schon bei den ungenügenden Stiefmutterqualitäten sind: Ich habe eine weitere Situation im Plauderkästchen, die mich noch mehr ins schlechte Licht rückt. Heute kann ich herzlich darüber lachen. Damals nicht.

Schauplatz des Fauxpas war der örtliche Kinderfasching. Mir graute es schon Tage zuvor. Wenn dir jeder ständig auf die stiefmütterlichen Finger schaut, bekommst du irgendwann eine Beobachtet-werden-Paranoia. Du fühlst dich von den Blicken der braveren Muttertiere verfolgt. Ich hätte mich gerne um diese Veranstaltung gewunden, aber Tom ließ nicht locker, er wollte nicht mutterseelenallein zum Kinderfasching.

Nun. Das Motiv für die Verkleidung war schnell gefunden: Tom wollte ein Einbrecher sein. Ein richtig cooler Typ. Mit Maske und unbedingt mit Dynamit.

Nun. Wir schnitten Schaumstoff in lange Streifen, färbten ihn rot und umwickelten ihn mit schwarzem Panzertape. Voila! Le Dynamite. Schwarze Hose, Schuhe, Socken, Pullover. Perfekt. An Toms Gürtel befestigte ich den „Sprengstoff" und über seine Schulter legte ich einen schwarzen Beutebeutel. Recht gut.
Doch es fehlte noch etwas - die Maske.
Nun. Als großer Fan von Gangsterfilmen meinte ich genau zu wissen, wie wir die Maske am glaubwürdigsten gestalten. Ich zog Tom eine schwarze Nylonstrumpfhose über den Kopf und verknotete die Längen im Nacken. Großartig. So sah ein echter Einbrecher aus.
Tom war total glücklich über sein cooles Kostüm und drängelte zum Aufbruch. Mit der Strumpfhose auf dem Kopf lief er neben mir zu dem großen Kultursaal unserer Stadt. Mit Stolz erfüllt. Tom war stolz auf meine kreativen Einfälle und ich auf seine große Begeisterung. Als fröhliches Mutter-Kind-Gespann betraten wir den Saal. Unsere Freude währte nicht lange. Tom war schnell von seinen Freunden umzingelt, die seine Einbrecherverkleidung anhimmelten und für supercool erklärten. Ich kam mit einigen Eltern ins Gespräch. Dabei beobachtete ich eine große Schar von Kindern, die einem Jungen folgten, der sie anführte. Er hatte eine Strumpfhose über dem Kopf: Tom. Hinter ihm ein großes Gefolge. Tom hatte nie ein tonangebendes, antreibendes oder gar bestimmendes Wesen. Das lag ihm nicht. Er war der ruhige und ausgleichende Typ im Mittelfeld oder der Träumer in der Defensive. Heute war er ein Stürmer - und er genoss es. In dem Moment, als ich es mit ihm genießen wollte, hörte ich eine Muttertierstimme sagen:
„Zu wem gehört denn dieser Junge? Das ist ja unglaublich! Hat er etwa eine echte Strumpfhose über dem Kopf? Das ist ja furchtbar. Wo ist denn die Mutter? Was denkt die sich denn dabei? Unfassbar! Solchen Eltern müsste man die Kinder wegnehmen. Entsetzlich!"
Nun.
Ich hoffte inständig, dass Tom die Maske aufbehielt und mich nicht als Kindeswohlverbrecherin entlarvte. Zwei Minuten später war es so weit: Ich suchte nach einer Falltür im Boden. Blaugrau stechende und grün funkelnde Augen-

paare richteten sich auf mich. Ich wollte schrumpfen, platzen oder plötzlich unsichtbar sein. Tom kam auf mich zugerannt - wie so oft, als könnte er telepathisch spüren, wenn ich mich unwohl fühlte, und das ohne genetischen Fingerabdruck, einfach durch Zuneigung. Er redete ununterbrochen von den vielen Komplimenten seiner Freunde und klammerte sich schweißnass an meinen Bauch. Ich bückte mich zu ihm herunter, nahm meinen kleinen glücklichen Jungen fest in die Arme und blendete alles um uns herum aus. Eine kleine Träne rollte auf seinen Blondschopf. Eine Träne der Erkenntnis. Ein Spießrutenlauf.
Ich würde es wieder so machen. Und wieder.
Und wieder.
Marcel betrat den Saal, sah uns und wusste sofort, dass wir wieder gemeinsam etwas angestellt hatten. Ich erzählte ihm alles. Er musste lachen. Hielt mich fest und küsste mich. Wir nahmen Tom an die Hand und liefen immer noch lachend nach Hause.
Auch das kann Patchwork sein - Augenblicke tiefer Verbundenheit. Diese Momente haben die vielen Unstimmigkeiten einfach weggewischt, für eine lange Zeit.
Und doch zu kurz.

NACHSPIEL

Selten waren die Momente, in denen wir in dreieiniger Harmonie lebten. Obwohl alle Voraussetzungen für ein glückliches Miteinander gegeben waren. Zündstoff lieferten hauptsächlich die unterschiedlichen Blickwinkel auf das Kindswohl. Was in traditionellen Rollen schon herausfordernd ist, wird in stieffamiliären Verhältnissen kriegslustig. Marcel war ein toller Vater, einfühlsam und geduldig. Er erfüllte Tom jeden Wunsch und jegliches Begehr. Er verwöhnte ihn nach Strich und Faden. Bis zu einem gewissen Punkt hatte ich dafür Verständnis, sobald es aber nach meinem Empfinden Toms Entwicklung schadete, habe ich das mitgeteilt - auf meine offene und direkte Art. Durch die Blume zu sprechen war für mich nie zielführend. Eine kurze, klare Ansage genügte, um uns zu entzweien.

Ich war zu streng.

Er war zu weich.

Jeder blieb auf seinem Standpunkt sitzen. Beide wollten wir recht behalten. Das war uns wichtiger als ein gemeinsamer Konsens. Tom, der Leidtragende. Marcel entschied aus der innigen Blutsverbindung heraus, ich schaute blutleer und damit objektiver auf die Erziehung von Tom. Beides hat Vor- und Nachteile. Sobald ich mit Tom allein war, gewann die Einigkeit. Es gab fast nie Konflikte.

Wir genossen das beide sehr.

In den Gesprächen mit anderen Stiefeltern kam dieser interessante Umstand oft zur Sprache: In der Zweisamkeit verlief die Beziehung harmonischer. Kam der leibliche Elternteil dazu, gab es plötzlich Zank und Streitereien. Womöglich war es andersherum genauso, ich habe es selbst nicht beobachten können. Tom und ich wurden bald ein eingeschworenes Team, und wir gingen sehr achtsam miteinander um. Das heißt, ich wurde achtsamer mit Tom, er war es schon von Anfang an mit mir. Er schenkte mir das selbst gemalte „Mama"-Herz aus dem Kindergarten zum Muttertag. Er hat es mir ganz stolz überreicht. Das hat sich irgendwie nicht richtig angefühlt, aber gleichzeitig war ich sehr gerührt.

Überhaupt: Wem sollte er es sonst schenken?

Seine Leibesmutter glänzte mit Abwesenheit. Ich war da. Ich hatte es verdient.

Also freute ich mich darüber, wenn auch ein bitterer Beigeschmack blieb. Egal. Wir hatten uns superlieb.

War das auch wieder falsch?

Es war weder von Marcel noch von seiner geliebten Mutter gerne gesehen, wie wir beide immer enger zusammenwuchsen. Jetzt war Eifersucht die Emotion der Stunde und ich blies die Backen auf. In diesem zerflickten Saftladen konnte ich es keinem recht machen - außer Tom. Und das kommunizierte er sehr deutlich. Zu seiner Schuleinführung.

Wieder war die ganze verstrickte Sippe geladen. Ich war mir mit Marcel darin einig, dass wir alles versuchten, diesen Tag für Tom so wundervoll wie möglich zu gestalten, auch wenn dies in erster Linie für mich hieß: runterschlucken. Abgemacht. Tom war aufgeregt. Wir waren aufgeregt und angespannt. Ich fühlte so etwas wie Mutterstolz in der Brust. Emotionen. Heute war ich gefährlich nah am Wasser gebaut, aber Helga perlte mit ihrer großmütterlichen Besserwisserei an mir ab. Ich hatte nur Augen und Ohren für Tom. Er war so unglaublich hübsch. Hatte ich schon erwähnt, dass er der schönste kleine Junge war, den ich kenne. Dann tue ich es jetzt: Er war das zauberhafteste Kind der Welt. Und im Gegensatz zu den meisten Erwachsenen schaffte es dieser kleine Merlin, mich tief in meinem Innern zu verzaubern. Heute ganz besonders. Ich war verliebt in ihn und ich machte kein Geheimnis daraus.

Die Anwesenheit seiner Mutter verspannte mich. Ich wollte mich richtig verhalten. Wie richtig, wusste ich nicht. Sie war auch unsicher, ihre Haltung eher stiefmütterlich. Ein anstrengendes Desaster. Aber wir haben es gemeistert.

Bis zum Abendessen.

Wieder diente der Wohnzimmertisch als Reibungsfläche. Unser gemeinsames Abendmahl war fast beendet. Wir waren in vergnügter Stimmung und unsere Illusion vom Patchworkglück entbrannte ein weiteres Mal in ihrer schönen Naivität. Schwach, aber verheißungsvoll. Das Zünglein an der Waage war nur eine kleine Frage:

„Darf ich bitte aufstehen?"

Tom hat gesprochen.

Einen Augenblickbruchteil war es ganz still im Raum. Keiner atmete. Innerhalb von Nanosekunden überlegte jeder Erziehungs- und Umgangsberechtigte, ob und was er jetzt darauf antworten dürfte, um die harmonische Schwingung zu halten. Als die Zeit überspannt war und immer noch keiner geantwortet hatte, übernahm ich die Verantwortung:
„Nein, Tom, du bleibst bitte noch sitzen, bis Moritz aufgegessen hat. Wir haben doch ausgemacht, dass du erst aufstehst, wenn alle Kinder aufgegessen haben."
Die Hyäne fiel mir ins halbe Wort:
„Sei jetzt halt nicht so! Es ist doch seine Schuleinführung. Da kannst du doch mal eine Ausnahme machen. Warum bist du immer so streng mit dem Jungen!? Das ist doch unmöglich ... wirklich, Susanne!"
Dann ging das Stimmengewitter los. Am Tisch wurde nun jeder von jedem verteidigt - oder angegriffen, je nachdem. Die Aussprachen wurden lauter und es flogen haltlose Beleidigungen über den Tisch. Der Ton wurde schärfer. Verletzender. Dramatischer. Ich habe mich innerlich dafür geohrfeigt, nicht meine Klappe gehalten zu haben. *Scheiß doch auf die blöden Regeln!* Irgendwie hatte Helga recht, nur ihr Ton machte die schlechte Musik. Ich suchte krampfhaft nach einem Ausweg aus dem scharfen Gefecht, aber Tom kam mir zuvor - wie so oft. Er ließ seine Gabel auf den Porzellanteller fallen. Es klirrte laut. Stille am Tisch. Mit fester Stimme sagte das Kerlchen:
„Hört auf! Susanne hat recht. Ich finde es gut so, wie sie es macht."
Bähm. Krass. Stecknadelstill.
Laut ratternde Gehirne. Verlegene Blicke.
Bloß nicht bewegen. Kein Mucks.
Das hat gesessen.
Auch bei mir. Ich traute mich nicht, Tom anzuschauen, aber aus den Augenwinkeln sah ich seine aufgerichtete kleine Gestalt. Eine präsente Haltung, die nicht einknickte. Mir schlug das Herz bis zum Kopf. Ich stand unter Strom. Wie hatten wir es nur so weit kommen lassen, diese Situation zu seiner Aufgabe zu machen. Verdammt!

Tom hielt die Stellung. Unglaublich.
Es war Moritz, der uns alle erlöste. Er legte ebenso selbstbewusst sein Besteck nieder und verkündete laut und deutlich, dass er fertig sei mit Essen. Es ging ein zaghaftes Schmunzeln durch den Raum. Moritz Teller war noch halb voll. Tom schaute mich fragend an, ich nickte und beide lächelten wir. Verbundenes Verständnis. Ich bin kein Untier. Ich ließ es gerne zu, dass die Regel von zwei so charmanten Kindermündern raffiniert umgangen wurde. Das war zuckersüß und amüsant. Wäre gewesen. Wäre der Preis nicht so hoch. Trotzdem: *Momente, die das Leben lebenswert machen.* Da waren sich alle einig am schmunzelnden Tisch. Bis auf zwei, die so stark in ihrer Rechthaberei gefangen waren, dass sie diesen wundervollen Augenblick verpasst haben und ihn stattdessen für ihr Stimmrecht benutzten. Ich schämte mich für meine Schwiegermutter. Ich schämte mich für meinen Partner. Ich wusste aktuell nicht, wie lange sich mein Ethos noch in solch einer vergifteten und missstimmigen Umgebung aufhalten könnte. Wollte.
Nicht lange.
Tom war in der dritten Klasse, als ich meine Sachen packte und eine Woche zu meinem besten Freund flüchtete. Es war nicht mehr auszuhalten. Alles hatte sich verschärft und bauschte sich unendlich auf. Nach drei Tagen vermisste ich Tom schrecklich. Marcel fehlte mir nicht. Eine schwierige Grundlage für eine Entscheidung. Ich fühlte mich hundeelend. Nach einer Woche knickte ich seelisch ein und ging zurück nach Hause. Marcel empfing mich weinend an der Tür und führte mich mitsamt meiner Jacke ins Kinderzimmer. Ich kuschelte mich an Tom und hielt ihn ganz fest. Auch er weinte. Marcel legte sich an meinen Rücken und so lagen wir da und schluchzten uns gemeinsam in den Schlaf.
Als beide eingeschlafen waren, war ich immer noch wach und versuchte, das Gefühlte zu ordnen. Der Körper von Tom: warm und wohlig. Marcels Nähe: unangenehm und distanziert. Ich fühlte mich von ihm verlassen und war enttäuscht von seiner Muttersöhnchenhaltung. Ich hätte seinen partnerschaftlichen Schutz gebraucht, doch er hat sich entzogen und unsichtbar gemacht. So transparent, dass Tom mir den Rücken stärken wollte. Weil er mich erkannte, weil er

tief in mich hineinsah. Marcel hat nur das sehen wollen, was er sehen wollte. Es war bitter. Ich hatte weder Achtung noch Respekt für ihn übrig. *Weichei*. Und ich habe versucht, was in meiner Macht stand, damit Tom nicht die gleiche weichgespülte Haltung kopierte.

Mit diesem Rückschlag war auch die Liebe pfutsch. Ich hätte gehen und mir treu bleiben sollen. Nicht so einfach mit einem wundervollen Kind in den Armen, das die Erfahrung der Trennung bereits schmerzhaft gemacht hat und diese kein zweites Mal erleben möchte.

Es würde ihn zerbrechen.

Es würde mich zerbrechen.

Also blieb ich. Noch zwei Jahre. Es war ein täglicher innerer Kampf. Ich suchte den Austausch mit Marcel und teilte ihm meine Ansichten und Bedürfnisse mit. Er blieb still. Tom und ich rückten immer näher zusammen, weil wir Angst hatten, uns zu verlieren. Gleichzeitig ging ich mehr und mehr auf Distanz. Die Panikattacken kamen zurück, noch kraftvoller als früher. Mit Panik im Kopf und Schmerzen am ganzen Körper war das Leben für mich eine nie enden wollende Odyssee des Quälens. Heute erkenne ich im Rückblick, dass mein Körper mir eindeutige Botschaften sendete. Ich war meilenweit entfernt von mir selbst. Und ich musste dringend die Reißleine ziehen. Nur: *Wer bin ich dann?*

Es kam der Abend, der alles in Schutt und Asche legte. Eine kleine Meinungsverschiedenheit schaukelte sich in schwindelerregende Höhen auf. Es flogen tiefe Verletzungen durch den Raum, die wir nie wieder ungeschehen machen können. Unsere unterdrückte Wut prallte hart aufeinander. Etwas war anders: Marcel war nach sieben Jahren endlich nicht mehr still. Doch das, was er sagte, war die Todesurteilschere für unseren Flickenteppich. Er schnitt ihn in tausend Teile. Das seelische Reißen höre ich heute noch.

Tom mittendrin.

Marcel stand auf, packte ein paar Sachen und verschwand mit ihm zu seiner Mutti.

Meine Wut und Enttäuschung trafen den Falschen. Aufgrund meines Vater-Komplexes habe ich oft unangemessen und mit frühkindlichen Emotionen auf

Konflikte mit Marcel reagiert und mir an meiner Projektion auf ihn die Zähne ausgebissen. Die Sehnsucht nach meinem Vater war zu groß. Selbst eine megagroße Portion Liebe und Zuwendung von Marcel hätte meinen mitgeschleppten Hunger aus der Kindheit nicht stillen können. Was mein Vater mir in meiner Kindheit nicht gegeben hat, konnte leider auch Marcel nicht ausgleichen.
Ich blieb alleine zurück.
An dem Platz, der nie für mich bestimmt war. An einem Ort, der mir fremd war. Auf der teuren Ledercouch, die ich nie mochte, weil sie kalt war. Mit dem Blick auf unser Familienbild: drei Menschen, die einander so dringend brauchten. Nicht aus Liebe, sondern aus Bedürftigkeit. Trotz der Liebe natürlich.
Das Ende der Täuschung.
Das Ende des Irrtums.
Was als übler Nachgeschmack bleibt, ist die überdimensionale Erwartungshaltung an Stiefeltern, die in ihrer Substanz Superhelden sein sollen. Wie im Film. Und die selbstverständliche und unangreifbare Haltung leiblicher Eltern und Großeltern, immer besser zu wissen, was das Beste für ihr Kind ist.
Was als wertvoller Nachgeschmack bleibt, ist die liebende Unterstützung meiner besten Freundin, ihrer richtigen Fragen und ihr steter Antrieb, für mein Wohlbefinden zu sorgen.
Was als süßer Nachgeschmack bleibt, ist die Reinheit eines Kinderherzens und dessen natürliche Güte. Beeindruckend. Berührend. Und schmerzhaft, weil ich Toms zarte Seele nicht vor einer weiteren Verletzung schützen konnte. Wir haben uns verloren. Kein Vergebungsritual der Welt kann mir diese Schuld nehmen. Bringt ihn mir zurück. Schon weil ich es nicht zulasse. Da kommt kein Windhauch ran. Es ist meine Entscheidung, wie ich mich damit fühle.
Schuldig.

SPÄTE DANKBARKEIT

Apropos Schuld. Im gleichen Atemzug überkam mich Reue in Bezug auf meinen Ziehpapa. Und nicht nur mich. Auch mein Bruder blies in das mit Schuld gefüllte Horn. Wir erkannten ganz plötzlich unser Fehlverhalten ihm gegenüber. Es kam schnell über uns, wie ein Regenschauer. Wir hatten uns wie Arschlochkinder benommen und wurden mit versöhnlichen Einsichten überschüttet.
Was haben wir angerichtet!?
Es waren Gerichtstage. Tage der Bekenntnisse. Stunden der Klärung. *Was haben wir Michael angetan?* Diese Frage traf uns unerwartet. Plötzliche Scham. Die Anmaßung und Respektlosigkeit aus unseren Kindes- und Jugendtagen wurde uns bewusst. Wir hatten ein Phantom angehimmelt und unseren Retter verpöhnt und erniedrigt. Diese Wahrheit zog eine schmerzhafte Ernüchterung nach sich. Intensiv erinnerten wir uns an die Gemeinheiten gegen Michael, die steten Lobeshymnen auf unseren leiblichen Vater und das lächerliche Festhalten an seiner Liebe zu uns. *Kann es so etwas wie* „Gutmachung" *geben?* Und wenn ja, wie sollte diese aussehen? Wir waren ratlos.
Es folgten sensible Annäherungskonzepte auf unsicheren Beinen. Würde Michael uns glauben? Wie sollten wir es anstellen, unsere wie aus dem Nichts erwachte Dankbarkeit in seine Richtung zu formulieren? Daniel offenbarte sich ihm eines Tages direkt. Frontal, ohne weiter abzuwarten. Die Reaktion meines Ziehvaters abwartend, verblieb ich in der Deckung und näherte mich nur vorsichtig einer Ausschüttung meiner Emotionen und Erkenntnisse. Auf die Ehrlichkeit meines Bruders reagierte er vage und schenkte ihr nach meinem Empfinden wenig Beachtung. Konnte man es ihm verübeln? Es musste sich genauso unerwartet für ihn angefühlt haben. Auf unserer Seite: Mein Bruder hatte sich entladen.

Ich brodelte weiter vor mich hin und tüftelte an einer feinfühligeren Offerte. Eine Aufgabe mit Fingerspitzengefühl. Das Ergebnis wäre von großer Bedeutung für die weitere Chronik unserer Patchworkhistorie. Ich blieb im Schutz meiner Sprachlosigkeit und ließ die wahren Worte meines Bruders nachhallen.

Seine wachsende Zuneigung zu Michael verzögerte meine Offensive. Der Mut meines Bruders verschreckte mich.
Mich, die Großklappe.
Die Kleinklappe.
Ja, ich hatte und habe ein loses Mundwerk. Sobald es jedoch um meine emotionalen Belange geht, bin ich mucksmäuschenstill. *Was, wenn er meine Entschuldigung ablehnt, so wie ich ihn all die Jahre abgelehnt habe?* Die Situation war verzwickt. Ablehnung wollte und konnte ich nicht riskieren, nicht von ihm. Mein Verstand hätte sie akzeptiert und verstanden – meine Seele nicht. Innerlich schüttete ich unablässig Dankbarkeit über Michael aus, in der Hoffnung, er möge sie empfangen. In meiner Unsicherheit folgte ich einer geführten Vater-Meditation von Robert Betz. Kraftlos, es war nur vom leiblichen Vater die Rede. Nun. Dann würde ich auch dieses Thema ein für alle Mal klären, mit dankbaren Worten in Richtung meines Leibesvaters.
Versöhnung.
Frieden.
Eine ferne Galaxie.
Ich war dankbar für sein Engagement an meinem Schöpfungsakt. Nicht unwesentlich, das gab ich zu. Ich wäre nicht da, in diesem Leib, an diesem Tag. Damit genug der Lobdudelei. (Ich zerfließe nicht in Vergebung, um irgendwen zu erlösen. Da bin ich strikt. Meine moralische Instanz schüttelt entschieden mit dem Kopf.) Außerdem: Mein Vater beanspruchte damit zu viel Raum, zu viel Aufmerksamkeit. Es ging um meinen Seelenvater. Ihm würde er nicht den Rang ablaufen.
Den Wert des Schreibens habe ich schnell für mich erkannt. Es bot mir eine versteckte Ausdrucksmöglichkeit, denn sie ersparte mir das Visavis, umging den persönlichen Kontakt. Während ich schrieb, blieb ich hinter all meinen Worten und Zeilen unbeobachtet, niemand korrigierte mich und keiner griff mich an. Ich konnte offen und unbeobachtet das heftige Michaelgefühl transportieren, analysieren – und bewerten. Letzteres mit meinem inneren Richter. Einzige Erlaubnis. Wenn hier Ablehnung geschähe, dann nur von mir selbst. Die besten

Voraussetzungen, um meine überbordende Dankbarkeit zu versenden, ohne Angst vor der Reaktion zu haben. An die kosmische Adresse meines Ziehvaters. Und ich nutze diese Möglichkeit - ausdrücklich.
Meine nächsten Zeilen sollen dich erreichen, lieber Michael.
Darüber hinaus widme ich sie allen Stiefs auf diesem Erdball.
Frei und tief aus meinem Herzen.
Ihr habt sie verdient.
Mein Dank geht an euch alle:

Du bist anwesend. Bist da. Nie weg gewesen. Das gibt mir Kraft. Lässt mich glauben, an ehrliche Wesen. Du hast gekämpft, gehadert. Warst nicht zu beneiden. Es war nie leicht für dich. Im Gegenteil - und für beide Seiten.
Du bist geblieben. Sehr hartnäckig. Das spricht für sich. Kein Problem zu groß, keine Herausforderung zu schwierig, für dich. Du hast gestützt, getragen, auf deinem Rücken. Kein Dank, keine Liebe, auf unseren Lippen.
Du warst gedemütigt, verletzt. Wir haben dich schikaniert, oft auch als Sündenbock deklariert. Ich möchte es gern, deinen Schmerz lindern. Jetzt erst, so spät. Und kann es nicht.
Du hast gestritten und dich versöhnt, wegen uns Kindern. Meine kleinen Hände haben damals so oft ins Leere gegriffen, bis du sie festgehalten hast. Spät, aber ich habe es jetzt begriffen. Unser Blut ist verschieden. Was macht das schon! Wir haben den Kampf gewonnen.
Beide.
Lohn.
Nicht nur unserer Schönheit wegen, auch der schwierigen Zeiten wegen.
Der „Jüngste Tag" ist heute: Lass uns das Schicksal auslachen.

WIEDER SINGLE

Mein überdachtes Lebensumfeld schrumpfte innerhalb weniger Tage von 210 Quadrat Penthousecharakter mit exklusivem Interieur auf zirka Wohnzimmergröße Erdgeschoss.
Sammelsurium meiner Habseligkeiten.
Potpourri meines Gebrauchtmobiliars.
Säckeweise Klamotten und Schuhe, schwere Kisten Bücher, ein runder Kiefernholztisch: mein Starterpaket in ein neues Leben. Ich drehte erneut am Rad des Schicksals. Augenscheinlich besaß ich so wenig wie nie zuvor, fühlte mich aber reich. Reich an Raum. Reich an Zeit. Reich an Luft zum Atmen. Frisch dem goldenen Käfig entsprungen, warteten nun die Unsicherheit und das Abenteuer „Single" auf mich. Mein Herz wusste, dass ich aus Liebe zu mir gehandelt und richtig entschieden hatte. Jede Zelle meines Körpers gluckste fröhlich und versprühte Zuversicht. Mein Mut war stärker als meine Ängste und Zweifel.
Hoffnungsvoll saß ich nun auf dem Boden meiner Einzimmerwohnung und schaute gespannt in mich hinein. Tatkräftig krempelte ich meine Ärmel hoch. Tauchte meinen Pinsel in grelles Rot und gab meinen neuen Wänden meinen ersten ganz persönlichen, individuellen und unabhängigen Anstrich. Das Rot war eine Kampfansage an all jene, die auch nur den geringsten Zweifel an meiner neu gewonnenen Freiheit hatten, insbesondere ich selbst. Beim Betreten meines Unabhängigkeitsraums fiel die Aufmerksamkeit ganz direkt auf diese eine bedrohliche Wand:
Pass bloß auf, Freundchen! Überleg dir deine Worte gut! Hier wohnt jetzt eine starke Frau. *Kapiert!* Ein falsches Wort zur Hausherrin, es würde knallen. Gewaltig! *Bring sie bloß nicht zum Weinen!* Ein unüberlegtes Geschwätz, es würde eine Explosion auslösen. *Du weißt doch, wie sensibel sie ist!*
Es gab auch Subtext:
Reiß dich bloß zusammen, nur dieses eine Mal! Tu ihr verdammt noch mal nicht weh, hörst du? Zieh deine Samtpfötchen an. Nimm sie in den Arm, halte sie fest. Dann mach ihr unmissverständlich klar, dass ihre Entscheidung die richtige war,

und unterstütze sie gefälligst. Wenn du das nicht kannst, verpiss dich wieder mit deinem Mitleid. Das kann sie jetzt echt nicht gebrauchen!

Meine erste Nacht in Freiheit. Allein. Meine Mutter redete ihrer dreiunddreißigjährigen Tochter für diese Ausnahmesituation gut zu und ermutigte mich unentwegt. Innerlich zitterte sie und musste sich auch beruhigen. Als ich das letzte Licht gelöscht und meinen unabhängigen Leib weich gebettet hatte, wartete ich auf irgendein Horrorszenario. Ein Kratzen an der Tür. Einen gewalttätigen Einbrecher. Eine Sintflut, die über mich hereinbräche. Schuldgefühle oder ein Tränenmeer.

Nichts davon geschah.

Ich schlief selig ein.

Am nächsten Morgen erwachte ich mit stolzer Brust und der Gewissheit, dass ich alles schaffen könnte. Diese Tatkraft wollte genutzt werden. Um mich meines Lebens zu versichern, kündigte ich meine Lebensversicherung und verwandelte das frisch erhaltene Startkapital in wohnliche Materie. Ein Retro-Kühlschrank: auch knallrot. Eine Couch: feuerrot. Eine Kommode: ziegelrot. Rosenrote Badvorleger. Rubinrote Geräte: Wasserkocher, Toaster, Kaffeemaschine. Ich ergänzte diese Blutlache mit zwei verwaschenroten Vintagesesseln vom Trödelmarkt.

Lebenselixier und Wut.

Ich fühlte mich wohl in der Energieladung mit aggressiven Einsprenkelungen. Gleichzeitiges Symbol für Aufbruch und Schutz. Für den Moment machte mich das betäubende Rot unverletzlich. Tag um Tag füllte ich meine 52 Quadrat mit Leben.

Mit meinem Leben.

Meinem Geschmack.

Meine ureigenste Essenz, mein Geruch schwebte im ganzen Raum. Jedes Möbelstück war mit mir in Resonanz. Alle Elemente trugen meine Handschrift. Meine ganz persönliche Note. Das war ich nun. Da war ich nun. Mein Zufluchtsort und Auffangnetz. Selbst gewebt und selbst gemalt. Achtsam arrangierte ich mein altes Hab und Gut mit seinen neuen Kollegen. Der große Esstisch bekam drei ausrangierte Sitzgelegenheiten von Freunden. Gemeinsam mit den beiden Sesseln und einem Familienerbstück bot er nun sechs Personen Platz in der Mitte meines kreativen Ensembles - ein Patchworkarrangement.

In der Mitte stieg Trauer auf. Plötzlich. Es war zu erwarten. Ich erwartete es nicht. Es kam trotzdem. Mein Herz verkrampfte sich. Meine Verletzlichkeit drängte nach außen. In meinen Augen brach eine Staumauer und Hunderte dicke Tränen rannen über mein Gesicht. Dieses Bild. Diese verlassenen Stühle. Mein Kopf pulsierte und meine Augen waren ein großes Rinnsal, das ungeweinte Tränen aus Kübeln vergoss. Mein Shirt völlig durchnässt, meine Umgebung verschwommen - ich verlor die Orientierung. Kaum hatte ich mich beruhigt, öffneten sich erneut die Schleusen. Ich fühlte mich hundsmiserabel.

Was soll ich jetzt tun? Nichts.

Wer kann mir jetzt helfen? Niemand.

Wann hört das endlich auf? Nie.

Kapitulierend gab ich mich dieser unglücklichen Situation hin. Dagegen ankämpfen war aussichtslos. Ich hatte Angst und war erschöpft. Die unkontrollierte Heulerei nahm mich ganz in Besitz. Wie ein gieriger Dämon machte sie sich in meinem jungen, kraftstrotzenden Leben breit. Und ich war ihr ausgeliefert. Wie ich dieses Gefühl hasste. Nichts war greifbar für mich. Ich fühlte, wie ich innerlich zerbrach und in eine unheimliche Starre verfiel. Im Schmerz gefangen. Wieder muttervaterseelenallein. Ein großer Haufen Elend. Nur ein einziger Gedanke füllte meinen Kopf: *Wo bist du, Papa? Rette mich! Beschütze mich! Halte mich!*

Die kommenden Wochen waren voll von diesen tränenreichen Sequenzen und dem verschwommenen Blick. Stück für Stück musste ich mich selbst in mein neues Leben integrieren. Jeder Tag war ein Kampf, und ich war die angeschossene tollkühne Kriegerin. Die Zeit unterteilte sich in Yin- und Yang-Episoden. In den Morgenstunden spielte ich den draufgängerischen Kraftprotz, der die Welt aus den Angeln hebt und Zauberkräfte besitzt. Pünktlich zur Abenddämmerung zog der Nebel der Einsamkeit in meine Stube und mit ihm die Tatsache, dass ich allein war. Ein Fakt, der nicht ganz Fakt war: Eine Legion von Freunden, Familien-

mitgliedern und Nachbarn war stets in liebevoller greifbarer Nähe. Doch ich hatte mir in den Kopf gesetzt, jetzt alleine zu sein, mich zu bemitleiden, mein „Verlassenes-Kind-Image“ zu pflegen und offiziell zu füttern. In den Abendstunden war ich mit jeder Faser meines Körpers das arme verletzte Kind. Ich atmete Schmerz ein und atmete Schmerz aus. Mein Schmerzkörper stand im Fokus meiner Aufmerksamkeit und ich nährte ihn mit meinem Festhalten an Leid und Wut.
Emotionaler Abgrund.
Allabendliches Gejammer.
Viele Abende.
Darauf war ich nicht vorbereitet: *Wo ist die Notbremse?* Ich änderte meine Pläne in Bezug auf das wunde Kind und erstickte es jetzt stattdessen. Jegliche Gefühlsregung wurde in Aktivität und Gruppendynamik getaucht. Sah aus wie neu. Vorgespielte Sorglosigkeit, hinter der ich meine quälenden Gedanken versteckte. Auf Nachfrage zu meiner Gefühlswelt lenkte ich das Gespräch gekonnt auf unverfängliches Terrain. Das konnte ich prima. Meine Kindheit war ein großes Trainingslager für Ausweichmanöver gewesen, in dem ich meinen Kummer fleißig schlucken gelernt hatte. Ich setzte die Gutelaunemaske auf. Sie befand sich noch im Repertoire. Das Strahlekind war beliebter als der Trauerklops.
In Gegenwart anderer spielte ich stur die befreite Amazone. Doch jeder Besuch trat auch irgendwann die Heimreise an und ich war wieder allein mit meinen unterdrückten Emotionen. Die Nacht war angebrochen und die Flasche Wein geleert. Ich hoffte, ohne Heulattacke und auf dem schnellsten Weg einzuschlafen, um am nächsten Morgen wieder superwomanpräsent zu sein. Einige Wochen lang gelang es mir so, die notwendige innere und ehrliche Auseinandersetzung mit mir selbst zu umschiffen. Ich wusste, was mir blühte, wenn ich mich dieser Begegnung stellte, und ich wusste auch, dass es keine Abkürzung gäbe. Es war nicht überraschend, dass die Möglichkeiten, im eigenen Schlamm zu wühlen, wie von Geisterhand geschaffen, unzählig auf mich zukamen. Vier Monate lang währte mein Ausredenkatalog, danach war ich mit meinen Ausflüchten am Ende.
Rien ne va plus. Kein rettendes Einhorn.

Der Auslösemoment trumpfte an einem warmen Aprilsamstag. Meine Dachfenster waren weit aufgerissen, um die Sonnenstrahlen in jede Ecke meiner mickrigen Wohnfläche zu lenken. Übermütig kurz bekleidet wirbelte ich durch mein lichtdurchflutetes Reich und war in froher Hoffnung auf einen segensreichen Tag. Diese Freude wollte ich mit allen Menschen teilen und so übernahm mein Telefon ein kommunikatives Eigenleben und prangerte diese strahlende Energie meiner Kontaktliste an. Mit überheblicher Gewissheit.
Absagen.
Absagen.
Mir wurde mulmig ums Herz. Die Sonne zog langsam übers Dach weiter, doch die wohlwollende Wärme blieb noch. Ich fasste einen Entschluss, gezwungenermaßen: *Gib dich alleine dieser freudvollen Energie hin, koste sie selbst aus!* Begleitet von einem Bordeaux und Rosin Murphy's anfeuernder Stimme tanzte ich losgelöst und geschmeidig durch meine Wohnung. Mein Hüftschwung erinnerte an ein lockendes Weib und meine Bewegungen muteten erotisch an. Ich fand mich unwiderstehlich. Unkontrolliert schwebte ich wie grenzenlos durch Zeit und Raum. Die Schwingungen meiner Seele vibrierten im Gleichklang mit meiner Sehnsucht nach dem einen alles erlösenden Zustand.

Ungeheuerlich: *Dass ich das noch erleben darf!* Ich war hin und weg von mir. Eine neue, aufregende Seite. *Ist das der Zustand, der mit Loslassen gemeint ist? (Und wenn ja, warum habe ich mich dann so davor gefürchtet?)*
Ich ging in tiefere Resonanz mit dieser Frage, dann drehte der Wind. Die heilvolle Loslasserin änderte willkürlich ihre Regeln und übergab meinen Gedanken wieder den Regiestab. *Blöde Kuh, misch dich da nicht ein! Halt dich da raus!* Nach einem kurzen Abstecher in gelöstere Gefühlswelten übernahm meine Ratio wieder das Steuer und die Befehlsgewalt und war dabei nicht zimperlich. In meinem Hirn kreuzten sich üble Gedanken mit alten stinkenden Glaubensmustern. Innerhalb weniger Sekunden erschuf ich eine Galaxie voller dunkler Materie. Nach dem Motto „Wo Licht, da auch Schatten" wechselte meine positive Frequenz exzessiv und maßlos in eine üble Untergangsstimmung.

Auf mein Inneres und um mich herum legte sich ein düsterer Schleier. In dem Moment, als sich die Sonne mit einem perfekten Timing schlagartig verabschiedete und den Raum verdunkelte, war ich verloren.
Allein.
Allein.
...
Es war auch eine Chance.
Ich deaktivierte alle Selbststeuerungsmechanismen und befahl meinem Verstand, jetzt seine vorlaute Klappe zu halten. Entschlossen erklärte ich mich bereit, jetzt alles wahrzunehmen und zu fühlen, was da schon so lange in mir nach Aufmerksamkeit schrie. Auf diese Absichtserklärung folgte augenblicklich eine beruhigende Energie, die mich wie in eine sanfte Blase hüllte und die Räder der Zeit entschleunigte. Für einen kurzen Augenblick war da nur noch Stille.
Stillstand.
Mit langsamen, vorsichtigen Bewegungen griff ich meine geöffnete Flasche Wein und goss den göttlichen Nektar in mein Glas. Behutsam ließ ich mich in meinen roten Sessel fallen, schaute in den angebrochenen Abend hinaus und atmete tief durch. Die Anspannung wich aus meinem Körper, meine Stirn wurde ganz weich und meine Glieder schwer. Wellenförmig und in kleinen Schüben stiegen wärmende Impulse in mir auf - unbekannt, aber nicht unangenehm. Die Situation beruhigte sich bis auf den Nullpunkt. Ich hörte das Blut in meinen Adern fließen und fühlte meinen leicht vibrierenden Puls.
Eine Ewigkeit musste ich so dagesessen haben, als sich in mir kleine Elemente lösten, wie Bläschen, die in meinem Körper platzten wie winzige Knallbonbons. Sehr ungewöhnlich, aber ich ließ es geschehen. Stoisch dreinblickend und mit dem Moment versöhnlich gestimmt, hatte ich keine Ambitionen mehr, mich zu wehren. Ich wollte nicht und konnte auch nicht. Eine mir unbekannte Kraft hatte die Macht übernommen und ich ließ sie walten. Vertrauensvoll gab ich mich in ihre Hände, setzte mich auf den Sozius und ließ mich von ihr fahren. Sämtliche Gedankenkonstrukte waren verschwunden und belästigten mich nicht mehr. Mein Gefühl hatte sich an die vorderste Front gequetscht und genoss diese

Position. Ich fühlte mich wie auf einem Bahnsteig, auf den Zug wartend, aber der kam nicht.
Aushalten.
Innehalten.
Obwohl alles ganz ruhig schien, arbeitete etwas stetig in mir. Eine magische Weile, lange Weile und ein liebenswertes Dasein, jedoch auch fremd, dass mir die Worte dafür nicht einfallen wollen, die sie genügend beschreiben würden.
Ich bin die, die ich bin.
Zum damaligen Zeitpunkt erlebte ich es als eine homogene Seinsform, der ich einerseits ganz schnell wieder entfliehen wollte, die mich andererseits zum Verweilen einlud. *Ich bin die, die ich bin.* Diesen Worten folgte ich im Geiste und ließ mich immer mehr hineinfallen in diese Form. Mein Herz folgte mir und weitete sich zutraulich. Zustimmend öffneten sich auch die Drüsen in meinen Augen und befeuchteten mit erlösenden Tränen mein Gesicht. Viele kleine Perlen rollten mit Bedacht und im fließenden Gleichklang meine Wangen hinunter, sammelten sich an meinem Kinn und tropften wie ein kleiner Wasserfall auf meinen Hals und meine Brust. Träne um Träne verließ meinen Kopf - der Nachschub schien grenzenlos. Mein ganzes Antlitz war verklebt und geschwollen. Das Salz auf meinen Lippen schmeckte bitter. Unaufhaltsam plumpsten auch große, volle Tränen an mir hinab, Ballast befreiend. Meine Gedanken blieben still, rührten sich nicht und mischten sich nicht ein in das Geschehen. Die Energie des Geschehenlassens hatte sie zum Schweigen gebracht.
Keinerlei Ablenkung.
Trauerprozess.
Zeit war relativ. Dunkel der einzige Parameter. Trauer die dominierende Emotion. Loslassen der größte unausgesprochene Wunsch. Ich war die mir nahestehendste Person - und dann war da noch der Wein, mein bester Freund in selbstinnigen Stunden.
Nach einer Ewigkeit der Trunkenheit fand ich mich im Schoß von Mutter Erde wieder. Liebevoll aufgefangen, gehalten und getragen. Eine freudige Dankbarkeit durchströmte und erschöpfte mich bis in die letzte Zelle. Müdigkeit fiel in

mich ein und presste mich tiefer in meinen Sessel. Wie eine ausgequetschte Zitrone fühlte ich mich, zusammenklappbar, ausgepresst, durch den Fleischwolf gedreht, kräftigst ausgewrungen.
Dieser seelenheilende Zustand blieb drei Wochen. An einem der Abende hätte ich ganze Badewannen füllen können. Ich glaubte, der Strom dieser Tränen versiege nie. Aber er tat es. Der Nebel verzog sich und dahinter wartete die Sonne auf mich. Das Leben verlangt immer nach Ausgleich. Das lange Weinen war der Ausgleich gewesen für mein langes maskiertes Strahlen und mein stilles Schweigen.
Ausgleich für Forderungen.
Zahltage.
Tage des Donners.
Nach dem Regen folgt der Sonnenschein. Und andersherum. Wechselbäder in Sekundenschnelle. Göttervater Sol meinte es gut mit mir. Als Single-Frau war ich zwar allein, aber ich war auch frei von allen Themen im Beziehungsstatus. Es gab keinen Mann, auf den ich meinen fehlenden Vater projizieren konnte. Keine stiefmütterlichen Konflikte. Keine wiederkäuenden Gedanken über ein leibliches Kind. Keine Verlustängste. Keine Ablehnungen.
Ich war frei.
Frei.
Meine körperlichen Beschwerden verflogen, es gab keinen Resonanzkörper mehr zum Andocken. Das Schlaraffenland. Die Antwort auf meine Gebete. *Erhört!* Aus der Raupe schlüpfte ein Zitronenfalter und flatterte leichtfüßig durchs Leben. Wunderbar.
Jedoch.
Tom ignorierte meine Anrufe. Als ich ihm nach der Schule auflauerte, würdigte er mich keines Blickes und ging mit seinen Freunden an mir vorbei. Nachvollziehbar. Was hatte ich denn erwartet. Es schmerzte und dafür schämte ich mich. Wie groß war sein Schmerz? Ich wollte es weder wissen noch spüren. Ich weiß, wie abartig das klingt. Sag nichts!
Beim Abholen meiner letzten Sachen traf ich auf Marcel. Gebrochen weinte er

die ganze Zeit und wiederholte immer: „Wie soll ich ohne Dich weiterleben!?“ Ich blieb still und sprach meine inneren Monologe auf seine Frage nicht aus. Das hatte ich von ihm gelernt. Des Menschen Wille ist sein Himmelreich. Oder eben nicht. Ich habe sein Leid verherrlicht, den Märtyrer gespielt. Dafür schäme ich mich ausnahmsweise nicht. Ich hüllte mich in eine umfassendere Wirklichkeit und ließ ihn wortlos mit seinem unreflektierten Bewusstsein zurück.

Da kreuzte Tom meinen Weg. Im Hausflur. Ich war um Worte bemüht, doch sie stockten. Ich reichte ihm seelisch die Hand und er schlug sie weg. Hier ließ er mich wortlos zurück in meinem unreflektierten Bewusstsein.

Meine Mama erzählte mir später, sie sei fest davon überzeugt gewesen, dass ich zu den beiden zurückkehren würde. Ich wunderte mich darüber. Meine Freunde waren da geteilter Meinung: Von „Das wurde aber Zeit“ über „Hast du dir das gut überlegt?“ zu „Das kannst du doch nicht machen“ und „Du hattest es doch gut“ war alles Denkbare dabei. Es war interessant zu erfahren, mit welchen eigenen Prioritäten sie an die Beurteilung meiner Entscheidung herangingen. Leider stand für die wenigsten ihr eigenes Seelenheil im Vordergrund. Viele legten ihre Aufmerksamkeit auf Toms Leiden, ohne Ausnahme Frauen mit Kindern. Dabei schienen sie mich mit der leiblichen Mutter zu verwechseln, die ihr Kind verlassen und noch schlimmer, sich danach nicht darum gekümmert hat. Oder sie verwechselten mich mit dem leiblichen Vater, der sich genau diese Frau als Mutter für sein Kind ausgesucht hat, ohne vorher zu prüfen, ob diese Beziehung auch als Eltern ausreichend Bestand hätte. Überraschend und gleichzeitig entsetzlich fand ich die nicht wenigen Hinweise auf die materiellen Annehmlichkeiten, auf die ich jetzt freiwillig verzichtete. Ich hätte doch „alles“, mir ginge es doch finanziell gut.

Schockierend.

Seele im Tausch gegen Geld?

Ich hatte gehofft, sie würden mich besser kennen.

Bei Tom ließ ich nicht locker – und hatte dann doch Glück. Unverdient. Er besuchte mich nach einigen Wochen und blieb über Nacht. Kurz war es ungewohnt und befremdlich, aber gleich waren wir wieder dicke miteinander. Die Traurigkeit in seinen Augen war bitter. Weder konnte ich ihn lange ansehen, noch haben wir ein Sterbenswörtchen über die Situation und seine Gefühle gesprochen. Unser Wiedersehen war so zart und zerbrechlich. Das wollte ich nicht zerstören. Und getraut habe ich mich außerdem nicht. Ich, die es wirklich hätte besser wissen müssen. Vielleicht gab er sich die Schuld dafür, dass ich gegangen war. Vielleicht gab ihm sein Vater die Schuld dafür. Vielleicht glaubte er, ich gebe ihm die Schuld dafür. Alle drei Möglichkeiten waren realistisch und von großer Wahrscheinlichkeit. Ich habe es nicht erfahren. Ich habe ihn nicht gefragt. Ich stand ihm nicht bei. Ich konnte ihn nicht beschützen in seinem Verlassensein. Ich ließ ihn alleine mit seiner Verletzung. Ich habe es nicht geschafft, ihn danach zu fragen.

Ich konnte es einfach nicht. Ich musste es auch nicht.

Ich habe es gesehen.

Als Marcel ihn abholte, inspizierte er sofort meinen Unabhängigkeitsraum. In diesen zehn Minuten stellte er mir drei Fragen:

„Dafür hast du uns verlassen?"

„Du bist dir sicher, dass es dir ohne uns hier besser geht?"

„Glaubst du wirklich, du kannst dich mit deiner Selbstständigkeit jemals selbst finanzieren?"

Auf eine Frage antwortete ich mit „Ja".

DIE SCHRIFTSTELLERIN

Nach der schmerzlichen Anfangszeit begann ich allmählich mein panik- und schmerzfreies Leben zu genießen. Meine Ausrichtung war klar. Ich wollte keine feste Beziehung. Ich empfand Lust beim Alleinsein mit mir und pflegte diese Zeiten. Ich war gerne mit mir zusammen - ich mochte mich. Das ist auch heute noch so. Meine selbst gewählten einsamen Tage wechselten mit kleinen, feinen Festarrangements. Sushi- und Spielabende mit Freunden. Durchtanzte Nächte. Kuschelige Videonachmittage. An einem dieser Tage feierten einundzwanzig Menschen in meinem kleinen Freiraum. In der nächsten Früh tänzelten acht nackte Brustpaare um meinen dröhnenden Kopf. Glückliche Tage. Frohlockende Stunden. Die Freundschaft ist ein großes Geschenk.
Und doch.
Mein Impuls, mich wieder mehr zurückzuziehen, wurde stärker. Ich gab ihm nach und verbrachte wieder mehr Zeit mit mir selbst. Die Tränen kamen zurück und mit ihnen die Traurigkeit. Eine intuitive Eingabe ließ mich zum Stift greifen. Einen Bleistift. Den liebe ich. Es gibt unterschiedliche Typen - ich bin der Bleistifttyp. Virginisches Zedernholz zwischen den Fingerkuppen und eine Graphitmine als Rohstoff für Ausdruck. So ursprünglich und irgendwie lebendig. Faszinierend. Im Vergleich zu einem profanen und kühlen Kugelschreiber, der mir fremd bleibt und entsprechend unserer Schnelllebigkeit verbindungslos entsorgt wird, wenn er den Geist aufgibt, schnitze ich meinen Bleier liebevoll bis zum letzten Schneid. Andächtig. Das Beste daran: Mit einem kleinen Stück Kautschuk kann ich Schicksal spielen und mich neu entscheiden. Auch wenn dabei immer ein Rest Vergangenheit zurückbleibt. Ein großer Radiergummi für die Seele? Nur ein verlockender Traum: Das Leben wird doch immer mit Tinte und Blut geschrieben. Egal.
Meine Gedanken rasen schneller als der Stift. Das war schon immer so. Ich schreibe ohne Punkt und Komma. Atemlos. In der Angst, wichtig Gedachtes zu verlieren. Getrieben. Motiviert. Grenzenlos. Mein Verstand überschlägt sich, kann das Tempo nicht halten. Gibt auf. Doch ich schreibe immer noch. Sechzehn

Seiten später lehne ich mich erschöpft und tief zufrieden in meinem roten Sessel zurück. Alle Glieder strecke ich genüsslich von mir. In meiner Brust spüre ich mehr Freiraum und meine Umgebung fühlt sich klar und rein an. Ein Geschenk des Himmels. Sechzehn Seiten voll mit Wut, Zorn, Anklage, Schmerz - und Emotionen, von denen ich irgendwo schon einmal gehört, von denen ich mich aber nie betroffen gefühlt habe. Ich war mir ganz sicher: *Dieser innere Erguss ist der Tropfen auf den heißen Stein.* Diese göttliche Injektion wäre der leuchtende Stern an meinem dunkelblauen Himmel und die Initialzündung für eine innige Freundschaft. Der Bleistift mein Zündholz. Ich küsse ihn überschwänglich.
Der Pakt ist geschlossen.
Du kennst mich nun gut genug, um zu wissen, welche glorreiche Vision sich in meinem Kopf entfaltete. Mein neues Ziel. Ja, du hast recht: Ich wollte Schriftstellerin werden. Der therapeutische Grundgedanke, meine seelischen Verletzungen damit aufzuarbeiten, blieb schnell und temporär zurück. Größeres schob sich in den Mittelpunkt. Ich wollte auch dich erreichen. Ein kollektiver Antrieb. Es war genial. Dieses Großdenken setzte mich feurig in Bewegung. Das zwangsläufige Durchschreiten von tiefen Tälern lag unter dem Feuer versteckt. Zum Glück. Ich hätte augenblicklich den Stift fallen gelassen und mir eine seichtere Freizeitbeschäftigung gesucht. Kochen oder Qigong.
Die Idee der erfolgreichen Schriftstellerin trug mich durch viele anklagende Zeilen und bewahrte mich vor dem Aufgeben. Mehrmals lag der Stift schon im Mülleimer: *Das bringt doch alles nichts, außer noch mehr Schmerz!* Ich holte ihn wieder raus: *Ja, ich retraumatisiere mich immer wieder bewusst damit. Das ist mir die Wahrheit aber wert!*
In meinem Hinterstübchen gab es schon immer nur schwarz oder weiß. Für laue Lüftchen hatte ich keine Verwendung. Mittelmaß fühlte sich für mich wie ein komaähnlicher Zustand an. Extreme gaben mir die Sicherheit, am Leben zu sein. Ich lebte mein Leben in exzessiven Eigendrehungen oder gar nicht. Die Zustände: himmelhoch jauzend, zu Tode betrübt. Gestern tieftraurig, heute feuchtfröhlich. Die auf Sicherheit bedachten Freunde konnten nur schwer mit meiner Nichtgreifbarkeit umgehen und verurteilten sie obendrein:

„Wie kannst du bloß schon wieder so fröhlich sein!?"
„Du bist komisch, du bist doch gerade erst frisch getrennt."
„Stürzt du dich schon wieder blind ins Leben, hast du denn gar nichts gelernt?"
Ja, ich fand allgemein schnell an meinen Platz an der Sonne zurück. Ja, ein wichtiger Teil in mir vertraute diesem Leben. Und ja, eine starke Seite von mir strebte schon immer zum Licht. Das war und ist mein wahrer Wesenskern. Die liebende Essenz, die unter all meinen Erfahrungen schlummert und die Vorhänge am Fenster zum Leben weit aufreißt. Sie zieht mich an den Ohren aus dem Schlamm.
Hell gleißendes Licht.
Nur die halbe Wahrheit. Das weißt du auch.
Nach zwölf Monaten hatte ich das Alleinsein satt. Ich bin ein Mensch, der sich gerne auf andere bezieht, gerne in Beziehung lebt. Die Beziehung zu mir selbst habe ich ausgekostet und sie schmeckte mir, aber wirklich ganz fühle ich mich erst mit einem Gegenüber. Adam und Eva. Ich hatte nichts Festes und Regelmäßiges im Sinn, eine innige Verbindung würde mir gefallen. Ohne Festhalten, ohne großen Erwartungskatalog, ohne Besitzansprüche. Das musste doch möglich sein.
Ja. Genauso bekam ich es.
So schnell Gregor in mein Leben purzelte, so schnell katapultierte er sich auch wieder hinaus. Wir erlebten innerhalb von drei Monaten die Beziehungsbandbreite von drei Jahren. Ich empfand es wie ein kurzes und intensives Resümee meiner letzten sieben Beziehungsjahre. Eine Art Prüfung. Nachhilfe. *Habe ich dazugelernt oder bleibe ich sitzen?* Auf all den alten Ansichten und Glaubensmustern aus meinen vergangenen Partnerschaften? Es schien fast so. Unsere Bedürftigkeiten prallten so stark aneinander, dass wir es weder übersehen und fortführen noch anschauen und fortführen konnten. Die Stunden der Körperlichkeit waren glückselig, aber im Alltag fanden wir keinen Konsens innerhalb unserer Erwartungsvorstellungen. Leider war es fast unmöglich, den ganzen Tag Sex zu haben. Ich wollte Geist und Seele noch dazu. Das hatte er nicht. Also trennten sich unsere Wege.

Die Tür ging zu.
Mit der empfehlenswerten Affirmation „Ich wünsche mir einen Mann, der jetzt für mich stimmig und passend ist" ging eine weitere Tür auf.
Die Tür zur Entwicklung.

HEILE WELT

Die Erkenntnis, dass alle meine Partner bis zu diesem Zeitpunkt als Kinder bei ihren leiblichen Eltern aufwuchsen, in ihrer Ursprungsfamilie, hat mich sehr überrascht. Hatte ich bei meiner Partnerwahl unbewusst immer nach der „heilen Welt" geschielt? Zählte ich meine Affären und Romanzen hinzu, ergab sich das gleiche Bild. Das warf Fragen auf: *Gedeihen Menschen, die keine Trennungskinder sind und auch keine Stiefs, schlichtweg prinzipiell besser? Strahlen solche Menschen ihr großes Privileg direkt aus?* Konnte man es riechen? Konnte nur ich es riechen? Konnten es vielleicht meine Eileiter spüren mit dem Hintergedanken, hier einen potenziellen Mann für die eigene Befruchtung gefunden zu haben. Könnte ich diesen Tentakel noch weiter ausfahren, um zu erspüren, wenn die Trennungssammelakte eines Mannes gegebenenfalls ultradünn und damit für mich bestens geeignet wäre? Oder sagen wir bestens geeignet, um meine Angst vor einer möglichen zukünftigen Trennung zu verringern? Denn diese saß tief in meinen Knochen. Jeder Gedanke an ein eigenes Kind, ein Geschenk des Himmels, führte auch immer zugleich die Angst im Schlepptau, ihm könnte das gleiche Schicksal widerfahren.
Diese Angst war wie ein Virus, der sich unaufhörlich durch mein trennungsbesetztes Gedankengut fraß. Eine Bazille, gegen die ich mit realistischem und zuversichtlichem Denken allein nicht ankam.
Und immer noch.
Bisher habe ich mich erfolgreich gedrückt.
Ist die Angst vor dem Scheitern der eigenen Familie wirklich so mächtig, auch

unbewusst, dass sie ihr Entstehen von vornherein boykottiert? Befreien konnte ich mich bisher von den Zweifeln nicht. Die Vorstellung des Scheiterns löst wahre Horrorvisionen in mir aus, und der Gedanke an eine zukünftige Trennung bremst mich auf all meinen fruchtbaren Ebenen. Noch heute. Ich möchte so gerne an eine heile Welt glauben. Aber ich schaffe es nicht. Ständiges Ausweichen bei Nachfragen aus dem Freundeskreis und der Familie, stete Verweigerung von Nähe und Intimität.

Ausreden. Ausreden. Ausreden.

Sichtbar für alle.

Der Preis des Scheiterns ist mir mathematisch gesehen zu hoch. Die Lösung, kinderlos zu bleiben, dagegen eine perfekt einfache Rechnung. Der Wunsch, ein eigenes Kind, ein Baby zu bekommen, hat sich bei mir nie entfaltet, auch wenn viele kleine Zeichen im Alltag „Ja" rufen. Motiviert von meiner Familie und meinen Freunden, die meine Gedanken und Gefühle hinsichtlich einer Mutterschaft liebevoll und ausdauernd stärken. Ich aber kann mir selbst nicht glauben.

Du hast recht, es ist einseitig, die Gründe für meine Kinderlosigkeit in meiner familiären Ausgangssituation zu suchen und zu vermuten, so wie sich viele andere Konflikte mit Leichtigkeit auf das Stiefkind schieben lassen, deren Ursprünge sich womöglich in ganz anderen Bereichen finden ließen.

Es bleiben Vermutungen.

INTERVIEW MIT DEM INNEREN KIND

Mit all meinen Ausreden und Vermutungen ließ ich mich entspannt auf meinen Rotsessel fallen. Dabei empfand ich dreierlei: Erleichterung. Scham. Unsicherheit. Die frühe Hitze dieses Spätsommertages hüllte meine Empfindungen ein. Alle Fenster und Türen waren weit aufgerissen. Die Luft zirkulierte spielend. Diese leichte Tagesenergie wollte genutzt werden. Ich nahm Blatt und Bleistift zur Hand und wollte die Erlebnisse der letzten vierundzwanzig Stunden reflektierend festhalten.
Mit meinen eulengleichen Augen am Hinterkopf nahm ich einen Schatten war. Nicht viel größer als einen Meter. Er bewegte sich nicht, schaute aber in meine Richtung. Ich ließ mich nicht beirren, ignorierte ihn und zündete mir eine Zigarette an.

„Das Rauchen ist nicht gut für dich", sagt der Schatten und tritt an mich heran.
(Dreimal schwarzer Kater. Gibt es denn keinen Platz auf diesem Erdball, an dem ich meine Ruhe habe und mein neues souveränes Leben genießen kann?)
„Darf ich mich zu dir setzen?", fragt die Gestalt im Schatten.
„Nein", sage ich. „Lass mich in Ruhe."
„Ich möchte dich interviewen."
„Du möchtest mich was? ... Nein!"
„Dich interviewen. Ausfragen. Nachhaken. Dir auf den Zahn fühlen."
„Wozu?"
„Um zu heilen."
„Wer bist du?"
„Ein Teil von dir."
„Ein Teil von mir?", frage ich ungläubig.
„Ja."
(Die Gestalt kommt noch näher und setzt sich wie selbstverständlich neben mich. Ich schaue sie genauer an: zwei hellblaue Augen, die mich fragend anstrahlen. Eingerahmt von einem schwarzen Bob mit Pony – wie die Miniversion

von Uma Thurman in Pulp Fiction. Ihr zarter Körper steckt in einem rot-weiß gepunkteten Kleid mit einer kleinen Schleife am Hals. Zuckersüß. Ich mag sie auf Anhieb. Ihr Blick haftet an mir. Abwartend. Leicht belustigt.)

„Was ist so lustig?", will ich wissen.

(Sie grinst.)

„Wie alt bist du?"

„Sieben."

„Ist das ein schlechter Scherz?"

„Nein. Kein Scherz."

Was zur Hölle ...

„Darf ich dir ein paar Fragen stellen?", setzt sie nach. „Zu diesem Selbstbestimmungsrecht, deinem seelenvollen Zustand und so."

„Wer bist du, zum Teufel nochm...?" Parallel zu der Frage fällt mir die Antwort ein. „Mein inneres Kind."

„Dein inneres Kind."

(Ich glaubte fest, mich könnte nichts mehr überraschen.)

„Dann schieß mal los, kleine Madame."

(Ich lehne mich zurück. *Ein Kinderspiel.*)

„Bist du jetzt wieder gesund?"

„Nein. Mein Körper schmerzt an manchen Tagen immer noch, aber es wird besser und verändert sich. Es fühlt sich so an, als ob noch ein Puzzleteil fehlt, ein wichtiger Anteil. Ich kann ihn nur noch nicht erkennen."

„Vielleicht kann ich dir helfen, ihn zu erkennen."

„Vielleicht."

„Hast du noch Angst?"

„Ja."

„Wovor?"

„Vor Ablehnung und Konflikten. Aber mein Mut wird täglich größer. Auch Zweifel begleiten mich noch, ob ich all das schaffe, was ich mir vorgenommen habe."

„Was hast du dir alles vorgenommen?"

„Ganz zu werden. Nicht mehr getrennt zu sein."

„Aber das bist du doch schon."

(Ich überlege.)

„Ja, da hast du recht. Aber ich stoße immer wieder an meine Grenzen. Suche, aber finde nicht. Verstehst du?"

„Ja. Ich verstehe das. Das fehlende Puzzleteil."

„Wieso verstehst du das?"

„Lebenserfahrung."

„Ah ja. Genau. Ich habe so lange gesucht. Jetzt ist die Zeit, wo es mich finden darf. Bisher war das nicht möglich."

„Warum?"

„Weil ich so stark mit der Opferrolle meines inneren getrennten Kindes identifiziert war und mich selbst darin gefangen gehalten habe. Jetzt bin ich auf dem Weg, diese Geschichte loszulassen, und bereit, mich kennenzulernen."

„Das heißt, du weißt gar nicht, wer du wirklich bist?"

„Nein. Das weiß ich nicht genau. Aber ich will es herausfinden."

„Was, wenn du dabei herausfindest, dass deine Geschichte ein wichtiger Teil von dir ist?"

„Du stellst viele Schlaumeierfragen. Was, wenn ich nicht will, dass meine Geschichte ein wichtiger Teil von mir ist?"

„Dann würdest du einen wichtigen Teil von dir ablehnen. Das macht keinen Sinn. Du willst doch wieder ganz werden."

„So habe ich es noch nicht betrachtet. Das ist ein interessanter Ansatz, junge Dame mit Psychologiestudium. Darüber denke ich nach."

„Du musst nicht darüber nachdenken. Es reicht, wenn du es einfach integrierst und annimmst."

„Integrieren und annehmen. Hmm, das ist kompliziert."

„Nein, es ist einfach."

„Woher willst du das wissen?"

„Ich weiß es einfach."

„So, du weißt es einfach. ‚Einfach' scheint dein Lieblingswort zu sein."

„Und ‚kompliziert' scheint dein Lieblingswort zu sein."

„Fräulein. Ganz dünnes Eis."

„Fräulein. Ganz viele Widerstände."

„Tzzzz."

„Wollen wir spielen?"

„Für Spiele habe ich immer Zeit."

„Wirklich? Das ist mir nicht aufgefallen. Du wirkst eher wie ein moderner Sklave. Wie fühlt sich das denn an?"

„Und du wirkst eher wie ein Neunmalklug und nicht wie ein Kleinkind. ‚Sklave', das ist ein wenig übertrieben, findest du nicht auch?"

„Eigentlich wollte ich wissen, wie sich das für dich anfühlt."

„Anfühlt. Ich bin nicht so gut im Fühlen."

„Ist das so?"

„Ja."

„Dann machst du das alles nur in deinem Kopf? Das überrascht mich. Du machst das wirklich gut, dieses Alles-mit-dem-Kopf-begreifen-und-Verändern. Du bist sehr schlau."

„Das stimmt."

„Dann brummt dein Kopf ständig?"

(Ich muss lachen.)

„Ja, der brummt ununterbrochen, er arbeitet immer auf Höchsttouren."

„Das muss anstrengend für dich sein."

„Nicht unbedingt. Es macht mir ja auch Spaß, Dinge zu erkennen, zu sortieren und zu analysieren. Es fühlt sich so an, als wäre mein Geist ständig in Bewegung. Stundenlang. Nur danach fühlt sich mein Körper oft sehr erschöpft an und dann spüre ich den Schmerz."

„Interessant, wie gefühlvoll du das gerade beschrieben hast. Ich dachte, du bist nicht so gut im Fühlen."

„Gefühlvoll?"

„Ja. Fühlen, Fühlen, Spüren."

(Ich denke darüber nach.)

„Denkst du gerade oder fühlst du?"

„Ich bin mir nicht sicher. Ich denke darüber nach, was ich fühle. Ja. Mein Körper ist oft zu lahm für meinen Geist. Und wer weiß, was da alles gefühlt werden will. Vielleicht möchte ich das nicht fühlen. Mein Geist ist da unkomplizierter."

„Was ist das, was du nicht fühlen willst?"

„Das weiß ich nicht. Ich will es ja eben nicht."

„Bist du dir sicher, dass du es nicht weißt – so schlau, wie du bist?"

„Muss ich das wissen?"

„Ich glaube, ich muss es wissen."

„Tja."

„Tja."

„Vielleicht können wir uns gegenseitig helfen?"

„Ähm, ja, vielleicht. Bisher musste ich mir immer selber helfen, du warst so sehr mit dir beschäftigt."

„Oh. Das ... das tut mir leid."

„Schon okay. Jetzt bist du ja da. Ich habe dich gefunden."

„Gefunden? Ich dachte, du bist ein Teil von mir?"

„Ja, weil du dachtest. Denkst und dachtest. Du hast mich einfach zurückgelassen, wie du es immer machst."

„Zurückgelassen? Immer? Das stimmt doch gar nicht. Ich habe gemeinsam mit dir meditiert, mich an dich gekuschelt, dich besucht, dir Geschenke mitgebracht und oft gesagt, dass ich dich liebe."

„Ja, das hast du. Aber nur mit deinem hübschen Kopf. Ich habe dir nicht geglaubt, und ich bin immer noch misstrauisch. Liebst du mich wirklich?"

(Ich schweige.)

„Siehst du, ich habe es gewusst. Du hast das nur gesagt, aber es stimmt nicht."

„Ja, es stimmt nicht. Ich kann dich nicht lieben."

„Aber warum nicht."

„Weil du mein Schmerz bist. Ich kann meinen Schmerz nicht lieben."

„Aber ich gehöre doch zu dir."

„Ich weiß, aber ich kann nicht."

„Magst du mich wenigstens ein bisschen?"

„Ich bin beeindruckt von dir. Ja. Du bist sehr stark. Ich weiß nicht, wie du es schaffst, das alles zu ertragen."
„Ich musste stark sein. Ich hatte keine andere Wahl. Aber ich kann jetzt nicht mehr stark sein. Ich will nicht mehr. Ich brauche dich."
„Ich bin jetzt frei und möchte keine Verantwortung für jemand anderen übernehmen. Kannst du das verstehen?"
„Ich bin niemand anderes. Ich bin du."
„Es tut mir leid, aber ich kann nicht."
„Bist du wirklich frei?"
„Mit jedem Tag mehr."
„Macht dich das glücklich, frei zu sein?"
„Ich glaube schon."
„Du glaubst oder du weißt?"
(Ich ignoriere die Frage.)
„Bist du jetzt immer ehrlich?"
(Ich überlege kurz.)
„Nein."
„Nein?"
„Ehrlichkeit muss man aushalten können, das kann kaum jemand. Ich jedenfalls noch nicht. Mir gefällt die Vorstellung, dass es irgendwann eine Welt gibt, in der die Menschen ehrlich und wahrhaftig aufeinander zu- und miteinander umgehen."
„Das wünsche ich mir auch für dich und für mich."
„Herzlichen Dank. Ich arbeite daran."
„Was brauchst du, um es auch zu erreichen?"
„Ich bräuchte ... ich bräuchte ... einen stärkeren Glauben. Ja, das ist es. Kennst du meinen Lieblingsfilm ‚Polarexpress'?"
„Ja, den kenne ich, das ist auch mein Lieblingsfilm." Wer hätt's gedacht. „Und ich weiß auch genau, welche Stelle du meinst. Die, wo Tom Hanks dem kleinen Jungen das Wort ‚Glauben' in die Fahrkarte tackert. Das Glöckchen vom Weihnachtsmann erinnert ihn immer wieder daran, dass sein Glaube ein Wunder

erschaffen kann. Du kaufst dir einfach so ein Glöckchen. Genau."

„Genau. Ich kaufe mir ein goldenes Glöckchen. So einfach ist das."

„So einfach."

„So einfach."

„Würde es dir besser gehen, wenn du kein Trennungskind wärst?"

(Ich seufze.)

„Ich habe viel darüber nachgedacht, wie mein Leben ohne die Trennung meiner Eltern verlaufen wäre. Hätte ich all die wertvollen Erfahrungen genauso gemacht? Wäre ich womöglich Mutter eigener Kinder? Wer wäre ich heute, wie und mit wem würde ich leben? Was würde ich arbeiten, was wären meine Qualitäten? Wovon würde ich träumen. Wäre meine Seele heil? Wie hätte ich mich entwickelt, wenn ich nicht in meinen prägendsten Jahren in diese Familienkrise gekommen wäre? Hätte. Hätte."

„Wie fühlt sich wohl so ein Leben an als ganzes Kind?"

„Ich glaube wie eine warme, weiche Wolldecke."

„Ich glaube wie das Schlaraffenland. Leiden alle Trennungskinder so sehr wie du?"

„Auch das weiß ich nicht. Ich bin schon ein spezieller Fall. Jeder empfindet Leid anders. Ich glaube, fast jedes Trennungskind trägt durch seine Erfahrung der Trennung den Glauben in sich, dass Liebe etwas Vergängliches ist. Das ist schade. Bisher habe ich nur ein Trennungskind getroffen, das behauptet, mit der Situation glücklich zu sein. Du kennst mich, natürlich traue ich dem Frieden nicht, nicht weil ich grundskeptisch bin, sondern weil mir seine Lebensumstände genügend Anlass dazu geben, es zu bezweifeln. Aber nun ja, man hat ja bekanntlich schon Pferde kotzen sehen."

„Ich habe noch nie Pferde kotzen sehen."

„Siehst du, und das mit deiner weitreichenden Lebenserfahrung."

(Wir kichern beide.)

„Ist dein Leiden auch zu irgendetwas gut gewesen, das sagt man doch so?"

„Sagt man das? Ich glaube schon. Ohne das Leiden hätte ich wahrscheinlich nie meine Leidenschaft für das Schreiben entdeckt."

„Wie fühlst du dich mit dieser neuen Leidenschaft?"
„Widersprüchlich. Ich bin stolz, aber auch zweifelnd. Aufgeregt. Ich wünsche mir, dass das Thema meines Buches mehr Aufmerksamkeit bekommt und die Kinder in den Mittelpunkt gestellt werden. Viele Fragen verlangen nach Antworten. Fragen wie ‚Was brauchen Trennungskinder wirklich?' und ‚Wie können wir es ihnen geben?'. Antworten, die wir nur zusammen finden können, indem wir individuelle Wahrheiten zu einer Wirklichkeit verbinden. Und ich wünsche mir Frieden für mich."
„Das gefällt mir. Ich bin mir sicher, dass wir gemeinsam richtige und wichtige Antworten finden. Das wird toll. Und du hättest Stoff für dein zweites Buch."
„Na, das ist ja ein interessanter Gedanke."
„Ich weiß."
„Danke."
„Warum hast du ein Buch für deinen Aufschrei gewählt? Du bist doch hübsch und könntest auch im Fernsehen oder im Internet herumschreien."
„Herumschreien. So empfindest du das?"
„Ja, du bist eben ein waschechter Löwe. Also, warum ein Buch?"
„Weil ich immer still schreie. Ich glaube, ich hätte nicht den Mut, das auch laut zu tun. Zu viele Angriffsflächen. Meistens ist es so, dass die Person, die anklagt, diffamiert wird und nicht der Angeklagte. Das heißt konkret, ich werde mit faulen Eiern beschmissen, nicht die Gesellschaft."
„Ist die Gesellschaft schuld an deinem Leid?"
„Schuld. Das ist ein großes Wort. Schuldzuweisungen sind schnell gemacht. Bei dieser Frage bin ich mir noch sehr unsicher. Am liebsten würde ich das Wort ‚Schuld' streichen. Streichen aus den Köpfen aller Menschen, aber das ist ein anderes Thema. Jedenfalls habe ich nicht das Gefühl, dass sich irgendjemand bei irgendjemand ent-schuld-igen müsste."
„Was ist mit Vergeben und Verzeihen?"
„Für mich nicht die letzte Lösung, höchstens ein Teil davon. Vergeben und Verzeihen befreit mich nicht aus meiner Trennung. Eine gütige Idee, aber nach meinem Empfinden hilft sie weder dem Vergebenden noch dem, dem vergeben

wird, weil beide dadurch nicht in ihren eigenen Heilprozess kommen. Schwamm drüber und weiter wie vorher. Daran glaube ich nicht."

„Hast du es schon ausprobiert?"

„Ja. Aber ehrlich gesagt, bin ich mir nicht sicher, ob ich mit meinem vollen Herzen anwesend war oder ob ich die Vergebung nur in meinem Verstand abgewickelt habe. Trotz zahlreicher Befürworter ist diese Methode nicht zielführend für mich."

„Was ist denn zielführend für dich?"

„Das wiederholte Erleben oder Durchleben meiner unterdrückten Gefühle und Ängste. Also rein in den Schmerz! Um mich vor Verletzungen zu schützen, habe ich hohe Mauern gebaut, mich vom Leben distanziert und von meinen Gefühlen getrennt. Wider besseres Wissen glaube ich, dass das teilweise schmerzhafte Erleben all meiner verdrängten Gefühle notwendig ist, um tatsächliche Veränderungen herbeizuführen. Das bleibt mir nicht erspart. Wenn ich beispielsweise meinem Vater verzeihe, habe ich mich wieder um die Auseinandersetzung mit dem darunterliegenden Gefühl geschlichen. Du verstehst? Es mag andere Wege geben. Ich habe mich für diesen entschieden."

„Ja, ich verstehe."

„Tatsächlich?"

„Ja, der Weg zum Ganzwerden geht über das Zulassen der Gefühle."

„So weit die Theorie. Ich habe eine Heidenangst davor."

„Wir schaffen das gemeinsam."

„Ja, mit dir als körpereigene Therapeutin."

„Korrektur: mit mir als innere Erlebniswelt."

„Von mir aus."

„Und mithilfe dieses Buches."

„Ja, denn es verwandelt das Gesagte in Materie. Fleisch geworden. Handfest. Mein inneres Erleben in druckgeschwärzten Lettern. Untrüglich. Kraftvoll. Eine Welt ohne Bücher ist kein guter Platz. Nina George spricht von ‚Alchemie', ich nenne es ‚tätige Liebe'."

„Liebe. Du sprichst nicht viel von Liebe."

„Ja. Das ist mir auch gerade aufgefallen."
„Liebst du deine Eltern?"
„Ich bin ihnen dankbar, dass sie mich gemeinsam als Menschenkind auf diese Welt gebracht und immer ihr Bestes gegeben haben. Ich empfinde tiefe Zuneigung für sie, wenn das Liebe ist ..."
„Lieben deine Eltern dich?"
„Das dürfen meine Eltern beantworten."
„Ja, aber was glaubst du?"
„Es war immer mein sehnlichster Wunsch, von ihnen geliebt zu werden. Diese Sehnsucht hat mich blind gemacht für die Liebe zu mir selbst und die vielen Möglichkeiten der Liebe, die von außen zu mir fließen wollten. Ich habe geglaubt, nur wenn meine Eltern mich lieben, bin ich auch für mich und andere liebenswert. Erst dann. Heute fühlt sich das nicht mehr richtig an."
„Was fühlt sich denn heute richtig an?"
„Meine Bedürfnisse ehrlich zu hinterfragen: *Was brauche ich tatsächlich als Baby, als Kleinkind, als Jugendliche und als erwachsene Frau? Liebe? Schutz? Geborgenheit? Freiheit? Eltern? Leibliche Eltern? Bezugspersonen? Vertrauenspersonen? Familie? Freunde? Gemeinschaft? Sippe? Verändern sich meine Bedürfnisse? Wo beginnt meine Eigenverantwortung?* Essenzielle Fragen, die gemeinschaftlich neu betrachtet werden wollen."
„Warum haben sich deine Eltern getrennt? Sie haben doch bei der Hochzeit gesagt: ‚... in guten wie in schlechten Zeiten'."
„Genau beantworten kann ich dir das nicht. Aus meiner eigenen Erfahrungsperspektive erkenne ich aber einen zu hohen Erwartungskatalog: *Der Partner soll mich glücklich machen, mir Erfüllung und Bestätigung schenken.* Das ist aber nicht seine Aufgabe. Sondern meine. Zudem haben alle Eltern eine eigene Kindheitsgeschichte und sind in vielen Fällen oft selber verletzte Kinder. Sie erwarten von ihrem Partner, dass er sie heilt, und sind dann enttäuscht, wenn er es nicht tut. Wie oft trennen sich Eheleute und finden dann beim neuen Partner wieder die gleichen Aufgaben und Konflikte vor. Wiederholungen immerzu. Wie eine Endlosschleife. Die Kinder sind die Leidtragenden. Es liegt bei den Erwach-

senen, ob sie das erkennen und verändern wollen oder ob sie unreflektiert ihre Hausaufgabe zum nächsten Partner mitschleppen."

„Ja, ich weiß. Wie hättest du entschieden, wenn deine Eltern dich dazu befragt hätten?"

„Gute Frage. Sehr gute Frage. Mit meinen Kinderaugen hätte ich einer Trennung wohl nie zugestimmt. Wozu auch. Meine Entscheidung wäre immer dieselbe: *Meine Eltern bleiben zusammen.* Den Erwachsenen traue ich zu, ihre Differenzen zu klären, sie sind ja schließlich alt genug. Die Entscheidung für die Trennung erlebte ich als Kind wie ein Scheitern, eine Niederlage. Ich verstand die Welt nicht mehr, konnte aber auch nicht nachfragen. Wollte nicht nachfragen. Ich glaube, ich hatte eine Riesenangst, dass ich für diese Tragödie verantwortlich gewesen sein könnte. Das wollte ich nicht hören. Ich habe oft gedacht, dass ich nicht artig, fleißig oder liebenswert genug gewesen bin."

„Was können wir tun, damit es den Trennungskindern besser geht?"

„Es gibt verschiedene Ansätze, wie man im Erwachsenenalter seine Eltern-Kind-Beziehung heilen kann. Gute Ansätze. Ein langer Weg. Nach meiner Erfahrung gibt es keine Abkürzung – die hätte ich gefunden. Was die Kinder betrifft, so gestalten sich nach meiner Erfahrung therapeutische Ansätze schwierig. Ich war selbst mit meiner Familie bei einer sehr patenten und herzlichen Psychologin, die uns aber schlussendlich nicht weiterhelfen konnte. Mir war es nicht möglich, eine emotionale Verbindung zu ihr aufzubauen. Danach habe ich die Situation als noch angespannter empfunden. Und noch wichtiger finde ich das Verhalten der Eltern gegenüber ihren Kindern und den Umgang miteinander. Die emotionale Krise des Kindes resultiert nicht zwangsläufig nur aus der Trennung, sondern sie entsteht auch aufgrund des kritischen Umgangs der Eltern miteinander. Selten verhalten sie sich dem anderen gegenüber verantwortungsbewusst, wahrhaftig und respektvoll. Das Familienmodell spielt dabei eine untergeordnete Rolle."

„Also brauchen wir jetzt eine Lösung für alle Kinder?"

„Oder für alle Eltern."

(Mein inneres Kind guckt traurig.)

„Ich habe das nicht gewollt. Wieso ist mir das passiert? Warum ich?"

„Das frage ich mich fast täglich. Ohne eine befriedigende Antwort zu finden. Aber ich traue mir einen völlig anderen Blickwinkel zu, eine steile These, eine Theorie: Was wäre, wenn wir alle schmerzhafte frühkindliche Prozesse erleben und erfahren dürfen und sogar müssen. Um uns von ihnen zu befreien. Um zu erkennen, wer wir wirklich sind. Die leidvollen Erfahrungen hätten dann den Sinn, uns aus ihnen heraus zu entwickeln. Betrachtet von der Seelenerfahrungsebene aus. Entwicklung heißt, durch alle Prägungen, Verletzungen und Glaubenssätze hindurch frei zu werden. Das Zwiebelprinzip. Wir schälen Schicht für Schicht ab, bis der wahre Kern übrig bleibt. Die kleine Matroschka. Das Wesentliche. Die Ur-Essenz. Dieser Erfahrungsprozess wäre notwendig, um uns selbst zu erkennen. Es müsste vorher ein gewisses Täuschungsmanöver stattgefunden haben, sodass man glaubt, das Gegenteil dessen zu sein, der man wirklich ist. Kannst du mir folgen?"

„Ja und nein. Wir müssen die kleine Matroschka finden?"

„So ähnlich. Darüber können wir uns dann im zweiten Buch unterhalten. Okay?"

„Okay. Und wie helfen wir den Stiefeltern?"

„Das ist lieb von dir, dass du auch an die Stiefeltern denkst. Ich glaube, sie sind starke Menschen, sonst hätten sie die Entscheidung, ein Stiefelternteil zu sein, mit allen Konsequenzen, nicht getroffen. Ich bewundere jeden Menschen, der den Mut dazu hat. Männer wie Frauen boten mir an, einen Teil dieses Buches mit ihren Erfahrungen zu füllen. Unschönen Erfahrungen. Ich glaube ihnen, aber ich glaube auch, dass diese Erfahrungen sie stärker gemacht haben."

„Wenn du deine kleine Matroschka gefunden hast, hörst du dann auf, dich zu redramatisieren?"

(Ich muss prusten.)

„Es heißt ‚retraumatisieren', aber deine Version finde ich fast passender. Mein Ziel ist, mein Drama mit dem letzten Wort dieses Buches endgültig abzuschließen. Das heißt nicht, dass das alte schmerzvolle Gedankengut sich freiwillig verzieht. Nein, es nutzt jeden Moment für einen erneuten Dramaauftritt. Nur wenn ich laut ‚STOPP!' rufe, hört dieser negative Gedankenstrom auf zu fließen.

Das ist kraftraubend. Immer wenn ich glaube, das Wichtigste sei gesagt, drängen noch mehr Wörter, Gefühle und Verschlucktes an die Oberfläche. Als rolle der nächste Berg Mist auf mich zu. Ich fühle mich dann wie das kollektive Jammertal der ganzen Menschheit. Ich muss mich an Andrew Solomons Zitat klammern: ‚Wenn du Erfahrungen in Worte fasst, die bisher unerfasst waren, kannst du die Welt zu einem besseren Ort machen'."

„Das ‚kollektive Jammertal der ganzen Menschheit'. Das passt nicht zu dir."

„Das stimmt. Stimmt aber auch nicht. Dieses Buch schlägt selbst über stieffamiliäre Konstellationen hinaus hohe Wellen. Meine Quer- und Korrekturleser aus traditionellen Familienverhältnissen haben sich bis jetzt schon stark in meinen emotionalen Beschreibungen wiedergefunden. Das finde ich überraschend. Vor lauter Katzenjammer habe ich nicht bemerkt, dass auch ganze Kinder kaputt sein können. Sie sind nicht automatisch glücklich, nur weil sie beide Elternteile permanent um sich haben. Viele konnten das Beschriebene auch in ihrem eigenen Leben wiederfinden. Das hat mich zugegebenermaßen irritiert. Der relevante Kontext scheint umfassender zu sein und sich auf alle Familienkonstrukte auszuweiten. Vielleicht ist das ‚Stiefkind' ja nur ein kleines Zünglein an einer größeren Waage, ein Zündholz für flächendeckende Verdrängungsbrände? *Auf was bin ich da gestoßen? Ein menschheitsfamiliäres Minenfeld?* Es braucht wohl Veränderung, ein neues Familienethos? Ein großes Wort. Eine Tür, die geöffnet und ..."

(Ich werde unterbrochen.)

„Lass uns erst mal bei deiner Geschichte, bei unserer Geschichte bleiben, ja?"

„Recht hast du. Ein Schritt nach dem anderen – obwohl, wenn ich diese Tür öffne und den kollektiven Raum ‚Familie' betrete, kommt mir ein stickiger Geruch entgegen. Alle hüsteln, schniefen, jammern und weinen. Die halben Kinder, die ganzen Kinder, die halben Eltern, die leiblichen Eltern, die Großmutter, der Onkel, der Hund. Alle scheinen krank zu sein. Wir könnten ..."

„Wir könnten?"

„Über eine Neuausrichtung nachdenken. Vielleicht gibt es eine Tendenz zur Zweitfamilie, Wahlfamilie oder besser gleich Seelenfamilie?"

„Was genau sind denn Seelenfamilien?“

„Das erkläre ich dir im zweiten Buch, versprochen.“

„Ich erinnere dich daran. Ich mag dich sehr.“

„Ich mag dich auch. Sehr.“

„Wie geht es jetzt weiter?“

„Ich nehme an mit Fühlen - tiefem Fühlen.“

„Das glaube ich auch. Hast du Eis im Kühlschrank?“

„Ja, ‚Moskauer Eis‘.“

„Toll, das ist mein Lieblingseis.“

„Ich weiß.“

„Woher weißt du das?“

„Lebenserfahrung.“

„Darf ich dir noch eine letzte Frage stellen?“

„Die letzte.“

„Glaubst du, du findest dein fehlendes Puzzleteil und wir sind dann wieder ganz?“

„Ja, das glaube ich.“

„Schön.“

MANN MIT SOHN

Unsere Freunde versuchten seit gut einem Jahr, uns zu verkuppeln. Darauf hatten wir beide keine Lust, schließlich waren wir selbstbestimmte Wesen, die ihre eigene Wahl trafen. So sind wir vorsichtig umeinander herumgeschwänzelt, uns aber nie nahegekommen.

Leo machte den ersten Schritt (was mir schon gut gefiel). Das Treffen dauerte vier Stunden. Vier Stunden geistigen Gleichklangs. Eine Wohltat. Ein Erlebnis, das bis heute prickelt und sich fortsetzt. Unsere Köpfe begegneten sich auf derselben Schwingungsebene und schaukelten sich leicht aufeinander ein. Eine neue Qualität. Und davon gab es noch mehr: Wir bauten unser Beziehungsschloss auf ein stabiles Fundament, indem wir begannen, zuerst unsere Keller aufzuräumen. Mit viel Ehrlichkeit und Verständnis begegneten wir uns wie alte Freunde, die sich für einen neuen Weg und persönliche Entwicklung entschieden und sich dabei gegenseitig unterstützten. Wir waren Zukunftsvisionäre. Unser Blick galt all dem, was in diesem Leben dem Einzelnen und in Beziehungen möglich wäre. Statt einer leicht verliebten und zart romantischen Partnerschaft beschlossen wir schnell Tiefe, Reinigung und essenzielle Erkenntnis.

Das klingt hochtrabend. Das war es auch.

Eine anspruchsvolle Haltung: sich wahrhaftig zu begegnen. Freie Geister. Wundervoll. Ich hatte es lange vermisst, ohne mir dessen bewusst zu sein. Wir fanden in Nullkommanichts in einen gemeinsamen Alltag, der von verständnisvollem Austausch geprägt war.

Neuland.

Abenteuer.

Es gab nur einen Haken: Leo war Vater. Sein Sohn Noah drei Jahre alt. Bähm! Ich ging sofort in alarmierenden Widerstand. *Was zum Teufel …!* Mit Worten, so klar wie Quellwasser, verteidigte ich meine Position, mich nie wieder in ein Patchworkkonstrukt einweben zu lassen. Nie wieder! Nach langen Diskussionen und vielen Für und Wider – Leo gab es nur in Vaterform – erklärte ich mich bereit, so unklar wie ein Dorftölpel, den Versuch doch zu wagen. *Die Liebe besiegt alles.*

Wir werden sehen. Meine Bedingung war, mich jederzeit aus diesem Experiment zurückziehen zu können, wenn es zu anstrengend würde. Meine Reißleine dicht bei mir, spazierten wir weiter in ungewisses Beziehungsland. Die inneren Konflikte ließen nicht lange auf sich warten. Ich schob Noah als Randnotiz in mein Bewusstsein und gab ihm nur einen Tropfen Aufmerksamkeit. Unnütz. Die Energien der Zerpflückung hafteten sich wieder an meine Fersen, wie ein Parasit, der mich schon Zeit meines Lebens verfolgte.

Aus meinem Trennungskindblickwinkel belehrte ich Leo nun dauerhaft, was den Umgang mit seinem Sohn betraf: Er solle gefälligst Verantwortung übernehmen, regelmäßige Besuchszeiten einhalten und dem Jungen ein guter Vater sein. Am besten ein sehr guter Vater. Ich setzte mich leidenschaftlich für Noahs Bedürftigkeiten ein und für einen sensiblen Umgang mit ihm. Wie eine Löwenmutter achtete ich auf die Einhaltung von Leos Vaterschaft. Gleichzeitig wollte ich mit dem Thema nichts zu tun haben. *Es soll mich in Ruhe lassen. Ich will meinen Frieden. Noah wer?*

Dem Wort ‚Stiefkind' verweigerte ich mich. Ich kannte den Burschen nicht, wollte ihn auch nicht kennenlernen und noch weniger seine Halbmutter sein. So einfach. Und doch so schwer. Ich lehnte einen wichtigen Teil von Leo ab, was unser Hochgefühl ins Wanken brachte. *Was soll ich tun? Was?* Keine Antwort war auch eine Antwort.

Leo machte mir seinerseits klar, dass gemeinsame Kinder zum gegenwärtigen Zeitpunkt und darüber hinaus für ihn kein Thema wären. Sein eigenes gescheitertes Familienmodell schmerzte ihn massiv, obwohl er der Trennungsleitwolf war. Eine erneute Vaterschaft war vom Tisch!

Anfangs war ich von dieser resoluten Ansage geschockt und traurig. Nach kurzer Zeit war ich jedoch dankbar für den Aufschub dieser kritischen Angelegenheit. Der Nachwuchs war ein rotes Tuch und blieb es auch lange. Hinter meinem Ausweichverhalten schwang in unterschiedlicher Intensität immer ein Wort mit: *Schade.*

Wir begegneten Noah unfreiwillig beim Einkaufen: Plötzlich stand Leo mit erstarrtem Gesicht vor mir und schüttelte abwehrend mit dem Kopf. „Bleib stehen! Geh bloß nicht weiter! Um die Ecke sitzt mein Kind in der Spielzeugabteilung und seine Mutter steht daneben." Noch mehr Demütigung: „Dreh dich um und geh!" Ich stand auf der Leitung. Das Entsetzen in seinem Gesicht machte mir Angst. Als ich verstand, folgte ich seiner stillen Anweisung, verließ das unerwartete Kampffeld und wartete draußen auf dem Parkplatz. Es fühlte sich wie eine Ewigkeit an, bis Leo den Ausgang passierte. Ich war erleichtert. Nur kurz. An seiner rechten Hand führte er einen kleinen Jungen mit sich. Dahinter stapfte ihnen die Leibesmutter nach. Ein Anblick, der meine zart zusammengeflickte Seele zerbrach.

Ein lautes Klirren in meinem Innern.

Fluchtreflex.

Wut.

Traurigkeit.

Dummheit. Ausgesprochen dumm.

Naives Mädchen, das ist deine Quittung!

Ohnmächtig vor Unsicherheit versuchte ich mich auf meinen Beinen zu halten. Sie wollten gehen, irgendwohin, bloß weg. Raus aus dieser entsetzlichen Wiederholung. Dieser Platz, auf dem ich stand: Unsichtbar. Falsch. Unordentlich. Zehn Meter Luftlinie von mir entfernt die kleine Familie – händchenhaltend. Das ließ mich nicht kalt. Unzählige Missempfindungen füllen diese Situation. Gedankenkreisel routierten in meinem Kopf. *Warum tue ich mir das an? Diese emotionale Bestrafung. Alleine ging es mir besser. Wieso habe ich mich zu dieser Beziehung verleckern lassen? Habe ich verflucht noch mal nichts gelernt?*

Wahrscheinlich nicht.

Die überraschende Familienzusammenführung endete schließlich unspektakulär, doch ein weinender, gebrochener Leo schleppte seinen Körper in meine Richtung. Intuitiv öffnete ich meine Arme und nahm ihn tröstend auf. *Armer Leo. Armer Noah. Arme Noahmama. Arme Susanne. Arme Familie. Arme Gesellschaft. Arme Welt.*

Dieser Zwischenfall zwang mich zu einer klaren Stellungnahme. Wenn auch schmerzhaft gab ich Leo wieder frei. Mochte er selbst seine Entscheidungen verändern. Sie neu treffen, aktuell und angemessen. Ich trat zurück und schaffte Raum für eine Versöhnung der kleinen Familie – ein großes anzustrebendes Glück, die Idee der Ursprungsfamilie gelingen zu lassen. Dem wollte ich nicht im Wege stehen.

Vier Jahre später heirateten wir.
Noah war ein Glücksfall.
Ich habe ein Händchen für wunderbare Stiefkinder. Das muss man mir lassen. Wir tasteten uns vorsichtig an und verstanden uns den Umständen entsprechend gut. Er war ein außergewöhnlicher kleiner Mann, der es mir, genau wie Tom, leicht machte, ihn kennen und mögen zu lernen. Ja, es gab trennungsgeladene Konflikte, emotionale Achterbahnfahrten und viele Kompromisse. Aber, und das war das Entscheidende: Es fand ein ehrlicher Austausch zwischen allen Beteiligten statt.
Das war neu.
Die eigenen Empfindungen verbanden sich mit dem Blick des anderen. Viel Verständnis vorausgesetzt. Es gelang in sanften Schritten, ein achtsames Miteinander aufzubauen. Noahs Mutter zeigte eine Haltung, die wesentlich daran mitbaute. Ungeachtet ihrer eigenen Verletzungen war sie milde und stark zugleich. Wir finden einen seidenen Draht zueinander. Uns beiden liegt Noahs Wohl am Herzen, ein echtes Wohlwollen. Das vereint. Dafür war ich ihr dankbar. Das machte es mir leichter durchzuhalten. Trotz der kollektiven Güte war es ein Durchhalten für mich, nicht weit entfernt von der Skepsis.
Immer auf dem Sprung.
Auch Leos Verhalten erleichterte mir den Umgang mit der Situation. Er entwickelte sich zu einem aufmerksamen Beobachter. Behielt meine Reaktionen genauso im Blick wie Noahs Bedürfnisse – gleichzeitig. Ein Drahtseilakt. Wenig Mitleid *(Deine Entscheidung!)*. Eine Blase des liebevollen Gelingens entstand um uns herum, nur Leo, Noah, seine Mama und ich. Alle anderen Familienmitglieder blieben draußen. An der Peripherie endete ihr Mitentscheidenwollen. Näheres ging sie nichts an. Kein externer Ratgeber trat ungebeten in unsere Aura. Das

war spürbar heilsam für uns alle.
So könnte es funktionieren?
Ja. Es konnte. Mit genügend Achtsamkeit bildeten wir ein Patchworkmiteinander, in dem die Konfliktherde zu minimieren ein Grundbedürfnis aller Beteiligten war. Die Bedürfnisse jedes Einzelnen wurden miteinbezogen und berücksichtigt. Eine völlig neue Erfahrung für mich. Versöhnliche Aspekte. Und natürlich: Es benötigte eine hohe Kompromissbereitschaft in uns allen. Oder besser gesagt, eine gewisse Sympathie für Not- und Übergangslösungen. Schaute man genauer hin, entpuppten sich unsere Zugeständnisse auch als Niederlagen auf beiden Seiten – keiner bekam ganz das, was er wirklich wollte. Halbherzigkeiten. Eingeständnisse des Verstandes. Eine mittlere Logik, die erneut Stress produzierte. Irgendwann war auch dieses Maß an Übereinkunft voll. Jeder Beteiligte opferte seine Wünsche, Bedürfnisse und Sehnsüchte dem Gesamtwohl. Das schien ehrenhaft, aber auf den zweiten Blick – den intensiven, den ehrlichen – verlor diese Tugend ihre Anständigkeit und Attraktivität.
Allen ging es recht gut.
Niemand fühlte sich wirklich wohl.
Abhängig von der jeweiligen Stimmung schlug das ins Unterschwellige Weggedrückte mal hohe, mal tiefe Wellen. Aber es war da. Klopfte mahnend auf die Finger. Ließ sich auch mit größtmöglicher Selbstlosigkeit nicht abschütteln. Wie auch. Hinter allen Entscheidungen steckt am Ende doch immer eine eigennützige Absicht. Der Löwe, der die Antilope heute generös vorbeilaufen lässt und ihr Leben nicht antastet, verspeist sie schon morgen selbstgefällig zum Frühstück. Wenn Selbstlosigkeit und Kompromissbereitschaft die hehren Antworten sein sollten, dann wollte ich bitteschön meine Frage zurück! Ich plädiere nämlich nicht für eine egogesteuerte Selbstverwirklichung, wie sie heutzutage bei manchen Menschen anzutreffen ist, die die höchsten Gipfel erstürmen, die weißeste Weste haben oder die größtmöglichen Erfolge vorweisen – und doch innerlich leer bleiben. Du kennst sie auch. Die Guten. Mit ihrem Riesenaufgebot der friedlichen Schnittmengen. Es ist wieder nur gemogelt. Wieder nicht ganz „ICH".
Unter ICH mach ich's nicht.

Meine Herzentscheidungen.
Antworten aus meiner Innererde.
Wie weit tauche ich in die Seelenlandschaft meines Gegenübers ein? Wo genau ist die Grenze, an der ich anfange, mir selbst untreu zu werden. An welcher Markierung bleibt mein Herz stehen und sagt: „Bis hierher und keinen Schritt weiter!"?

Noah kam alle zwei Wochen zu uns. Wir waren uns einig, nicht die gesamte Zeit auf sein Dasein abzustimmen, sondern ihn in unseren Alltag mit einzubinden. Erstens wäre das ehrlicher und zweitens käme er so nicht auf die Idee, es sei durch unsere Uneigennützigkeit das reinste Schlaraffenland. Wir stellten einen wahrhaftigen Umgang zur Verfügung und böten ihm keine Volltagsrundumbetreuung.
So weit die Theorie.
Sobald der Sohnemann ankam, stand ich stramm: „Möchtest du etwas trinken?", „Was wollen wir heute essen?", „Worauf hast du Lust?", „Wie wäre es mit einem Brettspiel oder willst du lieber mit dem Hund in den Wald gehen?", „Wie geht es dir?", „Was macht die Schule?", „Was brauchst du, um dich hier wohlzufühlen?", „Du weißt, dass dein Papa dich liebt, auch wenn er nicht immer anwesend ist, ja?".
Die Praxis.
Meine Vorsätze waren schnell vergessen und ich stürzte mich wieder hinein ins Zweitmuttersein. So ein Kind im Haus, das ist schon schön, so lebendig. Wir machten alles zu dritt, mit mir als Spielführerin. *Lasst uns dies, lasst uns das, wie wäre es mit Monopoly, Kürbisschnitzen, wir könnten auch* ... Noahs Mama legte allerdings früh wert auf das Bilden seiner eigenen Meinung, und die vertrat er dann auch. Er wusste sehr gut, was er wollte und was nicht. Schnell zeigten sich natürliche Vorlieben: Er konnte stundenlang Steine in den Fluss werfen, ohne von dieser Beschäftigung müde oder gelangweilt zu werden. Wir konnten das auch. Staudämme bauen, Hölzer für ein selbst gebasteltes Klangspiel sammeln und bemalen. Die Natur als Spielplatz. Auch wir fanden das toll und freuten uns

über die Bonusentschleunigung.
Unsere unterschiedlichen Temperamente fanden mit den Händen in Muttererde ihren Gleichklang. Wo ich der Schnellzug war, glich Leo der Dampflock und Noah mimte die Draisine. Auf den Gleisen der Natur fanden wir zum selben Rhythmus. Einerseits freute ich mich auf sein Kommen, andererseits machte es mich traurig. Alles war wieder so still, wenn er weg war, und das tat mir weh.
Mit der Zeit durchschaute ich meine Reflexe und beendete meine fürsorgliche Projektion auf den Jungen, zog mich aus der Mutterenergie zurück und übergab seinem Papa die Verantwortung. Da gehörte sie auch hin. Ich unterstützte die beiden, ich war da, aber nicht mehr überpräsent. Er brauchte keine Ersatzmutter für ein paar Stunden, eher eine Freundin, eine Vertraute, die ihn verstand. Und das tat ich. Je mehr ich mich aus der Aktivität zurückzog und ihm einen Raum zur Verfügung stellte, in dem er freiwillig zu mir kommen konnte, wenn er mochte, desto vertrauter wurde unser Umgang.
Heute sehe ich ihm seine Seelenstimmung an der Nasenspitze an, frage sanft nach seinem Befinden und bekomme eine Antwort, wenn es für ihn gerade stimmig ist. Er hat inzwischen einen kleinen Bruder und es gibt einen neuen „Papa" bei ihm zu Hause. Er wird größer, älter und erwachsener. Unser Umgang miteinander ist wohlwollend und positiv geblieben. Wir haben einige Feste gemeinsam gefeiert und verstehen uns super.
Alle sind glücklich.
Ehrlich: einer nicht ganz.

Wie stark ich immer noch mit meinem Trennungskinddasein identifiziert bin, zeigt sich an einem sommerlichen Sonntagnachmittag. Ich besuche meine beste Freundin bei ihren Eltern. Wir sitzen gemütlich auf der Terrasse, es gibt leckeren Kuchen, Kaffee und Kippen. Ein strahlender Tag, der innerhalb weniger Sekunden im Schatten steht. Eine Bewegung reicht aus, um meine schmerzhaften Sehnsüchte aufzuschrecken. Wie ein plötzlicher Wolkenbruch, der mich bis ins Mark durchnässt: Mit einem selbstverständlichen Schwung landet meine Freundin auf dem Schoß ihres Vaters. *Papas Arme!!!* Dieser Anblick versteinert

mein Lächeln im Nu. Schickt einen Stromstoß in meine Muskeln. Ich übergebe mich innerlich. So gerne ich ihr diesen Papaschutz gönnen möchte, ich schaffe es nicht. Die beiden blödeln herum, necken und lieben sich.
Giftpfeile in mein Herz.
Ich schäme mich dafür.
Dafür, dass die erwachsene Frau in mir es nicht schafft, erwachsen zu werden. Ich schaffe es nicht, meine Reflexe abzuschaffen. Will flüchten. Nur wohin? Egal wohin ich gehe, meine Verletzung kommt sowieso immer mit, ich kann sie nicht einfach auf dem Stuhl sitzen lassen. Sie krallt sich an mich. Ich bleibe im Schlafanzug meiner Kindheit sitzen und jammere in mich hinein. *So kann das nicht weitergehen! Das muss aufhören, hörst du? Dieses Leben im Kleinkindstatus.* Sofort!
An diesem Tag begann ich eine Weltreise, die ich nicht geplant hatte. Sie führte schnurstracks in meinen seelischen Mülleimer. Ich musste den Infektionsherd finden und abschalten. Der einzige Hinweis auf meiner Schatzkarte. Dafür war ich nicht ausgerüstet auf die Schnelle.
Man findet das meiste unterwegs.

GOTT IST ALLEINERZIEHEND

Meine Erfahrungen ließen mich lange eine atheistische Grundtrotzigkeit pflegen, die mich, wenn überhaupt, nur an einen garstigen Gott glauben ließen. Christlich motivierte Belehrungen und Bekehrungen wehrte ich karatemäßig ab. *Kiai!* Sie passten nicht zu meiner Wahrheit und noch weniger zu meinen Erlebnissen. Gottes Untertanen empfand ich in ihrer ewigen Beugung, oder besser Verbeugung, als lächerlich bemitleidenswert. Ihren Glauben an die Allmächtigenhilfe konnte ich nur verspotten. Ich ließ kein gutes Haar an der himmlischen Instanz. Unsichtbarer Weißbart. Er war mir keinen Pfifferling wert. Ich ihm auch nicht.

Und doch reizte er mich.

Das würde ich nie zugeben.

Ich betrat die Welt des Glaubens und der Religionen mehrfach, um auf diesen Reiz zu reagieren. Einerseits waren die vielen möglichen Richtungen bloß interpretierende Special Groups einer gemeinsamen Disziplin. Andererseits winkte mir in allen die synonyme erfolgversprechende Propaganda der Belohnung zu – wahlweise Erlösung oder Erleuchtung. Statt mich aufzufordern, mühselig im eigenen Seelendreck herumzustochern, legten sie mir nahe, mein Heil in Gottes Hände zu legen, in Brahman einzuatmen oder der weißen Zenwand zu überantworten. Heil: eine Sache der Gnade. Karma. Kosmische Planbarkeit.

Ich schaute zuerst vor der Haustür: Kümmerte sich Gottvater persönlich um meinen Platz im Himmel? Wenn schon das Leben Peinigung genug war. Was kostete mich das? *Nichts ist umsonst.* Meine Ausgleichszahlung in Form der Kirchensteuer schien mir im Vergleich zu anderen transzendentalen Anbietern ein fairer Handel zu sein. (Eine sechswöchige Ayurvedakur mit anschließendem Besuch in der Palmblattbibliothek war nur für ein Vermögen zu haben, zuzüglich unbezahltem Urlaub.) Die einmalige Schutzgebühr für eine Bibel war wirtschaftlich überschaubar. Meine gefalteten Hände habe ich immer bei mir. Verlockende Christusvorteile, sein Tod – mein Frieden – war das Unverdienteste überhaupt. Keinen Cent dafür.

Ich blieb skeptisch.
Der Sündenlümmel stand mir nicht.

Weitere Gottheiten kreuzten meinen Weg. Beim dickleibigen Buddha blieb ich stehen. Er war mir sofort unendlich sympathisch, undogmatisch genug und erfreulich friedliebend. Ihm traute ich heilende Kräfte zu. Ein anständiger Kerl, dieser Siddhartha Gautama. Bald lernten wir uns näher kennen. Alles in mir schrie nach Stille, nach einem Ort, der mein Bedürfnis nach Ruhe und Einkehr erfüllte, nach einer Oase für mein Sein. Die Sehnsucht nach einem Platz, an dem meine sich endlos drehenden Gedanken verstummten, wurde täglich stärker. Mein Geist wünschte sich absolute Geräuschlosigkeit und mein Körper totale Entspannung.
Wo bitteschön ist dieser Ort?
Ich wühlte mich im Internet durch die Angebote zahlreicher asiatischer Klöster. Viele wirkten wie Marketingexperten, was mich sehr erstaunte. Moderne Glasanbauten, Wellness im Nebengelass. Multiseminarpläne, beispielsweise zu den Themen „Achtsamkeit", „Stressbewältigung" oder auch „Meditation" und „Yoga". Meist standardmäßig vegetarische Vollverpflegung. In meiner Wahrnehmung glichen die Konzepte hiesigen Burnout-Reha-Kliniken. Das irritierte mich. In meiner Vorstellung wandelte ich schweigsam durch dunkle monastische Kreuzgänge und naturbelassene, wilde Innenhofgärten, hin zu meiner winzigen Kammer mit Bett, Stuhl, Tisch und „Tripitaka" - mir selbst überlassen.
Fragend, ob ich als Atheistin überhaupt eine Aufnahme- und Daseinsberechtigung in einem Kloster habe. Ich blieb zweifelnd in Anbetracht einer Gottmöglichkeit. Aber meine Verzweiflung war größer. Meine miserable Lage gestattete mir keine weiteren Überlegungen, ich musste handeln, meinen Ruhepol finden, jetzt! Schnell, nicht so weit entfernt. Nicht zusätzlich fremd. Also doch Christentum. *Was habe ich schon zu verlieren?* Einen Glauben, der nicht glaubte? Ich sendete per Mail Anfragen an ein Kloster in Hessen und ein Kloster in der Pfalz, beides Einrichtungen ohne Wellnessangebote und Komfortzimmer. Die liebevollen Antworten im Namen Gottes kamen prompt und damit erneut meine Zweifel

an diesem Weg. In mir erwärmte sich nichts bei dem Gedanken an Exerzitien. *Nein, das ist es nicht.*

Ich blieb in meiner ablehnenden Haltung. Recherchierte weiter. Meine Suche war unüberschaubar erfolgreich. Den geographischen Radius beschränkte ich regional. Warum in die Ferne schweifen, wenn das Gute liegt so nah. Da. Mein Blick blieb auf dem Artikel einer Frau im mittleren Alter kleben und ich wusste es ganz gewiss: Dahinter verbarg sich meine Geräuschlosigkeit. Ich klickte. Die Zeilen, die ich las, wurden zu einer Art Offenbarung für mich. Ihre Worte antworteten auf meine Sehnsucht. Ich war angekommen, für den Moment, und ließ meinen Tränen in Freude ihren Lauf. Ein buddhistisches Zentrum sollte mein Zufluchtsort sein - Buddha mein Auffangbecken. *Ist Buddha nur ein verkleideter Gott?* Wer war dieser Typ mit dem kugelrunden Bauch und dem fast ekelhaft seligen Lächeln zwischen den überlangen Ohrläppchen? Ich mochte ihn, er faszinierte mich.

Buddha befand sich ganz in meiner Nähe. Hundert Kilometer lagen zwischen uns. Das gespeicherte Wissen in seinem Bauch verriet mir vielleicht, wie ich meine Kinderseele heilen und den Dramaspuk beenden könnte. Lama Irene, eine tibetische Lehrerin, antwortete zunächst digital mit einem Angebot auf meine flehende Anfrage und bot mir an, fünf Tage an einem „Lojong"-Seminar teilzunehmen. Seminar? Ich hatte Ruhe und Entspannung angefragt, und Lama Irene quittierte mit einer Lernveranstaltung? Ein Sieben-Punkte-Geistestraining zur Freilegung von Weisheit und Mitgefühl. Das Wort „Geistestraining" schreckte mich ab. *Mein Geist soll zur Ruhe kommen!* Abgelehnt.

Ein dreistündiger Spaziergang im Wald beruhigte mich und ich war dann doch neugierig. Was um alles in der Welt war „Lojong"? Es handelte sich um eine Mentalübungspraxis, aber der Kern, um den sich die Praxis drehte, war das Herz. Das Dharma-Herz. Groß. Friedlich. Lieb.

Zum Wohle aller Wesen.

Der Weg dahin ein Aufsammeln von Leid. Verstehen von Leid. Leid verlassen. Es funkte. Mein Herz sprach: *Okay.* Zu viele leidvolle Erfahrungen im Gepäck, die ich zu verlassen haben würde, buchte ich das fünftägige Training. Schon auf der

Fahrt zu Buddha fragte ich mich, was ich mir dabei gedacht hatte und wohin das führen sollte. Irgendetwas trieb mich offensichtlich stetig voran. Ich gab Gas.

Inmitten grüner Wildnis, am Fuß eines Berghangs stand das moderne Gebäude. Ich stieg aus und genoss einen weiten Blick in die Ferne der umliegenden Täler. Zauberhaft. Als ich eintrat, wurde ich herzlich begrüßt und bekam ein Zimmer mit Matratze, Sessel, Bücherregal und einer Mitbewohnerin zugewiesen. Spartanisch und schlicht. Das Zimmer als auch meine Matratzennachbarin. Die besten Voraussetzungen für die Entspannung meiner Nervenbahnen. Ich war zufrieden. Nach einem gemeinschaftlichen Mate-Tee gab es eine Einführung in dem großen Meditationsraum. Als alle zweiundvierzig Lojongisten still im Schneidersitz Platz genommen hatten, erschien Lama Yeshe Sangmo. Und das Erscheinen meine ich wörtlich: Eine schmale Frau in den Anfängen ihrer Sechziger schwebte hoheitsvoll durch den Raum und platzierte sich mit einem erhabenen Lächeln auf einer Art Thron, von dem aus sie alle Anwesenden mit ihrem Blick abtastete. Sie war gemächlich, ließ sich Zeit und verbreitete Ruhe. Eine geistreiche Augenweide. Ihre Haltung fesselte mich. Ihr Wesen beeindruckte mich.
Eine Botschafterin Buddhas.
Sie brachte die Energie im Raum zum Sprühen. Sie war keck, präsent und sehr aufmerksam. Ich fühlte mich ständig von ihr beobachtet. Sie wusste, warum ich hier war und warum all die anderen. Sie wusste, dass ich mich beim Betreten nicht vor Buddha verbeugt hatte wie alle anderen. Sie wusste, dass in mir ein störrischer, anhaftender Geist saß. Sie überlegte, ob sie es schaffte, meinen Gedankengulasch innerhalb von fünf Tagen zu bändigen. Sie nahm meine Ungläubigkeit, meine Exzentrik wahr und meine Verzweiflung. Sie hoffte auf meine ehrgeizige Mitarbeit, auf dass ich mich selbst erlösen könnte.
Sie wusste, dass ich nicht hierhergehörte.
Aber wenn ich schon mal da bin.
Lama Yeshe blieb skeptisch.
Das alles sagte sie mir mit einem einzigen klaren Blick in meine Augen. *Ich gebe mir die allergrößte Mühe,* blinzelte ich zurück.

Wir begannen mit einer einstündigen Meditation, die den Geist beruhigen sollte. Meiner fuhr sich hoch. Er war so aktiv, dass ich ihn unter all den Stillgeistern brummen hören konnte. Lama Yeshe hörte ihn auch und ignorierte ihn. *Blutige Anfängerin. Aber du hast etwas an dir ...* Ich konnte ihre Gedanken lesen. *So geht es den meisten, die mich sehen. Keiner kann es einordnen.* Ich dachte luftpostalisch zurück. Sie nickte stumm.

Nach der Meditation begann das geistige Training. Ohne Pause. Mir schmerzten jetzt schon alle Glieder. Zwei weitere Stunden durfte ich im „Lotos" die Beine verknoten. *Die allergrößte Mühe.* Ich kann mich nicht erinnern, einer einzelnen Person jemals so neugierig und aufmerksam zugehört zu haben. Den Gedanken ans Mitschreiben verwarf ich sofort, denn jeder Satz von ihr war essenziell wichtig. Es war nicht das, was ich erwartet hatte, es ging darüber hinaus. Ich fühlte mich wie die Eingeweihte eines Geheimbundes, der dosiertes Wissen in den Kopf geträufelt wurde, um sie in die Lage zu versetzen, die Weltherrschaft an sich zu reißen. Ich war Teil einer edlen Gesinnung zur Vervollkommnung dieser Welt.

Endlich Futter für meine ausgemergelte Seele.

Mein Geist flog zwischen den hoch schwingenden Buddhisten umher und ich glaubte nach diesen zwei Stunden Intensivunterrichtung, verstanden zu haben, wie die Welt funktioniert. Ich wollte mitreden, aber man ließ mich nicht – zu wild, zu chaotisch, zu unkontrolliert. Mein Geist. Nach einer Schüssel Kichererbsensuppe lachte ich nicht mehr. *Ich verstehe, dass ich nichts verstehe.*

Lama Yeshe nickte.

Bedrückt suchte ich mir draußen einen versteckten Platz, wo ich in Ruhe rauchen und mich sortieren konnte. Bloß nicht von den suchtbefreiten klaren und stillen Geistern gesehen werden. Das dachten sich auch zwei weitere Paffer, Alteingesessene, wie ich erfuhr. Buddha sei Dank war ich nicht der einzige Sündenbock. Ich mochte meine neuen Freunde des heiligen Rauches, sie schmunzelten liebevoll über meinen ersten Tag und ermutigten mich weiterzumachen. Torsten, im ersten Leben Regisseur, zauberte eine Flasche Rotwein unter der Jacke hervor. Rheja, pensionierte Architektin, streckte die Arme aus und griff

zu. Wahre Freunde. Yeshe würde nicht amüsiert sein. Erst klärten wir den Geist, dann benebelten wir ihn wieder. Uneffizient.
Sie nickte.
Für meine stieffamiliären Recherchen war hier kein geeigneter Rahmen. Schade, wo doch meine lieb gewonnenen Suchtkameraden beide Trennungskinder waren, meine Mitbewohnerin auch. Liebend gerne hätte ich mich durch alle Teilnehmer gefragt, das ließ ich bleiben. Yeshe hatte mich sowieso schon auf dem Kieker.
Sie nickte.

Der nächste Tag begann um sechs Uhr mit „Niederwerfungen" vor Buddha. Jeder bekam zwei Scheuerlappen an die Hände, mit denen er sich fließend über den Boden warf.
Aufrichten.
Niederwerfen.
Aufrichten.
Niederwerfen.
Dreißig Minuten.
Die Idee hinter diesem allmorgendlichen Ritual war eine Bezwingungstaktik des ständig denkenden Geistes. Das Berühren der Erde sollte ihn beruhigen und außerdem Himmel und Erde verbinden. Zu dieser Zeit liebte ich meinen Verstand noch über alles, weil ich glaubte, dass er mir die Welt erklärte. Ich wollte ihn beruhigen. Ja. Aber nicht ausschalten oder beugen. (Heute empfinde ich dieses Ritual als durchaus sinnvoll.) Damals war ich zu stolz und wollte niemandem gefallen in der Waagerechten, noch weniger mich bei Buddha einschmeicheln. An den folgenden Morgen nutzte ich die Zeit dieser Trainingssequenz zum Ausschlafen und gesellte mich erst zum Frühstück dazu. Essen war elementar. Zwischen Haferbrei und frischem Obst lagen die letzten Möglichkeiten zum Austausch.
„Reden ist Silber. Schweigen ist Gold", verkündete Lama Yeshe zu Beginn der heutigen Unterrichtung. *Ich wette, ich soll den goldenen Weg wählen.*

Sie nickte und verhängte ein Schweigegelübde über uns. Nein. Sie bat höflich darum und keiner widersprach ihr. Das war natürliche Autorität. Ich war sprachlos. Wie von ihr gewollt. Es fiel mir sogar leichter als befürchtet. Später: Die Ruhe im Speiseraum zwischen den zweiundvierzig Stillleben ging in eine überraschende Entspannung zwischen dem Ungesagten über. Ich mochte es eigentlich, mich auszutauschen und Konversation zu betreiben, aber jetzt genoss ich es, es nicht zu müssen. Stattdessen nahm ich wahr und beobachtete. Zwischen dem Klappern der Kiefergelenke entdeckte ich meine langersehnte Ruheoase. Willkommen. Herrlich. In meiner gemeinnützlichen täglichen Stunde schälte ich bedächtig und in mir ruhend Kohlrüben für das Abendessen. Meine Gedanken beruhigten sich und ich gab mich vollständig meinem kulinarischen Handwerk hin.

Göttlich.

So kann Leben sein.

Es gefällt mir.

Schon am zweiten Tag tauchte ich in eine neue Möglichkeit des Daseins. Mein Körper nahm davon wenig wahr, er schmerzte auch in der Küche noch an allen Stellen vom gängelnden „Lotos". *Nun. Ich kann nicht erwarten, dass er von sechzig Minuten achtsamer Hingabe an die Kohlrübe automatisch heilt.*

Yeshe nickte.

Das nachmittägliche Geistestraining war vielseitig und ich bemühte mich, alles zu erfassen. Diszipliniert und ehrfürchtig hockte ich auf meinem Platz und war voll anwesend. Zwischendurch freute ich mich auf die schönste Zeit am Tag: Kurz vor dem Abendessen rezitierten wir alle das „Herz-Sutra". Singend. In die tiefste Essenz des Buddhismus versenkt. *Gate gate Pāragate Pārasamgate Bodhi svāh.* Ich wiederholte die Sanskritworte in einem herzöffnenden Singsang. Dieses Sutra erschuf eine Energie im Raum, die mich die Zeit, meine Schmerzen und alle Probleme vergessen ließ und mich in Liebe trug. Ein spiritueller Ohrwurm.

„Das Wesen der materiellen Existenz ist Leid." Die zentrale Lehre des Buddhismus schockierte mich. Anhand der „Vier edlen Wahrheiten" Buddhas erklärte

Lama Yeshe diesen Umstand am Abend genauer. Ich verweigerte mich dieser Aussage. Sie machte mich traurig. Ich war hier, um dem Leid zu entkommen, um wieder heil und ganz zu werden. Mich zusammenzuflicken. Das Leid gehörte zu meinem Leben. Von mir aus. Aber hatte ich nicht schon genug davon? *Wer reicht mir die Gnade?*

Die weisen Menschen in meinem Bücherregal, allen voran der Dalai Lama, bejahten meine leidvolle Existenz. Überall las ich, dass ich leiden müsste. Wütend schlug ich die Bücher der Klugscheißer zu. *Ich glaube euch kein Wort.* Wo war ich hingeraten? Hinein in das Leid, aus dem ich hinauswollte. Ich fühlte mich ungleichgesinnt und hatte Tausende Fragen an jeden Teilnehmer.

Schweigen.

Clevere Strategie.

Auf der geheimen Raucherinsel brach unsere aussätzige Triade das Nichtquatschengelöbnis. Bestimmt stellte ich sofort klar, wie ich die Lehren des Buddha verstanden hatte und dass sein Weg nicht mein Weg wäre. *So viel ist sicher.* Torsten und Rheja beschmunzelten meine Ausführungen, das brachte mich richtig in Rage. Ich ergoss mich in dem Ärgernis, meine wertvolle Zeit hier zu verschwenden, und bemerkte darüber hinaus nicht, wie Lama Yeshe auf uns zuschritt. Auf Höhe meiner feuerspeienden Person hielt sie kurz inne, blickte mich an, lächelte selig und leicht spöttisch und schwebte allwissend neben uns in den Wald hinein. Torsten und Rheja konnten es sich nicht verkneifen und lachten herzhaft.

„Du darfst noch viel lernen." Rheja. Ernsthaft.

„Am besten fängst du gleich damit an." Torsten. Bitterernst.

Ich war sauer auf diese Verschwörung und fühlte mich abgelehnt. Es war wieder so weit. *Die anderen sind schuld.*

Wer sonst.

Am nächsten Tag nutzte ich die Möglichkeit eines Einzelgesprächs mit der Lehrerin, um der Sache auf den Grund zu gehen. Sie nutzte sie, um mir auf den Zahn zu fühlen.

Nach zwei Stunden verließ ich unsere Zwiesprache - du wirst es ahnen - nicht schlauer als vorher. Ich grübelte unentwegt über ihren Ratschlag, den Deckel auf meinem brodelnden Kopf zu öffnen und alles Angestaute abfließen zu lassen. Ich versuchte erfolglos, das Gesagte mit meinem Verstand zu erfassen. Mein Intellekt blieb unbefriedigt. Du weißt es schon? Richtig. Ich packte meine sieben Sachen und fuhr verzweifelter und erschöpfter als zuvor nach Hause. Der Buddhismus hatte mir nicht geholfen, ich musste meinen Retter, meinen Heiland anderswo finden.

Mein Kopf brodelte.

Ich hatte eine neue Idee.

FAMILIENAUFSTELLUNG

Lange hatte ich mich erfolgreich davor gedrückt. Jetzt stand ich, gemeinsam mit meinem Partner, in einem großen, lichtdurchfluteten Seminarraum. In etwa zwei Dutzend Personen hatten bereits Platz genommen, um auf den Grund der Seele ihres Familiensystems zu blicken, in das sie hineingeboren wurden. Mein Körper reagierte schon seit Tagen mit starker innerer Anspannung. Als würden mir meine Ahnen allesamt im Nacken sitzen und mich antreiben, in ihre geheime Familienschatztruhe zu schauen. Souverän setzte ich mich auf einen der freien Stühle in der Teilnehmerrotunde und ließ die unvermutet hohe Zahl der Menschen auf mich wirken. *Wann habe ich mich eigentlich dazu entschieden, vor fremden Leuten in meiner Herkunft herumzuwühlen?* Meine erste Familienaufstellung. War ich wirklich bereit dafür? Dass es allen Anwesenden genauso ging wie mir, wurde mir erst nach und nach klar, als ich in ihre Gesichter blickte. Durch diese Verbindung fühlte ich mich etwas stabiler in meiner Entscheidung. Die Wahl zwischen einer Einzelaufstellung und einer Paaraufstellung war in meinem Kopf schnell getroffen. In einer Paaraufstellung wäre ich nur zu fünfzig Prozent beteiligt und könnte somit einer frontalen Selbstbegegnung leichter

ausweichen. Das sollte sich bewahrheiten. Das Prozedere begänne mit dem Gegenwartssystem. Gut, das hatte ich mit meiner eigenen Partnerschaft selbst begründet. Der Blick in meine herkünftliche Familiensuppe mit all ihren konfliktbeladenen Zusammenhängen würde mir noch erspart bleiben. Ich wäre fein raus, ohne mich vorher wirklich eingelassen zu haben. Die Möglichkeit auf eine erkenntnisreiche, auf meine Person zentrierte und womöglich heilende Lösung im Stiefkindschlamm hätte ich damit schlichtweg vertan. Wo nicht gehobelt wird, da fallen auch keine Späne.
Ich erspare dir mein zerfließendes Selbstmitleid in dem Glauben, jede Entscheidung zu meinem zumutbaren Wohlergehen zu treffen. Ich war noch nicht an der Reihe mit Tiefenpsychologie. Meine Erwartung, dass ein Zwei-Tage-Seminar für zweihundertfünfzig Euro all meine stiefkindlichen Probleme für mich klären würde, löste sich mit jeder Minute mehr in Luft auf. Mir wurde die eigentliche Herausforderung bewusst, die in meiner Eigenverantwortlichkeit läge. Der anhaftende Gedanke, dass andere Personen, Methoden oder Verfahren meine Konflikte ohne mein Zutun lösen müssten, hielt sich jedoch hartnäckig in meiner vorgestellten Verstandesinterna.
Ein kostspieliges Unterfangen.
Therapeutisches Roulette.
Kein Gewinn - nur der Trostpreis.
Aber ich würde der Höhle des Löwen ein weiteres Mal entkommen. So weit, so gut. Für jetzt lag erst einmal ein fremder familiärer Affenzirkus vor mir.
Der analysierende Leithammel war ein diplomierter Kinder- und Jugendlichen-Psychotherapeut - prädestiniert als neuer Heilsbringer, der Erkenntnis in die undichten Windungen meines Gehirns pflanzte und sie mit einem heilsamen Fluid bestrich. Ein Wundenlecker?
Meine egozentrische Haltung, der verletzte Mittelpunkt dieser Veranstaltung zu sein, korrigierte sich mit der ersten Aufstellung: Eine mutige Frau mit einem unermesslichen Schicksal öffnete ihre Seele und teilte ihr Leid mit.
Ich schrumpfte auf der Stelle.
Scham über meine narzisstische Attitüde.

Was hatten diese jahrelangen seelischen Missempfindungen aus mir gemacht? Eine selbstbezogene Heulsuse? Das Schicksal dieser Frau erweichte mich, ließ mich mitfühlen. Ich war sprachlos über so viel Bitterkeit, die vielen Schläge des Lebens mitten ins Gesicht dieser attraktiven Dame. Erst verlor sie ihren Vater, drei Jahre später ihren Mann - beide hatten sich erhängt. Ihre Tochter verbrachte ihr Dasein in der geschlossenen Psychiatrie. Ich verhärtete gegen mich selbst: *Halt bloß deine Fresse mit deinem bisschen Stiefkindgehabe.* Gemessen an ihrem Schicksal fühlte sich meine eigene Situationsempfindung übertrieben an. Ich verglich ihr Unglück mit meinen Verletzungen. So ein Blödsinn. Und trotzdem wurde ich immer kleiner auf meinem Stuhl. Das musste ich jetzt aushalten. Mein Leo erspürte meine Gedanken, das machte es nicht leichter.
Die Pausenglocke.
Zigarettenflucht.
Eingeschüchtert und mit demütiger Haltung betrat ich wieder das Schlachtfeld der Schicksale. *Meine Ursprungsgeschichte bleibt bei mir, so viel ist sicher. Ich mache mich ja lächerlich. Natürlich kam es anders.* (In solchen Räumen herrschen eigene Gesetzmäßigkeiten.) Um die Wirkung dieser Methode besser zu verstehen, nutzte ich intensiv die Fragerunden. Meistens war ich die Einzige, die aktiv nachfragte. Das schien auch Herr Fuhrmann wahrgenommen zu haben und bediente meine Aktivität, indem er mich zur nächsten Aufstellung aufforderte.
Zack.
Ab ins Haifischbecken!
Wir sind an der Reihe.
Ich platzierte meine Unsicherheit auf dem Klientenstuhl direkt neben ihm. Sofort übernahm mein Mund die Regie, um ihn über mein Thema aufzuklären. Nach dem ersten Schock über das massive Fremdschicksal hatte sich die Konzentrierung auf mich selbst wiedereingestellt. Ich war wieder zentriert und alles drehte sich jetzt um mich. Und um meinen Mann. Während der Aufstellung ging es nur um unsere Paarbeziehung, weder Eltern noch Geschwister, keine Person aus der Herkunftsfamilie wurde mit eingebunden.

Wir benannten unser Thema: Kinder.
Das Stiefkindthema tangierte den Therapeuten wenig. Er ging nicht darauf ein. Über das Warum ließ er mich im Unklaren. Wir wählten aus allen Teilnehmern einen Stellvertreter für unsere Ex-Partner Marcel und Melanie. Dazu gesellten sich die beiden Kinder Tom und Noah. Jetzt durften wir, stellvertreten durch zwei andere Personen, wieder eine „natürliche Ordnung" herstellen. Eine harmonische Beziehung zu den Ex-Partnern und den Kindern. Mittels Verbeugungen und ehrlichen Liebesbekenntnissen drehten wir am Rad der Versöhnung. Darauf folgte die Segnung der beiden Ex-Partner.
Leos Stellvertreter wurde aufgefordert, seine Vaterverlässlichkeit zu beteuern. Meine stellvertretende Begegnung mit Tom wurde kurz abgehandelt - als Stiefmutter hätte ich eine untergeordnete, bedeutungslose Rolle gespielt. Außerhalb des Gefüges einer familiären Grundordnung, versteht sich. Ich wäre im hierarchischen Sinne nie ein wesentlicher Bestandteil in Toms Leben gewesen. Und würde es nie sein. Nur die leibliche Mutter stünde in dieser Position und trüge die Aufstellungshoheit. *Auch wenn sie nicht anwesend ist, wie immer.* Ich belächelte kurz meine Naivität, Tom eine mutterähnliche Vertraute sein zu wollen. Dann verging mir das Lachen.
Wütend.
Fuchsteufelswild.
Kein wesentlicher Bestandteil?
Wie deckte sich das mit meinen Gefühlen? Welcher Bestandteil ist denn der Mensch, der ein Kind jede Früh mit einem zärtlichen Kuss weckt, ihm die Zähne putzt und es hübsch anzieht? Als welche Zutat zählt die Frau, die sein Schulbrot schmiert, so, wie er es mag, weil sie weiß, wie er es mag? Die ihm zum Abschied an seinem ersten Schultag aufmunternde Worte in sein Herz spricht und weint, wenn er sich umdreht, um ihr noch einmal zu winken? Welcher familienfremde Faktor ist die Person, die sich einfühlsam bei dem Kind erkundigt, wie es ihm in der Schule ergangen ist, wenn es wiederkommt? Die ihn ermutigt, seine ersten Worte zu schreiben? Sich mit ihm über seinen Erfolg freut? Welche Art Fremdbaustein ist der Mensch, der dem Jungen liebevoll die Brust einreibt, wenn er

hustet? Der ihn tröstet, wenn er traurig ist? Der sich abends neben ihn legt, weil er nicht so gut alleine einschlafen kann? Der sich aus dem Zimmer schleicht, damit er nicht wieder aufwacht, nachdem er in seinen Armen eingeschlafen ist? Die Frau, die ihn liebt?

Wie würdest du sie bezeichnen?

Na, sag schon. Was steht auf ihrem Etikett?

Ich wusste nicht wohin mit meiner Traurigkeit. Aber ich wusste auch, Herr Fuhrmann hatte recht. Ich war enttäuscht. Ich hatte mich selbst getäuscht. Ich hatte es mir anders gewünscht, aber für Stiefeltern war nun mal im System des Familienstellens kein Platz.

Jetzt weißt du, was draufsteht:

„Fremdkörper".

Und in der Unterzeile:

„Störerin der natürlichen Ordnung der Familie".

Ich bekam noch eine zweite wichtige systemische Ohrfeige: Zeitlebens dürfte ich mich daran erinnern, dass ich in Leos Hierarchie nur die zweite Geige spielte. So sehr ich mich bemühte, diese „natürliche" Zwangsversetzung anzuerkennen und anzunehmen, sie stieß mir bitter auf. Sieben Jahre hatte ich mich im Zweitereihesitzen geübt, mit mäßigem Erfolg. Diese Erfahrung wollte ich nie wieder machen. Aber es gab eine Kraft, die stärker war als meine Vermeidung. Die diesen Umstand wieder in mein Leben holte – die Zweitbeste zu sein. Die Zweitwichtigste.

Die Silbermedaille

Rückblickend ergibt alles seinen Sinn im Leben. Ich blieb gespannt auf diesen Rückblick. Würde er mir eine Frau zeigen, die sich entschieden hatte, diese Gegebenheit positiv zu nutzen, die Aufgabe und das Geschenk darin zu erkennen, um daran menschlich zu wachsen? Würde ich zurückschauend auf ein verletztes Kind stoßen, dass sich aus der Stiefdauerschleife befreit hatte? Oder würde mein Blick das Rück gar nicht wiedererkennen, weil es sich eine Megasonnenbrille aufgesetzt hatte?

Gold ist Gold!

MEINE HOCHZEIT

Unsere Vermählung gab günstigen Anlass, das Vaterschaftsthema persönlich und auch im gesellschaftlichen Sinne erneut zu beleuchten. Nach dreißig Jahren väterlicher Abstinenz, mit Ausnahme von Begegnungsbruchstücken, hatte ich mich entschieden, den romantischen und traditionellen Gedanken an eine Brautvaterbegleitung durch meinen leiblichen Vater aufzugeben.
Keine blutsverwandt männliche Rückenstärkung.
Ich stehe mir selbst kraftvoll bei.
Die Antwort auf die Frage, ob mein Vater diese tragende Rolle übernommen hätte, blieb offen. Keine Einladung. Ein Entschluss mit hoher persönlicher Tragweite. Ich versuchte aufzuhören, nach seiner Anwesenheit und Anerkennung zu betteln, stattdessen katapultierte ich ihn ins Abseits meines Familiengewebes. Das Abseits, das er eigens gewählt hatte und heute noch mit großer Überzeugung einnimmt. Ich bin mir nicht sicher, wann er die Entscheidung getroffen hat, nicht mehr Teil meines Lebens sein zu wollen, und wie oft mich dieser Entschluss gequält hat. Zu meiner Hochzeit gelang es mir jedenfalls, seine Entscheidung anzuerkennen und ihr gebührenden Respekt zu zollen. Nothing.
Was nach Trotz und Widerstand roch, war auf der Seelenebene eine versöhnliche Geste. Sie fiel mir überraschend leicht. Mein genetischer Kabelsalat entstrickte sich. Die lange Anhaftung an eine illusionäre Vaterliebe wich einem freien Raum für die Liebe zu mir selbst. Wenn sich eine Tür schließt, öffnen sich drei neue. Her damit! Die Enge in meinem Herzen ließ nach und mein Brustkorb weitete sich.

Ich fühlte mich frei für einen starken Mann an meiner Seite. Ohne kindliche Bedürftigkeit. Ohne die Projektion auf eine Vaterrolle. Ich machte Platz für kiloweise Dankbarkeit. Alles das, was war, hatte aufgehört, im vaterlosen Mangelzustand zu leben.
Ich atme.
Ich lebe.

Michael unterstützte uns auf jede nur erdenkliche Weise in unseren Hochzeitsvorbereitungen. Er war in allen Belangen präsent und achtsam. Seine Motivation: unklar. War es die Liebe zu seiner Stieftochter? Mochte er seinen Stiefschwiegersohn so sehr? Wollte er meiner Mama in ihrem aktiven Engagement zur Seite stehen? Wollte er einfach Teil dieses Ereignisses sein oder wirkte er in allgemeinfamiliärer Selbstverständlichkeit hilfreich mit? Ich habe ihn nie direkt darauf angesprochen, aus Angst, seine Antwort könnte nicht die meine sein. Es war ein schönes Gefühl, ihn neben mir zu wissen, verlässlich und anwesend.

Den leiblichen Vater im Herzen gehen lassen ist das eine, den Ziehpapa nicht zu idealisieren das andere. Michael hat nie ein großes Drama um die Vaterrolle gemacht. Ausgefüllt, ob nun bewusst oder nicht, hat er sie immer – trotz der Unverwandtschaftlichkeit. Legitimität forderte er weder ein, noch kam sie ihm überhaupt problematisch in den Sinn. In meiner Wahrnehmung. Ich hätte mir gerne mehr Ausdruck gewünscht, wusste aber um dessen Unmöglichkeit. In der Hochzeitsrede, die meine Mama hielt, war er klar positioniert und seine große Akzeptanz und Freude für meine Wahl sichtbar. Verpackt in den Worten seiner Frau, aber deutlich. Nicht minder deutlich waren seine Tränen bei unserem Ja-Wort. Unmissverständlich seine Gratulation. Vor mir stand ein Mann, der großen Emotionen keinen Widerstand mehr leistete und mich mit vollem Stolz und noch mehr Liebe umarmte. Um diesen kraftvollen Moment nicht zu vergessen, verweile ich oft an diesem Bild in meinem Hochzeitsalbum – eingefangen von der Kamera meines Bruders. Verbundenheit. Meine eigene Ergriffenheit berührte mich selbst tief. Mein Glück an diesem Tag verdoppelte und verdreifachte sich augenblicklich.
Ich werde geliebt.
Ich habe es gesehen und gespürt.
Ich weiß es. Kein Zweifel.

Bei unserer Feier im kleinen Kreis vermisste ich nichts. Das tiefe Glück während unseres Ja-Wortes schwang in mir wie ein ewiges Echo. Ich hörte sie ständig,

die Worte meines Mannes vor dem Altar. Ich glaubte ihm jedes einzelne. Meine Schmerzen waren mucksmäuschenstill, um sie ganz klar wirken zu lassen.
Ich genoss das Brautsein mit all seinen zauberhaften Momenten. Ich fühlte mich als vollwertig erwachsene Frau. Endlich, so glaubte ich, war der Bann gebrochen, und ich blickte in eine Liebe verheißende Zukunft. Es war ganz einfach. Mit dem Bund der Ehe war ich ganz offiziell nicht mehr alleine. Jetzt gab es schwarz auf weiß eine zweite Hälfte, die meine seelische Lücke schloss, für immer.
Ich war endlich vollkommen.

Dieser Zustand hielt circa vier Wochen an. Pünktlich zu unseren Flitterwochen begann mein Körper wieder überall zu schmerzen, stärker als zuvor. Die Idee der Ganzwerdung durch meine Heirat schmolz vor meinen Augen wie eine wunderschöne Fata Morgana zusammen. Ich hatte mich wieder erfolgreich selbst belogen. Die Sache fing an, mich mächtig zu nerven. Es war grauenvoll: Ich rutschte von einem Schmerz in den anderen. Nichts konnte mich erfreuen oder trösten. Ich war immer noch halb. Zu Tode verzweifelt. Mein unkaputtbarer Glaube an ein getrenntes Selbst war wieder da. Trara! Und mit ihm das Gefühl, wertlos und unbedeutend zu sein. Das suggerierte ich ständig von innen nach außen und so beschwor ich auch die Panikattacken wieder herbei. Ich war mir sicher, dass diese Botschaften meines Körpers nur eines bedeuteten: *Ich bin und bleibe eine gespaltene Seele.*
Der Beweis für mein Halbsein.
Der Glaubenssatz, der fast mein ganzes Leben zerstörte, war stärker als jedes Glaubensbekenntnis an einen Gott – in dem Fall die Liebe. Ich war unfähig, ihn aufzugeben. Stattdessen nährte ich ihn weiter. Und mein Mann, der Gelehrte, der Schlaukopf, der Seelenanalytiker, ließ die Ohren hängen und sah mir hilflos bei meiner Selbstzerstörung zu. Ich schaffte es, aus unserer Flitterei ein emotionales Drama zu machen, jede glückliche Situation in einen leidvollen Schauplatz zu verwandeln. Meine Spezialität. Blitzschnell. Als verletztes Trennungskind glaubte ich noch ein Zweites: dazu uneingeschränkt berechtigt zu sein.

Dabei hatte alles so leichtfüßig begonnen: Wir mussten nicht, wir brauchten nicht, wir wollten ganz einfach heiraten. Beschwingend einfach. Natürlich hatte ich heimlich mit einem Auge auf die möglichen Heilkonsequenzen geschielt. Sicher. Aber sie waren nicht vorrangig. Die Ehe meiner Eltern war gescheitert, und ich traute mich trotzdem. Zu heiraten fühlte sich warm an. Das genügte mir. Jeder braucht einen wohltuenden Hafen in dieser schnelllebigen Zeit. Heimat für alle.

Wir hatten beide das klare fortschrittliche Bild einer Ehe vor Augen, die in Bewegung bleiben dürfte und sollte. Vertrautheit. Ja. Entwicklung. Auch ja. Ohne stillzustehen. Sich einlassen und loslassen. Ein hoher Anspruch, aber ein ganz natürlicher, wie wir fanden.

Mein Mann wusste, worauf er sich mit mir einließ. Meine Geschichte, meine Verletzungen und meine erfolglosen Versuche, meinem Schicksal zu entkommen, waren ihm bis ins letzte Eck bekannt. Sein Mut beeindruckte mich. Das tut er heute noch. Wir vergaßen das missglückte Flittern als entbehrliche Garnierung und konzentrierten uns auf die größeren Stücke unseres Ehelebenkuchens.

Unsere erste Ehekrise hatten wir, als er eines Abends unbedacht sagte:

„Mir sind gesunde Frauen lieber."

Da hatten wir unsere große Chance auf Bewegung und Entwicklung. Dieser Satz sitzt mir heute noch in den Knochen. Du weißt ja nun, wie lange ich solche vermeintlichen Angriffe mit mir rumschleppe.

Loslassen.

Ich übe fleißig.

Du glaubst mir nicht? Recht hast du.

DIE UNENDLICHE GESCHICHTE

Und wieder saß ich da und gab meinem Schmerz Raum zur Entfaltung. Zur Ablenkung schaute ich eine Folge von „The Voice of Germany", die mich jedes Mal stark berührte und mich oft zum Weinen brachte. Ich bewunderte den Mut der vielen Menschen, die sich das trauten. Sich zeigten, scheinbar ohne Angst vor Ablehnung. Eine Kandidatin erzählte in ihrem Vorspann, dass ihr Vater ihr größter Fan sei. Auch dafür bewunderte und darum beneidete ich sie. Ich begriff, dass mein Vater weder mein Fan noch mein Vater war. Was ist er überhaupt? Ein zufälliger Samenspender? Wer? Wo?

Wooooooooooooo bist duuuuuuuuuuuuuuuuu? Verdammt noch mal!

Warum hast du das getan? Mich im Stich gelassen.

Er hatte mich allein gelassen auf dieser Welt. Wie sollte ich hier überleben ohne ihn? Wo war mein größter Fan? Ich schaffte das alles nicht. Nicht ohne ihn.

Ich konnte nicht mehr.

Wenn du doch jetzt da wärst. Papa. Wo bist du? Mit dir im Rücken wäre ich ein starkes Mädchen. Ohne dich fühle ich mich schwach und klein. Du bist gegangen und hast deinen Schutz mitgenommen. Ungeschützt. Ich. Bis heute. Groß und stark musste ich all die Jahre spielen. Die stolzen Gesten, großen Worte, tollen Taten, nur um dich zu ersetzen. Ich vermisse dich so sehr. Vater. Deine starken Arme fehlen mir jeden beschissenen Tag, an dem ich mich so winzig fühle und mich verstecke.

Ich rannte verwirrt in dieser Welt umher und spielte die Selbstbewusste. Ich hasste diese Rolle. Ich war das nicht. Ich wäre es gerne gewesen. Aber ich war es nicht. Nicht ohne ihn. Oder nur mit Maske. Kostüm. Ich konnte sie nicht abnehmen, es war unmöglich, nicht auszudenken. Wer würde mich denn halten in dem Moment, in dem ich meine Seele öffnete? Wer würde mich auffangen? Ich selber konnte es nicht. Nicht mehr.

Ich bin leer.

Müde. Papa.

Zu müde für ein Leben ohne dich.

Und du? Ja, du. Leser. Leserin. Wie machst du das? Bist du nicht auch müde? Mindestens jetzt, beim Lesen? Wie hältst du dich wach?

Kameraschwenk: Die Krankenhäuser sind voll von vernarbten Kinderseelen. Sie werden aufgeschnitten, transplantiert, operiert. Wieder zugenäht. Kaum ein Gesundleister schaut in die Augen der Patienten, erkennt die kaputten Seelen. Die Schmuserei mit der Patchworkdecke vertuscht die darunterliegenden Traumata. Ist der Traumatumor erst rausgeschnitten, blüht er an anderer Stelle wieder neu. Ja, wo soll er denn auch hin? Die geballte Wut und der jahrelange Schmerz wandern im Körper lustig umher und suchen sich ihre nächste Ausdrucksbühne. Doch niemand nimmt sie wahr. Alle schauen weg und arbeiten der Pharmaindustrie fleißig in die Taschen. „Heilung? Nein. Wir können Ihnen nichts versprechen, aber wir tun unser Bestes." Das Beste aus zehn Jahren Studium und Milliarden Forschungsgeldern. (Bin ich jetzt ungerecht? Findest du? Mag sein.) „Verbindung zwischen Körper und Geist und dann auch noch Seele - nein wirklich, davon wissen wir nichts. Ach, hören Sie doch auf, alles ausgemachter Hokuspokus. Nichts als Unsinn. Ganzheitlich, die Pseudo-Eso-Ecke. Vergessen Sie das. Sie sind einfach krank."
Einfach so.

Kameraschwenk: Das singende, klingende, glücklich geliebte Mädchen erhält drei Buzzer für ihren Gesangsvortrag. Hinter den Kulissen steht Papa mit dem Taschentuch und weint vor Rührung. Er platzt vor Stolz. *Ich hasse sie!* Was ist denn an ihr so besonders? Was macht sie zu einer Tochter, die geliebt statt verlassen wird? Wo ist der fucking Unterschied. Ich kann ihn nicht erkennen. Ich schaue genau hin, aber ich sehe nichts.
Jetzt strahlt sie wie ein Honigkuchenpferd. Das umsorgte und beschützte Mädchen. Es macht mich traurig, dass ich mich nicht für ihr Glück freuen kann. Wirklich traurig. Jetzt fällt sie Papi in die Arme, kuschelt sich ganz tief hinein. Ich würde mich gerne mit ihr freuen. Kann nicht jeder liebevollen Tochter-Vater-Kombination ausweichen, damit sie mich nicht aufweicht. Ich ziehe den Kopf

ein. Will nichts sehen. Nichts hören.
Ich heule mich bei dir aus.
Klage dir mein Leid.
Ein echter Kummerkasten, dieses Buch.

VON DEN KINDERN

Eure Kinder sind nicht eure Kinder.
Sie sind die Söhne und Töchter der Sehnsucht des Lebens nach sich selber.
Sie kommen durch euch, aber nicht von euch, und obwohl sie mit euch sind, gehören sie euch doch nicht.
Ihr dürft ihnen eure Liebe geben, aber nicht eure Gedanken, denn sie haben ihre eigenen Gedanken.
Ihr dürft ihren Körpern ein Haus geben, aber nicht ihren Seelen, denn ihre Seelen wohnen im Haus von morgen, das ihr nicht besuchen könnt, nicht einmal in euren Träumen.
Ihr dürft euch bemühen, wie sie zu sein, aber versucht nicht, sie euch ähnlich zu machen.
Denn das Leben läuft nicht rückwärts, noch verweilt es im Gestern.
Ihr seid die Bogen, von denen eure Kinder als lebende Pfeile ausgeschickt werden.
Der Schütze sieht das Ziel auf dem Pfad der Unendlichkeit, und er spannt euch mit seiner Macht, damit seine Pfeile schnell und weit fliegen.
Lasst euren Bogen von der Hand des Schützen auf Freude gerichtet sein, denn so wie er den Pfeil liebt, der fliegt, so liebt er auch den Bogen, der fest ist.

KHALIL GIBRAN

MUTTERSEIN ALS HEILUNG?

Psychoanalytisch betrachtet kann der „andere Umstand" ein wirkungsvoller Problemlöser sein. Zugegeben, eine ungewöhnliche Motivation für eine Schwangerschaft. Zugegeben, es gibt schlimmere Motive. Sogar unmotivierte Motive. Trotzdem: Wie groß wäre die Bürde für das Neugeborene, als Versöhner zu fungieren? Schon der Gedanke an einen therapeutisch formulierten Anreiz erzeugte Widerstand in mir. Klingt es sehr romantisch naiv, wenn ich zugebe, dass mein Beweggrund für eine Schwangerschaft Liebe sein sollte? Ein natürlicher Grundimpuls. War ich mit zu viel ethischem Vorbehalt geschlagen? Wieder mal zu streng mit mir selbst? Wie könnte ich meinem Kind eine freie Entfaltung gewährleisten, wenn es schon in meinem Mutterbauch als Mediator zwischen mir und meinen Seelennarben vermitteln müsste? Wie groß wäre sein erster Prägerucksack und auf welche Größe würde im Gegenzug mein Seelennnarbenpaket schrumpfen? Konnte man hier von einem natürlichen Gleichgewicht sprechen? Relativierung der Gewichte zum Wohle aller Beteiligten?
Nein.
Meine Seele wehrte sich, dieses potenziell heilsame „Geschenk" auch nur optional in Betracht zu ziehen. Ich war nicht imstande, das Haar in meiner Seelensuppe zu finden, da erwartete ich doch nicht den Heilimpuls eines Embryos. Oder doch? *Das kann nicht die Lösung sein!* Gleichzeitig blockierte meine Ansicht eine offene und unvoreingenommene Fruchtbarkeit. Die Situation war raffinierter, als ich es je gewesen war. Offensichtlich stimmte beides. Und stimmte nicht. Nicht zusammen. Nicht gleichzeitig.
Wo ging's lang?
Liebesabsicht mit therapeutischer Entwicklung verbinden?
Das funktioniert?

„Alles am Weibe ist ein Rätsel, und alles am Weibe hat eine Lösung: Sie heißt Schwangerschaft." *Ach Nietzsche, ich hab aber Angst.* Viel davon. Ich hatte Angst, mich mit diesen Gedanken zu offenbaren. Angst, die falsche Entscheidung zu treffen. Und die größte: Angst, ein Trennungskind zu haben. Analytisch kleinkariert und totgedacht. Ich weiß. Sag nichts. Aber die Angst trieb weiter ihr Unwesen in meinem Kopf. Wie gerne hätte ich die stoische Gelassenheit mancher Mütter mein Eigen genannt. Sie schienen sich der Vergangenheit entledigt zu haben, um die Gegenwart erwartungsfrei zu genießen. Von einem traumatischen Angstkraken, in jedem Fangarm einen guten Grund aus der Kiste der Vorbehalte, wie er in meinem Hirn schwamm, berichteten die wenigsten.

„Lass dich einfach darauf ein."

„Du musst loslassen können."

„Du brauchst wirklich keine Angst zu haben."

Ihre Empfehlungen erreichten mich nicht. Ich sehnte mich nach der Geborgenheit eines funktionierenden familiären Systems, doch die Tatsache, dass ich es als Kind nicht hatte, ließ mich pingelig daran zweifeln. Meine Angst verhinderte jegliche Entwicklung von Vertrauen in diesen Prozess. Keine gesunde Voraussetzung, um mich auf den mütterlichen Weg zu machen. Gedanken sind so machtvoll. Die Projektionen meiner Angst hatten die Kraft, diese auch real herbeizuführen. Siegessicher würde ich dann behaupten können: *Ich habe es doch gewusst. Ich habe recht gehabt: Trennungseltern bringen immer Trennungskinder hervor.* In Stein gemeißelt.

Ja, so schwarz war meine Angst. Hundsmiserabel war mir zumute mit diesem Thema. Es gab ja keine Kompromisse in dieser Sache: Kind oder nicht Kind. Bitteschön kein halbes. Ich sehnte mich nach Statistiken und Tabellen, die mir das Gegenteil vorgaukeln würden. Danke für deinen gut gemeinten Einwand. *Ich weiß selbst, dass das Quatsch ist.* Dann ließ ich es lieber gleich bleiben. „Unsere Kinder sind nicht unsere Kinder." Ich hielt mich an höhere Weisheit. Khalil Gibran musste es wissen. Nicht nur so hingeschrieben. Außerdem war es logisch. Im Umkehrschluss „Unsere Eltern sind nicht unsere Eltern". Eine interessante Betrachtungsweise. Bei näherer Analyse würde sie alle anhaftenden Trennungsängste hinwegfegen.

Kapitel abgeschlossen. Lösung gefunden. Buch beendet.

Wenn es so einfach gewesen wäre.

Mein Mann und ich waren uns einig: Wir wollten einem neuen Menschen die Ankunft auf der Erde ermöglichen. Ihm ein liebevolles und geborgenes Nest spendieren. Er oder sie sollte sich frei entfalten können und die Person werden, die innen drin schon angelegt wäre. Das klang verlockend einfach.
Bis auf den Zeitpunkt.
Meine Ausgangssituation für eine Mutterschaft konnte nicht besser sein. Die Zugangsberechtigungen zum Mutterpass gestalteten sich prächtig: Meine Selbstständigkeit ermöglichte mir neben finanzieller Unabhängigkeit auch flexible Arbeitszeiten. Meine harmonische Gestaltung von Aus- und Entspannungszeiten hielt mich in einer stabilen Work-Life-Balance. Ich hatte mich befreit von der Terminkalendersklaverei und meinem jahrelangen Leistungsanspruch, an dem ich fast zerbrochen wäre. Fast. Ich hatte meine Überbelastung inzwischen erkannt und reagierte dementsprechend. Mein Seelenheil wuchs.
Mein Arbeitsplatz verband sich symbiotisch mit dem sonstigen Leben. Mitunter gab es sie noch, die Tage, an denen ich glaubte, besonders erfolgreich sein zu müssen. Sobald es mir bewusst wurde, ließ ich selbstverantwortlich alles stehen und liegen, fuhr in mein ländliches Zuhause, saß auf meiner Terrasse, las, schrieb oder hörte den Grillen beim Zirpen zu. Eine Oase der Entspannung, der Reflexion und der Zeit meiner inneren Dialoge. Es stünde ausreichend Freiraum zur Verfügung, um mich meinem Nachwuchs zu widmen.
Beruflich beweglich.
Privat ausbalanciert.
Fruchtbare Voraussetzungen für ein Drittes. Lediglich mein fortgeschrittenes Alter schlug so manchem sorgenvollen Zeitgenossen hinsichtlich einer Schwangerschaft auf den konditionierten Magen. Die Verurteilung zur Spätgebärenden nahm ich locker. Diesen Befruchtungsschwarzmalern stellte ich liebevoll mein sonniges Wesen entgegen. Fast kindlich. Zu jedem Schabernack bereit, wandelte mein Herz auf einer großen kreativen Spielwiese. Mein Wesenskern ist Spiel.
Eine gute Mutter sein, das traue ich mir zu.
Welcher thematische Brocken lag also noch vor meinem Gebärmutterhals? Verantwortung trübte als letztes Traumaanhängsel meine mütterliche Euphorie.

Betrachtete ich die Weisheit der Sprache genauer, konnte ich erkennen, dass in dem Wort „Verantwortung" schon die „Antwort" steckt. Das machte Sinn.
Wir probierten es aus.
Mit einem kleinen Hundewelpen.
Caba tapste in unser Leben.

DER INNERE KOBOLD

Ein Hundebaby hat es in sich. Schlaflose Nächte und ausgefüllte Tage. Unser freies Leben wich einer stubenreinen Struktur. Vollzeitarbeit und der Ausbau unseres neu erworbenen Eigenheims verlangten uns alles ab. Heute fragen wir uns, wie wir diese chaotische Zeit überstanden haben. Aber wir haben. Caba brachte Lebendigkeit und Freude in unsere Welt. Ein Duracell-Hase. Genau wie wir. Er war anstrengend, gleichzeitig erfüllend. Die Zweifel an meiner Fürsorge und Verantwortungskraft für das kleines Wesen verpufften täglich mehr. Nach einem halben Jahr zog ich Bilanz: *Verantwortung ist nicht meine Achillesferse.* Es machte mir Freude, Caba zu bemuttern, ihn zu erziehen und zu verwöhnen. Ich war ein klein wenig stolz darauf. Auf mich. Obwohl ich vorher schon Tom versorgt hatte und Noah jetzt regelmäßig zu uns kam – ich quasi nicht ohne jeden Erfahrungswert dastand –, fühlte es sich anders an. Cabas Dasein war kein ungewöhnlicher oder fremder Umstand. Wir lebten zu dritt in einer ganz natürlichen Symbiose, die lediglich ein komplexeres Organisationsgeschick erforderte. Ich war erstaunt, wie schnell und tief ich mich in dieses Lebewesen verliebte, das ständig meine Aufmerksamkeit forderte, in alle Ecken der Wohnung pinkelte und alles in sich hineinfraß, was ihm vor sein kleines Hundemaul kam. Als erwachsenen Menschen hätte ich ihn hochkant aus meiner Wohnung katapultiert. Aber das war er nicht. Er war ein kleines, bedürftiges, schutzloses und reines Wesen. Und ich wollte ihn beschützen. Das tat ich und tat es gleichzeitig für mich selbst.

Caba. Abziehbild meines inneren Kindes.
Ich behütete beide.

Leider änderte sein Einzug in unser Leben nichts an meinen Beschwerden, die sich sogar zunehmend verschlimmerten. Es gab Tage, da vibrierte mein ganzer Körper vor Schmerz. Und wieder verstand ich die Welt nicht mehr. Ich hatte Verantwortung übernommen und neue Wege eingeschlagen. Statt einer Belohnung fühlte ich mich wie massiv bestraft. *Was ist das für ein ungerechter Sauladen?*
Was brauchte es denn noch?
Ein Kind?
Ja, von mir aus. Bitteschön.
Es kann losgehen: Avanti, Baby!

Der ängstliche Kobold in den Tiefen meines Unterbewusstseins wehrte sich weiter gegen Fruchtbarkeit. Ich suchte ihn, fand ihn und bat ihn, endlich zu verschwinden. *Verschwinde!* Er ignorierte mich und blieb stur auf seinen traumatisierten Ansichten sitzen. Plötzlich war ich wieder müde. Meine Kriegerin legte die Waffen nieder und ergab sich dem, was nicht sein sollte. Mein Kinderwunsch verlor mit jedem Tag mehr Präsenz. Und ich – war sehr traurig.
Immer dieselbe Leier.
Ich konnte sie selbst nicht mehr hören. Aber auch den Schmerz nicht mehr ertragen. An einem schönen Sommernachmittag, der die Berechtigung zum Glücklichsein per se mit sich trug, brach ich im Glanz der Sonne, inmitten unseres wundervollen Eigenheims, in mir zusammen. Mein tiefes Schluchzen erfüllte die Räume. Es klang für mich selbst so schmerzerfüllt, als brächte sich das Leid aller Welt Trennungskinder durch mich gebündelt zum Ausdruck.
Ausbruch.
Hunderte feiner Glassplitter in meinem Kopf.
Ich faltete die Hände vor der Brust und betete:
„Lieber Gottvater, wenn du mich hörst. Erlöse mich aus meiner selbst erschaf-

fenen Tragödie. Mach es gleich jetzt. Wenn du es nicht tust, dann will ich gefälligst Antworten. Die bist du mir schuldig. Kapiert!!!!!! Zeig mir, was ich bisher übersehen habe. Führ mich an die Quelle des Leidens, damit ich es endlich selbst beenden kann, wenn du es schon nicht tust. Hilf mir, lieber Gott. Steh mir bei, lieber unendlicher guter Geist.
WAS SOLL ICH TUN?"
Ich senkte meinen erschöpften Kopf und lauschte auf Antworten. Caba kam hereingeschwänzelt, leckte mir die Tränen aus dem Gesicht und schmiegte sich an mich. Lange verweilten wir in dieser Position. Er, der nie länger als fünf Sekunden stillhalten konnte, hockte geduldig neben mir, die Schnauze auf meine linke Schulter gelegt, ein Pfötchen tröstend auf meiner Brust. Jetzt beschützte er mich. Irgendwann sprang er auf und wollte spielen. Lud mich ins Leben ein. Ich schaute an mir herunter. Ich war noch da. Am Leben. Darüber wollte sich keine Freude einstellen. *Was gäbe ich für ein klitzekleines Erfolgserlebnis in der großen, ganzen Ursachenkramerei!*
Einen heilenden Fortschritt.
Ein kleines Licht im Dunkel der Unwissenheit.
Den nächsten Schritt in eine erforderliche Eigendynamik.
Weiter Scheißetauchen in meiner Vergangenheit? Wie viele andere scherten sich den Teufel um Tauchgänge in ihr Unterbewusstsein und um selbstreflektierendes Prozessieren. Das Kinderkriegen ging bei ihnen wie das Brezelbacken.
„Du musst einfach nur machen."
„Lebe einfach!"
„Wenn du erst ein Kind hast, lösen sich Probleme von alleine."
Von ganz alleine? Ich misstraute ihrem gelassenen Geschwätz. Das süße Nichtstun sollte mir den langersehnten Wunsch erfüllen, wo doch hierzulande präventiv gegen das Sichtreibenlassen angearbeitet wurde?
Soll ich es versuchen?
Schongang. Parken. Einfach leben.
Passivität stand mir nicht wirklich gut. Je mehr ich mich um Leichtigkeit und Gelassenheit bemühte, desto verkrampfter wurde ich. Ich war eine wandelnde

Anspannung mit dem Ziel, mich zu entspannen. Ich bemühte mich nach Kräften, die Dinge einfach auf mich zukommen zu lassen, anstatt sie aktiv herbeizuführen.

Knochenarbeit.

Und die Dinge kamen so, wie ich sie bestellte. Eine OP meiner Kieferhöhle zur Entfernung einer Zyste. Eine Entzündung der Wunde in der Nachversorgung. Ein wochenlang anhaltender Infektionsherd. Schmerztabletten und Antibiotika. Alternative Bemühungen, um die Entzündung zu heilen. Eine erneute OP am Kiefer. Der Eiter musste raus. Eine neue Aufbissschiene. Manuelle Therapien. Ein überreiztes Nervensystem. Bleibende Kopf- und Kieferschmerzen. Druck auf mein Gehirn. Dröhnen in den Ohren.

Kapitulation.

Antwort auf meine göttliche Frage.

Die Ereignisse der nächsten sieben Monate folgen in Stichpunkten. Chronologisch bekomme ich das nicht mehr zusammen. Es war ein wildes und ungestümes Selbsttherapieren und Therapierenlassen.

Kinesiologisches Austesten der erforderlichen Maßnahmen.

Bachblüten und Homöopathie.

Pflanzliche Präparate zur Immunstimulanz.

Meditation und Yoga.

Einführungskurs in Qigong.

Energieheiler.

Karma auflösen.

Osteopathie.

Wieder Karma auflösen.

Einzelfamilienaufstellung.

(Mama, ich bin jetzt eine erwachsene Frau und übernehme die Verantwortung für mein Leben.)

Termin beim Frauenarzt.

Präparate zur Harmonisierung meiner Menstruation.

Vierwöchiger Kuraufenthalt – Psychologin (Frau L.).
Begleitende Literatur:
„Jetzt"
„Heile Dich selbst"
„Die Stimme des Herzens"
„Das Rad des Lebens"
„Tao te King"
„Der Healing Code"
„Narziß & Goldmund"
„Die sieben Schlüssel zum Glück"
„Das Wunder der Vergebung"
„Die Patchworklüge"
... gestreichelt von Erich Fromm
... motiviert von Meister Eckhart
... liebevoll aufgefangen von Nina George
... getragen von meinem Mann und zwei Handvoll Freunden
... beobachtet von meiner kopfschüttelnden Familie

Diese Liste, schwarz auf weiß, macht mir das ganze Ausmaß meines Wahnsinns bewusst. *Ich bin wahnsinnig!*
Allerspätestens jetzt wäre ich gerne Mäuschen in deinem Kopf. Nicht mehr zwangsläufig, um einer ablehnenden Haltung aufzulauern. Nein. Auch nicht angstbehaftet. Nein. Einfach aus purer Neugier. In meiner Wunschantwort denkst du:
Was für eine starke, kraftvolle und inspirierende Frau, die nie aufgibt. Ich fühle mit ihr.
Wahrscheinlich denkst du:
Was für eine übergeschnappte Irre. Dramaqueen. Zum Wohle aller gehört sie weggesperrt.
Die Wahrheit liegt wohl irgendwo dazwischen. Bist du noch da?
Hallo. Klopf. Klopf.

Du bist wirklich ausdauernd. Danke.
Ich bin noch nicht fertig.

ROTE COUCH

So laut war meine Erwartungsblase noch nie geplatzt. Die Couch war nicht rot. Kein Samt. Keine bequemes Rückenkissen. Gar keine Couch. Ein Metallstuhl mit Kunstlederbezug.
Ich nahm Platz.
Mit den Augen einer kriegerischen Amazone ließ ich mich von meinem Gegenüber begutachten. Mein Gegenüber - die interessante Psychologin meiner Kureinrichtung. Meine Intention: *Ich schmeiße alles auf den analytischen Tisch und bin gespannt auf mögliche Lösungsansätze*. Ich wurde nicht enttäuscht.
Die ersten dreißig Minuten berichtete ich in meiner selbstbewussten Pseudoidentität von meinen heilsamen Erkenntnissen und meinen zahlreichen Umsetzungen und prahlte mit meinem beachtlichen Wissen. Frau Liebmann reagierte mit sichtbarem Schmunzeln, was mich verunsicherte. Mit einer Frage holte sie mich in meine Realität zurück:
„Wie groß ist Ihr Schmerz im Moment auf einer Skala von eins bis zehn?"
„Acht."
Ich fühlte mich nackt. *Dann mache ich eben nackt weiter*. Es folgten weitere subtil-liebevolle Ohrfeigen. Mein Widerstand war binnen Minuten gebrochen. Bereit für die nächsten Schritte? *Immer bereit!* Die Voraussetzungen dafür schuf Frau Liebmann gekonnt: Einen Raum, in dem ich frei meinen eigenen Verdrängungen begegnen und mich emotional fallen lassen konnte. Sie strahlte eine Souveränität aus, der ich Glauben schenkte - weil sie echt war. Das fühlte ich. (Warum sie das beherrschte, erkannte ich erst später.) Mit der Geschmeidigkeit einer Wildkatze durchbrach sie mein konditioniertes Abwehrkonstrukt und legte die provisorisch zusammengetackerten offenen Wunden behutsam frei. Ich war

fasziniert und signalisierte ihr meine Zustimmung zum Weitermachen. Ihre aufbauende Fragenagenda streichelte vorsichtig meinen Kernkonflikt.
Psychologisch faustdicke Ohren.
Beeindruckend.
Wir überzogen eine Stunde. Das fand ich erfrischend konsequent. Ein Verdrängungsmanöver jagte den nächsten Ablenkungsmechanismus und so weiter und so fort. Ein wildes Konglomerat meiner Traumaüberlebensstrategien kam zum Vorschein. Es war beschämend. Ich schämte mich nicht. Eigendynamisch löste sich meine Drama-Reinszenierungs-Dauerschleife und ich war plötzlich sehr klar im Ausdruck meiner seelischen Verrenkungen. Die Antworten kamen mit einer unbekannten Leichtigkeit aus mir selbst.
Auszüge:
„Mein Körper spricht seit fünfzehn Jahren über den Schmerz mit mir, aber ich habe nie zugehört, sondern nur meinem Verstand getraut."
„Oh Gott, das ist ja selbst... das ist selbst... zerstörerisch."
„Was wollte ich denn damit bloß erreichen, und was habe ich denn erreicht? Was ist mein Krankheitsgewinn? Okay, die Aufmerksamkeit meines Umfelds." *(Gegen diese Einsicht habe ich mich immer gewehrt. Ich war doch kein aufmerksamkeitsheischender Hypochonder. Oder doch.)*
„Verdammt. Ich glaube, den anderen war das bewusster als mir. Es muss so sein, denn irgendwann zogen sie ihre Aufmerksamkeit wieder von mir ab."
„Ja, jetzt sehe ich ihn auch, den Auslöser für mein Leben als Eremitin. *(‚Fortschritt und Sieg'? Dass ich nicht lache!* Numerologisch *gesehen war die* Papaverlustüberwindung *nicht zu haben, ohne zu bezahlen: mit Rückzug. Selbst Zahlen haben zwei Seiten. Sieben. Meine Zahl. Wenigstens konnte sich in der selbst gewählten Höhle das Kreative durchsetzen: sensitive Schriftstellerin.)"*
„Klar, dahinter prangen die Glaubenssätze: Mir ist alles zu viel. Menschen sind mir zu anstrengend (weil sie Aufmerksamkeitsverweigerer sind). Die anderen sind schuld an meinem Rückzug."
„Mit meiner Strategie der Abwesenheit wollte ich mich rächen und mich vor diesen Egomanen schützen."

Die Rechnung war ja aufgegangen, denn mein Umfeld fühlte sich erneut aufgefordert, auf mein Selbstmitleid zu reagieren. Ich hatte Gefallen an dem Taktikspiel. Also setzte ich meine Spielfigur auf das Feld „Kur". Vier Wochen Abwesenheit. *Dann seht doch zu, wie ihr euch ohne mich fühlt.*
In Wirklichkeit: Meine Familie und meine Freunde hatten endlich mal Zeit zum Durchatmen. Dem wurde nach meiner Rückkehr jedoch widersprochen, weil mein gesamter „Krankheits"-Verlauf meine Nahestehenden infiziert und sich flächendeckend ausgebreitet hatte. Alles unter meiner strategischen Kontrolle. Die destruktiven Beziehungsspiralen meines abgrundtiefen Hasses bewusst auf andere gerichtet.
Sie sollten auch leiden.
Bedürftige Gerechtigkeit.
Und schon wälzte die nächste Lawine auf mich zu: Jetzt war ich wütend auf mein eigenes Opferbewusstsein und hatte einen neuen Grund, mich selbst anzugreifen. Selbstzerstörung auf hohem Niveau. Die Komplexität der Zusammenhänge und Konzepte überwältigten mich. Sofort dockte ein weiterer Glaubenssatz an meinen Schmerzkörper an: „Das schaffe ich nicht." Ein unendlicher Schuldkult und der emotionale Kernkonflikt in weiter Ferne.
Tränen dramatischer Verzweiflung rollten. Frau Liebmann fing sie mitfühlend auf und führte mich weiter und tiefer. Sie thematisierte das innere Kind.
Ich brach ab. Nach zwei Stunden.
Das machte ich immer so, wenn mein Gegenüber an der Essenz meines Ur-Schmerzes kratzte. Und außerdem: *Ich weiß Bescheid über das innere Kind.* Nichts Neues für mich. Ich war ein Bescheidwisser. Ein Neunmalklug mit brummendem Kopf und dem unterschwelligen Gespür dafür, nichts zu wissen und nie wieder etwas fühlen zu müssen.

Am nächsten Tag erschien ich bewaffnet mit Pfeil und Bogen. *Heute lasse ich nicht zu, dass Madame Analytics in die Nähe meines Herzens kommt.* Die letzte Nacht hatte ich kein Auge zugemacht vor unbändigem Schmerz. Widerstandsschmerz.

Frau Liebmann fragte nach meiner Schmerzskala.
„Neun", antwortete ich trotzig.
Blödes Wahrheitssprechen.
Ich fühlte mich unwohl und platzierte mich dementsprechend stolz und kraftstrotzend. Das Paradoxe meines unzulänglichen Handelns war mir nie bewusst. Ich fühlte mich immer im Recht. Mein stures Rechthabenwollen war eine der größten Blockaden auf meinem Heilungsweg. Frau Liebmann erkannte das schnell, war jedoch so klug, es nicht zu thematisieren. Stattdessen lenkte sie mich wieder auf den Weg meiner eigenen Antworten. Solange ich bei diesem eigenverantwortlichen Ansatz im Recht bleiben durfte, war er mir recht. Ich hatte großen Spaß an meiner eigenen Klugheit und bemerkte nicht, dass ich schon bis zu den Knien im Schlamm steckte. Frau Liebmann bot mir alle wichtigen Voraussetzungen, um weiterzugehen, und noch viel mehr. Sie ließ zu, dass wir uns gemeinsam den Themen näherten, nicht in der Struktur als Psychologin und Klientin, eher gleichberechtigt, menschlich, zulassend. Respektvoll und achtsam.
Auf Augenhöhe.
Ich empfand mich nie als Hilfesuchende in der Gegenwart dieser Frau. Sie ging über ihre Autonomie schützende Grenze hinaus und nah auf mich zu. Genau hinter dieser Grenze entstand ein emotionaler Kontakt – eine zutiefst menschliche Verbindung. Zum ersten Mal traute ich mich, die Tür zu meiner Seelenkammer zu öffnen – weit zu öffnen. Ich durfte mich emotional entleeren und war sehr dankbar dafür. Am Schluss meiner Wut-Hass-Schuld-Entladung saß mir eine berührte und weinende Frau Liebmann gegenüber. Wir konnten beide den Schmerz der anderen in deren Augen sehen – ein Moment, in dem das Wunder geschah.
Ich fühlte mich erkannt.
Nicht mehr allein.
Verbunden.
Am liebsten wäre ich die ganze Nacht bei ihr sitzen geblieben, und ich glaube, sie auch bei mir. Gesehen, gehört, verstanden und berührt schwebte ich auf

mein Zimmer und sortierte umherflatternde Gedankenfetzen und Erkenntnisschnipsel.

Durchbruch!!!

Fühlen war die Antwort.

Nicht Denken.

Ich wusste es, aber ich fühlte es nicht.

Affirmationen, ja, aber nur wenn ich die Aussage auch fühlen könnte. Fühlen, obwohl ich nie wieder fühlen wollte - der Kernkonflikt. Innehalten, mich aushalten, meine Gefühle wahrnehmen. Erwartungshaltungen überprüfen, ja, aber kleine Schritte machen. Schritte, die ich glauben könnte. Glaubenssätze hinterfragen, unbedingt, besonders die, die mir lieb und teuer wären. Es läge in meiner Eigenverantwortung.

Ganz ehrlich, manchmal hängt mir der Begriff „Eigenverantwortung" zum Hals raus. Er lenkte jede erkenntnisreiche Euphorie in eine Totalerschöpfung um. Ich ging zu Bett, ohne mit meinem Mann ausführlich meinen Wissenszuwachs am Telefon zu diskutieren. *Ich glaube, auch er hat die Nase voll davon.*

GEGENWART

Denke einmal einen Moment darüber nach, wer deine Eltern sind. Und dann frage dich, warum du sie dir für dieses Leben ausgesucht hast.

DOREEN VIRTUE AUS „HIMMLISCHE FÜHRUNG"

HEILIGE HERKUNFT

Jeder Mensch trägt eine ursprüngliche Liebe zu seiner Herkunftsfamilie im Herzen, die Keimzelle seiner Entwicklung. Wo zeigt er sich echter und wahrer - so, wie er ist - als im Kreis seiner Familie? Wo erwartet und bekommt er die meiste Liebe? Die Liebe ist von Anfang an da und muss nicht erst erlangt, gesucht oder herbeigesehnt werden.

Ist das wirklich so?

Ursprungsgedanke. Ja.

Die Herkunft ist die halbe Zukunft. Was ist die andere Hälfte? Hinkunft? Was heißt das? Mich auf etwas hinbewegen? Meinen eigenen Weg gehen? Meine eigenen Entscheidungen treffen? Entscheidungen treffen, die sich daran orientieren, wer ich sein möchte oder nicht, wer ich glaube zu sein? *Wer glaube ich denn zu sein? Wer möchte ich sein?* Die Antworten wären essenziell. Wenn ich sie fände.

Für mich gleicht die Herkunft einem benutzten Paar Schuhe. Wanderstiefel der Ahnen. Ihr Zustand ist individuell entsprechend der Gesamterfahrungen des jeweiligen Clans. Bei der Geburt schlüpfst du in das gebrauchte Schuhwerk - noch viel zu groß für dich. Also wächst du hinein. In die Hinkunft. Wächst im Sinne deiner Familientraditionen in eine Gruppenzugehörigkeit hinein - Egregor deiner Sippe. Dieser Familienethos ist dein historischer Bezugspunkt und deine Quelle der Kraft.

Prägend.

Aber nicht bestimmend. *(Wer möchtest du sein?)*

Die Herkunft ist der Treibstoff für persönliche Entwicklung. So habe ich es für mich verstanden. Ein Anker, den ich lösen kann, wenn es für mein Wachstum notwendig ist. Ein Anker, den ich jederzeit wieder auswerfen kann, wenn ich die Unterstützung meiner Ahnen benötige.

Ahnenforschung.

Ein komplexes Feld. Sehr lohnenswert.

Meine Ahnenkette empfinde ich persönlich als stärkend und schwächend

zugleich. Stärkend durch mitgebrachte Qualitäten, die meiner Persönlichkeit ein Fundament geben. Eine stabile Energie. Schwächend durch destruktiv geprägte Glaubenssätze, die sich ebenfalls im Ahnenpott an meine Fersen geheftet haben. Mitunter blockierende Energien. Diese Sätze stehen zur Überprüfung aus. Berechtigung? Absicht? Alles, was meinen individuellen Fähigkeiten widerstrebt, darf liebevoll ausgemistet werden. *Platz machen für meine eigenen ethischen Definitionen.* Einen positiv geprägten Raum schaffen, um mich selbst zu realisieren. Die, die ich vom Wesen her bin, darf nicht an einer herkünftigen Anpassung scheitern. Meine wahre Natur ist eine Mischung aus verwurzelter Herkunft und selbstbestimmter Absicht.
Ehrfurcht und Entfaltung.
Kein Widerspruch.

Lange kann ich mich nicht auf dieser zutiefst befriedigenden Perspektive ausruhen. Die nächste essenzielle Frage rollt auf mich zu: *Bin ich zufällig in diesem Stamm gelandet?* Ganz klar nein! Ich habe mich für diesen Haufen entschieden. Ihn zu meinem gemacht. In dem Augenblick, als sich die Eizelle meiner Mutter und das Spermium meines Vaters trafen, habe ich entschieden, ihr Nachkömmling zu sein und meine biologische Elternschaft zu besiegeln. Von beiden Seiten bekam ich Geschenke für meinen Weg. Mutter putzte meine Ahnenstiefel, wachste und versiegelte sie. Weiche Einlegesohlen dämpften meine Schritte nachhaltig und sorgten für einen sanften Tragekomfort. Mein Vater, die aktive Seite, schubste mich liebevoll vorwärts und brachte mir das Laufen bei. Er wusste, wie das geht, der rechte Schuh ist seiner. Der rechte Schuh, er war mir immer eine Zehenlänge zu groß. Ich hatte keinen stabilen Stand, bin immer wieder herausgerutscht aus dem Leder. Das Profil war abgenutzt und für die Beschaffenheit meines Gegenwartsweges nicht dauerhaft gemacht. Oft wollte ich mir neue Schuhe kaufen, habe aber nie die Passenden gefunden, außerdem hing ich so an den alten.
Herkunftsnostalgikerin.
Mein Abonnement beim Schuster um die Ecke habe ich gekündigt. Reparieren.

Flicken. Polieren. Bei Nässe dringt Feuchtigkeit in meine Sippenstiefel. Ein Leck. Oder zwei. Es nützt wenig, nachträglich daran rumzumachen. Mein Weg fordert jetzt eher eine autonome Pediküre. Es muss ein neues Schuhwerk her! *(Was tragen angehende Schriftstellerinnen für Schuhe? Weißt du es?)*

Filzpantoffeln, im Moment. Womit gehe ich in meine Zielkunft? Pumps? Zu wackelig. Turnschuhe? Zu sportlich. Ballerinas? Zu wenig Profil. Ich hab's: Cowgirlstiefel.

Robust, aber weiblich, mit einem kleinen Absatz. Handgefertigt. Bestickt mit einer goldenen Sonne und mit Blumenintarsien. Spitzer Mund und geschmeidiger Körper.

Rot.

Auf jeden Fall rot. Blutrot.

Die wollte ich schon immer.

Mit ihnen bleibe ich meiner Herkunftslinie treu, in Form und Farbe. Und doch. Es sind Neulinge und mit ihnen an den Füßen hinterlasse ich bewusst meine ersten eigenen Spuren.

Also.

Wer glaube ich zu sein? Wer möchte ich sein?

Ich kenne meine Antworten. Kennst du deine?

GANZHEITLICH BETRACHTET

Innerhalb meiner Herkunftsforschung läuft mir die Idee eines Seelenplanes über den Weg. Sie hat viele neue Fragen im Gepäck. Bringt Unordnung in meine Erkenntnisse. Ich schaue genauer hin: Habe ich alle Ereignisse und Voraussetzungen in meinem Leben selbst gewählt? Sind meine Eltern von mir bestimmt? *Hat meine Seele etwa dieses Stiefkindleben eigenständig gewählt?*

Wo fängt Schicksal an?

Wo hört Zufall auf?

Gibt es einen Lebensplan, der sich unausweichlich umsetzt? Welche Position hat dabei mein eigener Wille? Bin ich die Bestimmerin über mein Leben oder ist Gott der Drahtzieher? Wer von uns beiden hält die Fäden in der Hand, oder gibt es ein noch größeres, übergeordneteres Regime? Welche Möglichkeit davon wäre mir die liebste? Eine entspannende Vorstellung, alle Verantwortung an einen Gott abzugeben: mich zurücklehnen und den lieben Vater sein täglich Werk und Unwerk mit mir treiben lassen.

Brillant.

Oder natürliche Ordnung?

Bin ich die Architektin meines Lebens, Strippenzieherin meiner Erfahrungen? Benötige ich wirklich alle meine Erfahrungen für mein individuelles Wachstum? Vorbestimmt und unausweichlich? Strategisch sinnvoll?

Die Idee eines inkarnierten Seelenplans wächst mit der unerklärlichen Komplexität meiner Situation. Anziehungskräfte und schicksalhafte Begegnungen und Ereignisse veranlassen mich zusätzlich, dieser Möglichkeit mehr Aufmerksamkeit zu schenken. Sitzt mein selbstzerstörerischer Kobold direkt in mir? Erfüllt er gewissenhaft seine karmische Aufgabe für meinen notwendigen Entwicklungsprozess? Ist er womöglich sogar unterstützend? *Etwa ein FREUND!?* Zu meinem Wohle? Ein fantastischer Gedanke. In jeder Hinsicht. Das Lachen, welches mir in den letzten Jahren so oft abrupt vergangen ist, kehrt spontan wieder.

Okay. Abgemacht.

Ein Lebenszug, der schon sein Ziel kennt. Grandios. Aber wozu? Und warum kenne oder erkenne ich ihn nicht? Warum fährt er auf heimlichen Strecken? Kann es sein, dass er sich absichtlich unsichtbar macht? Sehr komisch. Ich bin zu alt für Verstecken. Ich kann die Sache aber nicht ganz abschütteln. Soll ich die Erfahrungen unbefangen machen, um sie später als wichtigen Entwicklungsschritt zu verbuchen? Mein Zug - wie Eltern, die ihrem Kind unsichtbar beistehen, damit es selber laufen lernt. Sie sind da, wenn es hinfällt. Da, wenn es wieder aufsteht. Es spürt sie, sieht sie aber nicht wirklich, weil es ganz selbst probiert. *Ist es möglich, mich selbst wieder* ganz ganz *zu machen?*

Es scheint so.

Spinnen wir die Idee weiter. Schlussfolgernd. Gewahrend. „Gewahren" heißt „jemanden, etwas, was sich aus etwas Ungeordnetem herauslöst, sehen". Sagt der Duden. Wenn ich meinen Zug gewahre, der stoisch durch mein Leben fährt, kennt er mein Ziel. Ich sitze drin. Die ganze Zeit. Noch mal: *Ich kann mich eigenverantwortlich selbst heilen und wieder* ganz ganz *machen?* Für eine Sekunde verschwimmt die Kulisse, in der ich gerade sitze. Zimmer? Zug? Das würde ja bedeuten: *Ich halte die Macht in meinen Händen. Ich brauche kein Zutun von außen. Ich kann alles schaffen!*

Wenn ich das glauben könnte, würde ich mich emotional so stark fühlen und so viel Mut haben, mein Herz ohne Angst vor Verletzungen zu öffnen. Ich würde auch die Zusammenhänge des Lebens besser verstehen. *Mein Verstand braucht das noch.*

Was sagt man dazu.

Egal wie ich es drehe und wende.

Meine Grube habe ich auf der Seelenebene selbst gegraben.

Reingefallen!

Es wäre meine eigene Wahl. Grundgütiger.

Eine steile These. Aber verlockend.

HEILUNG ALS SELBSTSACHE

Heilung. Nichts anderes habe ich gewollt. Immer. Ich habe es bloß nicht so genannt. Aber was ist das? Die Medizin versteht unter dem Begriff das Erreichen des Ausgangszustands. Im übertragenen psychologischen Sinne meint dies meine integrale Position in meiner Herkunftsfamilie wiederherstellen - „integral" heißt ja per se - Duden - „dazugehörend zum Ganzen" und erst recht „es erst zu dem machend, was es ist".
Familie.
Selbstintegrierend.
Ganz machend.
Ein antibiotisches Heilmittel zur Wiederherstellung dieses Ausgangszustands ist mir nicht bekannt. Die Medizin hebt die Hände. Kramen wir noch mal in der Psychotherapie: Der Therapeut bedient sich eines prall gefüllten Werkzeugkoffers mit Möglichkeiten, dem Klienten bei seinem Heilungsprozess Lösungswege anzubieten. Nie langweilig. Aber was ist es - letztendlich -, das mir hilft, das heilt? Die Methoden der Psychotherapie sind nach meiner Erfahrung zweitrangig. Primär habe ich einen Raum des Vertrauens und einer wechselseitigen Achtsamkeit benötigt, um mich zu öffnen. Angewandte Empathie. Es war ebenso wichtig, meine eigene Erwartung und Motivation zu hinterfragen. Therapie ist keine aktive Heilung, sondern legt die Verantwortung für Heilung in meine Hand - dass musste ich als letzte Konsequenz verstehen und akzeptieren.
Eigenverantwortung heilt.
Schon wieder dieses Wort.
Auch die Soziologie bietet keine Heilsversprechen, sondern fordert mich ebenfalls zum selbstständigen Handeln auf.
Hilf dir selbst.
Kein dummer Spruch.
Selbstheilung. Einfach und kostengünstig.
Von echter Selbstbestimmung war ich all die Jahre weit entfernt. Mein Gegenüber, der Messias, der Heilsbringer, sollte mich von meinem Leid befreien.

Sofort. Ich machte es mir derweil in meiner Unselbstständigkeit bequem. Eigenverantwortung war kein Anreiz für mich. *Warum nur?* Nun. Weil sie mein Eingeständnis gefordert hätte, selbst für all mein Unglück verantwortlich zu sein. *Oh nein, bitte nicht!* Ich wusste es nicht. Ist so. Lieber habe ich weiterhin die Schuld im Außen gesucht. Und auch gefunden. Viel leichter, als sich an das eigene Näschen zu greifen. Aber auch ohne heilsame Erfolge. Du verstehst? Ich bin auf viele Irrwege geraten. Daran erkennbar, dass sie alle von mir wegführten statt hin zu mir. Es war ein langer Prozess, meinen allerlängsten Holzweg zu erkennen. Und dann noch mal ein langer, ihn mir einzugestehen:

Schuldzuweisung.

Extern.

Immer die anderen.

Anstatt die Sterne zur Erkundung meiner eigenen Innenwelten zu befragen, habe ich die zwölf Zeichen benutzt, um das Verhalten der anderen zu verstehen und zu bewerten. Über sie Bescheid zu wissen war wichtig. Über mich? Nicht so. Ich habe mich blickwinkeltechnisch so richtig ausgetobt und im Fehlverhaltenseintopf ausgiebig geplantscht. Ein konkretes Beispiel dafür, dass ich jahrelang dogmatisch schuldige Aspekte außerhalb von mir eruierte, ist mein Vater. Tierkreiszeichen „Zwillinge". Seine Vaterqualitäten – astrologisch gering geschätzt: fehlender Familiensinn. Wechselhaft. Unstet. Instabil. Kurzfristig. *Da haben wir es!* Die Abwesenheit meines Vaters stand in den Sternen. Der planetare Buhmann.

In der Philosophie wird die Vaterabwesenheit übrigens nicht thematisiert, dafür wird der innere Arzt befeuert: „Die wirksamste Medizin ist die natürliche Heilkraft, die im Innern eines jeden von uns liegt." Hippokrates von Kos wusste schon ein halbes Jahrtausend vor Christus, wie es geht. Wieso weiß kaum einer 2479 Jahre später davon? Unter den „Wörtern des Jahres", die unsere Welt bewegen, wie Rollerchaos, Funklochrepublik oder Covfefe, erkenne ich nicht den Ansatz einer Richtung zur Selbstregulation. Dass sich der Mensch selbst als wirksam erlebt, ist in der Ausrichtung des 21. Jahrhunderts nicht relevant. Ohne es statistisch belegen zu können, hält sich meine Vermutung aufrecht, dass der

Konsum einen höheren Stellenwert hat.
Aber das hatten wir ja schon.
Randnotiz.

Die Wiederherstellung meiner seelischen Integrität auf Familienebene blieb noch lange aus. Mein funktioneller Restschaden blieb erhalten und trieb mich weiter zu neuen Ufern der Gesundwerdung. Meine Aufmerksamkeit richtete ich nun auf spirituelle Traditionen, Transzendenz und das göttliche Sein - die bewusste Hinwendung und aktive Praxis der Philosophie. Den religiösen Kontext klammerte ich aus. Ich war immer noch wütend auf Gott, der mich in dieses Schlamassel gebracht hatte. Ich ignorierte die Anwesenheit oder Abwesenheit dieses Schurken. Und außerdem: *Welche Rolle spielt Gott noch, wenn ich mich selbst heilen kann?* Ausgehend davon, dass er außerhalb von mir war. War er das? Ist Gott die nicht-personale letzte Wahrheit?
Bin ich die höchste Wirklichkeit?
Was denn nun?
Ohne eine Antwort darauf zu haben, experimentierte ich mit weiteren Heilungsmethoden. Nicht unerwähnt lassen möchte ich die göttliche Lichtübertragung per Handauflegen. „Reiki" war mein erfolgreichstes Energieinstrument gegen Panikattacken. Nach zwei Jahren Betablockern und Verhaltenstherapie und dem Absetzen der Angstmedikamente kamen die Attacken doppelt so stark zurück. In meiner Not öffnete ich mich für die Idee einer universellen Lebensenergie, die genau dort hinflösse, wo sie gerade benötigt würde, und meine Selbstheilungskräfte aktivierte.
Genau das hat sie auch getan.
Erfrischend zuverlässig.
Schon nach kurzer Zeit sprudelten meine Lebenssäfte, und ich war wieder ein Teil dieser Welt. Begeistert ließ ich mich in diese Methode „einweihen" und praktiziere sie seitdem erfolgreich. Mein uneingeschränktes „Ja" für Reiki.
Yoga praktizierte ich viele Jahre, aber hätte ich es regelmäßig aktiv gelebt - da bin ich mir sicher -, könnte ich auch hier ein hohes „Ja" tönen. Mein undiszi-

plinierter Geist hat sich zu keiner konstanten Ausübung hinreißen lassen. Übrigens bei keiner Methode. Aber mit dem Yoga kamen immerhin die Chakren in mein Bewusstsein. Die kleinen unsichtbaren Energiewirbel zwischen dem physischen Körper und der feinstofflichen Welt, die das Spektrum meiner Lebensthemen beinhalten. Sieben Chakren. Sieben Farben. Warteten darauf, gereinigt und aktiviert zu werden.

Ein Beispiel: Ist mein Hals-Chakra blockiert, wird wahrscheinlich mangelnder Selbstausdruck vorliegen. Mein Hals war medizinisch immer eine Schwachstelle. Auch die Knötchen auf den Stimmbändern konnte ich diesem Chakra zuordnen. Meine undefinierten Kieferschmerzen fallen ebenso in diesen Bereich. Die typologische Überschrift dieses Energiewirbels hast du längst erraten: „Ausdruck der Seele und Wahrheit". Eine Blockierung ist erkennbar an der Angst, sich zu äußern, an der Angst vor Zurückweisung, Angst, sich zu verpflichten, vor Konfrontation.

Volltreffer!

Bei Menschen mit einem blockierten Hals-Chakra sind Selbstausdruck und Kommunikation mit der Umwelt gestört. Ängste führen oft zu einem raffinierten Lügennetz. Sie behumsen sich selbst und andere, neigen zu Übertreibungen, um das eigene wahre Wesen nicht zeigen zu müssen. Der Schmerz der Seele, sich nicht ausdrücken zu können, spiegelt sich auf der psychologischen Ebene in Reue, Schuld und übermäßiger Härte im Selbsturteil.

Erkennst du mich wieder?

Im Hals Chakra ist unsere ganz eigene Wahrheit verborgen sowie die Möglichkeit, diese mit unserer Umwelt zu teilen mittels Gesang, Kunst, Tanz, Musik, Schauspielerei, Literatur.

Gesang, Schauspielerei und Literatur.

Du erinnerst dich an meine beruflichen Vorlieben.

Jetzt bist du auch ein bisschen baff.

Ob du es mir glaubst oder nicht, ich erkenne jetzt erst ganz klar den Zusammenhang. Erst jetzt. *Warum?* Weil ich bisher Heilung vermieden habe. Das ist krass. Auch für mich. Ich habe geglaubt, dass meine Selbstzerstörung lukrativer ist.

Ja, lukrativ ist exakt zutreffend. *Jetzt bin ich selber baff.* Das habe ich gerade geschrieben. Die Verlockung ist groß, meinen Radiergummi zu benutzen. Aber ich wollte ja ehrlich sein. Womöglich ist diese Erkenntnis die ehrlichste des ganzen Buches.

Ich brauche Wein.

Ja, ich brauche immer noch Wein.

Und Zigaretten.

Halt doch davon, was du willst. So sehr interessiert es mich gar nicht mehr, was du denkst. Was du über mich denkst. *Ist das schon Heilung?* Kaum ein Augenmerk auf deine Reaktion. Das ist zumindest ein großer Fortschritt. Findest du nicht? Der Duft von Freiheit. Unabhängigkeit von deinem Feedback. Heute ist ein guter Tag. Grund genug, weiter ehrlich zu bleiben. Unabhängigkeit ist sehr hoch gepokert, eher ein Anflug von Souveränität. Aber auch darauf bin ich jetzt stolz. Entschuldige mich kurz, ich hole jetzt den besten Tropfen aus dem Keller.

Prost!

Auf uns!

Auf die Selbstheilung!

Mit diesem erwachenden Atemzug möchte ich mich ganz herzlich bei einigen wertvollen Wegbegleitern und Unterstützern bedanken:

Danke, Robert Betz, für deine unvergleichlichen Vater-Mutter-Meditationen. Ich verbeuge mich vor deinem ruhelosen Engagement für eine bessere Welt und versöhnte Menschen.

Danke, Osho, du heilsbringender Messias. Auch wenn ich dir eine gewisse Sexbesessenheit nicht absprechen kann und vielleicht auch nicht will, hast du meinen Weg mit Erkenntnissen gepflastert. Du hältst Gebote für eine knifflige Angelegenheit. Soll mir recht sein. Einmal mehr lasse ich mir von keinem Menschen etwas gebieten, es sei denn, es käme aus seinem Innern.

Danke, Louis Hay, für den Schlüssel zu meinen alten Gedankenmustern. Ich habe deine Affirmationen tausendfach wiederholt, um meine positiven Kräfte im Leben zu stärken. Ich verneige mich ehrfürchtig vor deiner Schaffenskraft.

Danke, Deva Premal, Loreena McKennitt und Snatam Kaur, für eure seelenstreichelnden Mantren, die mich in todessehnsüchtigen Momenten wieder zum Leben erweckt haben, einfach indem sie mein Herz weit aufgerissen haben. Esoterischer Singsang? Nein. Meditative Heilimpulse im Klangsystem. Melodische Heldinnen.

Danke, Dieter Broers, für deine körpereigene Klangarchitektur der Jetztzeit. THETAIOS schöpft aus der Wirkkraft des Wahren. Ja. Ich habe mehrfach eine voll bewusste Wahrnehmung meines Unterbewusstseins erfahren. Eingebettet im Kosmos. Ganzheitliche Meisterschaft, Herr Broers. Und so einfach anzuwenden. Kopfhörer aufsetzen und die Zirbeldrüse harmonisch schwingen lassen. Wissenschaftlich und alltagstauglich. Genau mein Geschmack.

Danke, Veit Lindau, deine 288 Seiten „Heirate Dich selbst" haben tatsächlich mein Leben durch radikale Selbstliebe revolutioniert. Du hast dein Versprechen gehalten. Meine Selbstheirat ist nur noch eine Frage der Zeit. *Achtung, Werbung!* Dein Kooperationsprojekt „Omega" mit Rüdiger Dahlke - Danke Herr Dahlke - hat essenzielle Zusammenführungen meiner kleinteiligen Gehirnschnipsel generiert. Einfach großartig. Was war noch mal Mangelbewusstsein? Dank euch kann ich mich nicht mehr an diesen seelenlosen Zustand erinnern. Innerweltenbaumeister.

Herzlichen Dank, Prentice Mulford, der du in personifizierter Form für mich am nächsten Gott verkörperst. Dich kann nur der Himmel persönlich geschickt haben. Seit 186 Jahren versprühst du vehement das Vertrauen in den göttlichen Funken in jedem von uns. Du hast mich erreicht und es hat Zoom gemacht. Du hast es gewagt und ich kam aus den Wundern nicht mehr heraus.

Als Vordenker des New Age inspirierst du mich mit deiner Grundhaltung, trotz persönlicher Rückschläge stets optimistisch in die Zukunft zu blicken. Wir könnten perspektivisch viel gemeinsam haben. Ein gemeinsames Ziel haben wir bereits: die vollkommene Bewusstseinskontrolle. Das Beherrschen des eigenen Schicksals.

Statt gebeugt zu bitten und zu betteln, empfiehlst du, aufrecht das natürliche Geburtsrecht einzufordern. Ich fordere von dir, dass du mich erst verlässt, wenn du dir sicher bist, dass ich aus meiner vollkommenen Schöpfermacht heraus wirke. Versprichst du mir das? Würdest du das für mich tun? Danke. Meine Dankbarkeit könnte sich mühelos über weitere Seiten erstrecken, aber ich möchte dir nicht die Lust an den eigenen Erfahrungen und Experimenten vorwegnehmen.

Der Nebel kam zurück. Mit allen bekannten Schuldzuweisungen. Kurz wandte ich mich enttäuscht ab und belächelte all die selbst ernannten Meister. *Ich bin euch auf den spirituellen Leim gegangen.* Verflucht und zugenäht. Aber etwas hatte sich verändert: Die Reichweite meines Pendels in den dunklen Räumen. Seine Länge schien halbiert und es kreiste nur noch über den Köpfen der selbstzerstörerischen Energien. Der Nebel war nicht mehr so dicht. Interessant. Auch der Ausschlag nach oben war verkürzt. Streben nach mittlerem Maß - Mittelmaß, dem ich immer ausgewichen bin und das exzentrisch beantwortet habe.
Warum eigentlich?
Es fühlt sich gut an.
Sich um den Mittelpunkt drehen.
Im Kern erblickte ich mein großes Auffangnetz von Freunden und meiner Familie. Faszinierend. Dankbarkeit durchströmte warm meinen Körper. Nicht die Idee oder der Gedanke von Dankbarkeit, sondern das Gefühl. Es fühlte sich an wie ein Gefühl. Fühlen.
Ich fühle.
Und wollte doch nie wieder fühlen. Ich fühle.
Unbeschreiblich schön.
Erlösende Tränen purzeln auf die Tastatur. Ich nehme alles viel intensiver wahr. Die Welt um mich herum und in mir. Die Vögel zwitschern direkt in mein Herz. Ich spüre meinen ganzen Körper. *Das bin ich.* Auf einmal bin ich ganz viel. Ergriffen von mir selbst. Großer Gott.
Atmen.
Integrieren.
Aushalten.

Ich bin ein Mensch mit Gefühlen. Wo kommen die plötzlich her? Zum Schreiben habe ich immer absolute Stille benötigt, nichts durfte mich ablenken. Seit einigen Tagen höre ich Musik dabei. Heute läuft Maribou State feat. „Holly Walker – Steal" in Dauerschleife. Der Song beginnt mit „Du warst blind" und endet mit „Du weißt, ich brauche das Heilmittel, um meine Basis zu behalten". Liebe in hochpotenzierter Drehung in meine Gehörgänge gespielt. Die Panzertür zu meinem Herzen geöffnet. Mit klangvoller Leichtigkeit. Ein Spontanbesuch. Ich habe mich spontan tief berühren lassen. Zugelassen.

Jetzt erlebe ich mich im Gefühl. Tauche ein in meine Seinswelt. Fühle mich allverbunden. Will nicht mehr auftauchen. Lächle. Weine. Lächle. Fühle. Fühle mich ganz. Ich drehe mich auf den Rücken und lasse mich im Meer meiner Emotionen treiben. Schwebezustand. Ich traue mich, noch tiefer zu tauchen. Kopf unter Wasser. Ratio abkühlen. Fühlen.

Rolle vorwärts. Übermut. Flow. Natürlich magisch. Ich bin beweglich und doch ganz ruhig. Meine inneren Widerstände perlen fließend ab. Ober- und Unterbewusstsein sind intensiv miteinander verbunden. Meerjungfrauenfeeling. Das Element Wasser mit seinen tiefen Emotionen empfand ich meist als bedrohlich, jetzt fühle ich mich davon besänftigt. Aufgefangen. Getragen. Ich suche vergebens nach einem Gefühl der Angst und finde es nicht. Weil die Angst nur in meinem Kopf existierte – der jetzt unter dem Wasser schweigt.

Endlich Ruhe.

Nur noch fühlen.

Mich selbst genießen.

Auf dem Meeresboden erkenne ich wieder mein Auffangnetz. Meine Familie und all meine Freunde halten es fest an den Enden. Es war schon immer da. Ich falle hinein. In der Mitte liegt ein Geschenk. Pinkfarbenes Papier mit weißer Schleife. Ich öffne es. Große schwarze Lettern: „SCHREIBE."

KONTAKT ZU PAPA

Nach fast zwei Jahren Bauphase sind wir jetzt stolze Besitzer eines Eigenheims. Die Basis, nach der ich mich so lange gesehnt habe. Das tragende Fundament. Der zielführende Gedanke. Mein Grundbedürfnis nach Sicherheit scheint auf dem eigenen Grund und Boden eine leichtere Erfüllung zu finden.

Mein erster Tag als Hausherrin fühlte sich befreiend und geborgen an. Befreit von verkrampften nachbarschaftlichen Freundlichkeiten. Frei von jeglichen Mitbewohnerbedürfnissen. Geborgen und umarmt von den eigenen vier Wänden. Im Garten lieb begrüßt und herzlich willkommen geheißen von einem wild romantischen Pflanzenmeer und geschätzten hundert Schmetterlingen. Wissend, am richtigen Ort zu sein.

Mein Ort.

Unser Ort.

Am nächsten Tag bewege ich mich schon völlig selbstverständlich durch alle Drinnen- und Draußenräume. Beseelt von einem unerwartet vertrauten Gefühl, wie alteingesessen. Zweiundsiebzig Stunden lang wächst der Stolz jetzt schon in meiner Brust und kommt noch lange nicht zum Stehen. Entbehrungsreiche Zeiten liegen hinter uns. Erfüllende vor uns. Und darauf darf ich weiß Gott stolz sein. Was sonst?

Am übernächsten Tag werde ich dazu noch ein wenig übermütig, bin euphorisch und voller Tatendrang. Meine neuen Gefühle wollen ständig tanzen. Ich nehme zunächst das satte Grün vor der Terrasse unter die Füße. Ich muss mich bewegen. Gefühle können nicht stillhalten. Ich weiß, was ich will. Ich will mein Heim perfektionieren. Ich werde das herrschaftliche Regiment übernehmen, ganz im Stil einer elitären Hausdame. Ich fühle mich stark und habe nicht vor, irgendetwas dem Zufall zu überlassen. Die Sonne knallt mit enormer Kraft auf mein Habitat. Die besten Voraussetzungen für diesen Tag ... ausgerechnet ... das Wiegenfest meines Vaters.

Wiege.

Obhut.

Seine Telefonnummer ist in meinem Handy gespeichert, mit seinem Vor- und Zunamen. Als die Person, die er tatsächlich ist. Die Bezeichnung „Vater" wäre irreführend. „Biologischer Vater" entspräche dem höchsten Wahrheitsgehalt. Wenn mein Blick auf seinen Namen fällt, übersetze ich ihn im Kopf immer in diese Genversion. Das bestärkt mich inzwischen sogar. Nicht nur das. Der Gedanke an diese zwei Worte bringt mich zum Schmunzeln. Zum ersten Mal bekommt die Beziehung zu meinem Vater eine humorvolle Note. *Das nenne ich mal Entwicklung.*

Heute also.

Tag der Tage.

Für meinen Vater und für mich. Ohne ihn wäre ich noch Quark im Schaufenster, das lässt sich nicht abstreiten. Um versöhnlich zu bleiben. Der mir genetisch übertragene Teil kann sich sehen lassen. Dieses schicke Hinterteil setze ich nun in Bewegung, um auf unserem Großgrundbesitz alle bunten Gaben der Flora zu einem zauberhaften Blumenstrauß zu binden. Das blumige Arrangement im Vordergrund und meine guten Gene knapp dahinter - fertig ist das Lieb-Tochter-Selfie. Immer noch kraftvoll in meinem Saft stehend agiere ich impulsiv und intuitiv, ohne Genehmigung des Verstandes. Alles geht ganz schnell. Ich habe nichts zu verlieren.

Freigabe. Bilddatei. WhatsApp. Biologischer Vater. Ok.

Beschriftung hinzufügen.

„Alles Gute zum Geburtstag, Papa." Senden.

Nichts.

Fünf Minuten später. Nichts. Status: ungelesen.

Sieben Minuten später. Nichts.

Ich bin meinem Impuls gefolgt. Aus den tiefsten Tiefen meiner Seele. Darum geht es doch. Das ist doch die Essenz aller spirituellen Unterweisungen.

Intuition.

Nada.

Erwartungsfrei. Habe ich mir eingeredet. *Ich erwarte nichts.* Schließlich handelte ich vor acht Minuten aus purem, reinem Herzen. Und das erwartet nichts.

Zehn Minuten bedingt frei von der Hoffnung auf Antwort.
Dreizehn Minuten.
Nothing.
Plötzlich kommt mir meine affektive Idee völlig bescheuert vor. Glorreich war sie vor dreizehn Minuten noch. Kraftstrotzend. Etwas hochnäsig. Die Eigenheimenergie hat mich blasiert. Mein Mann schaut mitfühlend zu mir herüber. *Ich hasse es! Hasse es! Hasse mich!* Das Handy kommt in Quarantäne. Mein biologischer Vater gleich mit. Wie praktisch.
Die Sonne taucht unsere Hacienda in friedvolles Licht. Ich finde ausreichend Ablenkung in unserem wild gewachsenen Garten. Meine Kenntnisse der Pflanzenkunde beziehen sich gegenwärtig auf das Einpflanzen und Gießen von prächtigen Stauden in stilvollen Tonkübeln, das Schneiden von Schnittlauch und das Ernten von Salbei, der ja bekanntlich auch bei dem dümmsten Gärtner unvernichtbar wächst. Weit und breit kein naturnah begabter Bursche in Sicht, der mich korrigieren könnte. Ich mache mich auf den Weg, Unkraut zu jäten. Recht erfolglos: Jedes Kraut, welches ich als „un" google, finde ich sehr hübsch. Und so halte ich es wie die Franzosen, die im Unkraut eine Pflanze sehen, deren Vorzüge noch nicht erkannt worden ist. Égalité. Egal.
Wie rupfe ich das Unkraut aus meiner Seele. Wie erkenne ich es. Null Ergebnisse bei Google: „Meinten Sie: wilde Wege zum Seelenheil?"
Meine fünfte und schlimmste Nacht.
Ich bin wirklich der größte Dummbartel auf diesem Planeten, einfältiger Damian. Der hellste Kronleuchter war ich noch nie. Naiver Fetzenschädel. Ich ärgere mich maßlos über meine Einfaltspinselei und weine mich in den Schlaf. Ich Jeck.

Tag 1 – Nach dem Entwicklungsereignis

Er beginnt mit verquollenen Augen und einem Brummschädel. Die Selbstvorwürfe stapeln sich in meinem Kopf. Meine Gehirnmasse fühlt sich an wie ein Wackelpudding, der nicht geliert ist. Am Frühstückstisch starre ich auf unsere wundervolle Aussicht ins Tal, die mich statt zu berühren noch trauriger macht. Bei meinem Trauerklopsgesicht schmeckt selbst meinem Mann der Kaffee bitter. Hochmut kommt vor dem Fall. *Ich hätte es wissen müssen.*

Das Handy klingelt.

Der Puls schießt nach oben.

Ich höre die Locktöne sogar in ihrem Versteck. Wäschekammer. Es ist verblüffend, wie schnell sich meine innere Geisteshaltung ändern kann: Gestern machte sie gleich eine Kehrtwende von „selbstbewusst kraftstrotzend" zu „völlig verunsichert". Innerhalb von Minuten. Die Quelle dafür, Stein des Anstoßes, mein halbscheidiges biologisches Fundament. Im Einbeinstand rüttelte ein minimaler Luftzug an meiner Position und ich fühlte mich wie ein lässig angepustetes Blatt im Wind. Nicht zu antworten gilt bei mir als „minimalst". Seit meinem siebten Lebensjahr. Keine der vielen hilfreichen Krücken hat mich je darüber hinweggebracht. In meine Balance gebracht. Ein Handy-Piepston und ich falle aus meiner Mitte und wie ein Plumpsack auf den Boden. Glücklicherweise werde ich nicht müde, wieder aufzustehen.

Liegen bleiben war nie eine Option.

Ich schnelle auf und reiße die Wäschekammertür auf, greife beherzt nach meinem Handy und ziehe es unter einem Stapel Handtücher hervor. Ein Anrufer. Mehrfach versucht.

„1 WhatsApp Nachricht".

Öffnen.

„Liebes, geht es dir gut? Melde dich bitte, ich habe ein komisches Gefühl." Meine beste Freundin.

Ich bin beeindruckt von ihren telepathischen Fähigkeiten, die mich einen Augenblick mit ein wenig Magie füllen. Intensives Gedankenlesen-Können würde ich mir auch für meinen Vater und mich wünschen. Statt gleichschwingender DNA-Stränge gleicht unsere Verbindung eher einer reinen Kohlenstoff-Liason, deren Leitfähigkeit bei fast null liegt. Scheinbar sind unsere Biosensoren gegenseitig auf Ablehnung programmiert und schließen eine übersinnliche Zusammenkunft aus. Obwohl ich glaube, dass ein Elternteil seinen Fürsorgeimpuls nicht einfach unterdrücken kann. Vielleicht zeitweise.

Meine ängstliche Aufregung, dieses innere Aufgespultsein, wegen „keine Rückmeldung" meines Vaters zeigt mir sehr deutlich, dass ich unweigerlich an meinen biologischen Fäden hänge.

Marionettenartig.

Bewegt und gesteuert von der familiären Quellinstanz, dem Spielführer. Wo wir doch alle gerne Theater spielen auf den großen Bühnen des Lebens. Mir ist es zu mühsam. Also trauerklopse ich weiter vor mich hin, bis die nächste Nachricht bei WhatsApp reinploppt. Drei Sekunden übe ich mich in einer erwartungsfreien Haltung, dann übernimmt die allmächtige Sehnsucht nach der Antwort meines Vaters.

11:25 Uhr - „Hey Suse habe mich sehr gefreut über dein Bild wie geht es dir?"

Peng. Herzinjektion.

Plötzlich öffnet sich ein Raum der Freude in meiner Brust. Oder ist das akutes Fieber? Wärme schießt in meinen Leib und mein System fängt an zu vibrieren.

Er hat geantwortet.

Er hat geantwortet!!!

Sich über mein Bild gefreut. Erkundigt sich nach mir. Wie es mir wohl geht. Die Allerweltsfrage. International. Ja, das frage ich mich in diesem Moment auch. Welches „Wie geht es dir?" meint er denn jetzt genau? Das von jetzt. Oder das von vor fünf Minuten? Von gestern? Eigentlich müsste er das von bevor ich meine Spontannachricht gesendet habe meinen. Oder interessiert es ihn, wie ich mich die letzten dreiunddreißig Jahre gefühlt habe? Auf alle Nachfragen hätte ich verschiedene Antworten. Bis auf einen Untersuchungsbereich, da hieße sie bei allen Wiegehtesdir-Fragen: „Du fehlst mir." Ehrlichste aller Antworten. Zu emotional. Unpassend. Geradezu übergriffig.

Zu gewagt.

Also wäge ich vorsichtig ab, was ich schreibe. Das kleine, zarte Kommunikationspflänzchen, das jetzt zwischen uns beiden wächst, muss behutsam angefasst werden. Keine Ungeduld. Kein Übermaß. *Bloß nicht!* Ganz vorsichtig formuliere ich eine Antwort. Lösche, schreibe neu, lösche, überlege, lösche ...

Zehn Stunden später bin ich mit meiner Samtpfötchenfassung zufrieden und schicke sie ab:

21:25 Uhr - „Das freut mich. Mir geht es sehr gut. Hast du deinen Geburtstag gestern schön gefeiert. Wie geht es dir?"
(Wahrheitsgehalt: etwa ein Viertel.)
Anschließend betrachte ich das Profilbild meines Vaters. Ein Sonnenuntergang. Ein Untergang der Sonne. Des Lichts. Die Faszination für Sonnenuntergangsszenarien habe ich nie verstanden. Meine Begeisterung galt mehr dem Sonnenaufgang. Zunehmen des Lichts. Jedem seine eigene Romantik.
Ich recherchiere bei meiner Mama mehr Informationen zu meinem Vater. Von ihr weiß ich, dass er kreativ begabt ist. Unter anderem malt er gerne. *Potzblitz. Ich auch.* Fühlt sich überwältigend an, so eine Talentüberschneidung. Sie rückt mich sofort ein gehöriges Stück näher an ihn heran. Ein Stück Rockzipfel. Mama fragt nicht nach, wieso, weshalb und warum ich das ausgerechnet jetzt wissen möchte. Ich habe auch nicht vor, mein kleines Vater-Tochter-Pflänzchen-Geheimnis auszuplaudern. Das ist nicht böswillig oder unehrlich. Ich mag es nur einfach gerne für mich behalten. Behüten. In Ruhe lassen. Außerdem gibt es nichts zu erzählen, das reif wäre, erzählt zu werden.
Eins lässt mich nicht los, irritiert mich - die Anrede: „Hey Suse". Klingt eher nach einem Schulfreund als nach Blutsverwandtschaft. Die Abkürzung ist mir schleierhaft. So bin ich noch nie genannt worden. Suse. Nicht mal Susi. Ich bin eine Susanne mit „anne" am Ende. Seltsam. Ich kann mich damit nicht identifizieren. Es fühlt sich fremd und distanziert an. Vielleicht ist genau das die Absicht meines Vaters. *Distanz. Nicht schon wieder.*
Emotionaler Schutz. Meinetwegen. Vielleicht schützt er seine hochgradige Sensibilität. Die genetische Abstammung meiner Hypersensitivität wäre damit auch geklärt. Eine Möglichkeit. Gespannt lenke ich meine Aufmerksamkeit wieder auf die Entwicklung unseres digitalen Schmusekurses.

Tag 2 – Die „Wiegehtesdir-Offenbarung"

10:29 Uhr - „Uns geht es gut, wir wohnen jetzt auf dem Land sehr ruhig mit einem großen Garten, einer großen Wohnung einer riesigen Terrasse mit Blick auf die Berge."

Bis auf den Ausblick, der sich bei uns in ein Talbecken senkt, zeigen sich fulminante Ähnlichkeiten in unseren räumlichen Umgebungen. Spannend. Das teile ich meinem Vater noch am selben Abend mit.

21:42 Uhr - „Das klingt toll. Wir sind vor einer Woche in unser Eigenheim gezogen. Ein kleines Haus, große Terrasse, riesiger Garten, keine Nachbarn. Ruhe ;) Wenn das Umzugschaos vorbei ist, schicke ich dir mal ein paar Bilder. Schön, von dir zu hören Papa."

Papa.

Peng.

Raus aus der Deckung.

Mein Mann kommentiert meine emotionale Voreiligkeit sofort, ich solle es langsam angehen. Ich widerspreche. Dreiunddreißig Jahre bin ich im ersten Gang gefahren. Jetzt wird hochgeschaltet. Keine Zeit für Blumensprache. *Das bin ich.* Jetzt. Unverstellt. *Nimm mich oder lass es.* Ich atme dreimal tief durch. Mehr Zurückhaltung wird es von mir nicht geben. Das ist mein letzter Versuch einer Kontaktaufnahme und da bin ich nicht zimperlich.

Ich will wissen, woran ich bin. Alles oder nichts.

Meine mentale Klappe ist wieder groß, meine Handlungen weiterhin feige. Die Absicht meiner erwachsenen Frau ist klar, die Umsetzung wieder kleinkindlich. Der Dämmerzustand zwischen diesen beiden Widersachern ist krebserregend.

Tag 3 – Einmal alles bitte!

15:23 Uhr - „Schau mal."

Mein Handy piept dreizehnmal. Ich bin beeindruckt und mein Mann erstaunt. Wir sitzen nebeneinander, schauen uns fragend an und ich beginne zu weinen. Die Nachrichten sind noch ungeöffnet. Dreizehn Lebenszeichen. Dreizehn Muskelzuckungen. Dreizehn lang ersehnte und kaum mehr erhoffte Hallos. Das koste ich aus und bleibe in meiner Vorfreude-Energie. Die fühlt sich teuflisch gut an. Ich bin kein besonders neugieriger Mensch. Wenn ein Überraschungspaket vor mir liegt, kann ich warten und sonne mich darin, selbst entscheiden zu können, wann für mich der resonant stimmige Zeitpunkt ist, es zu öffnen. Mein Mann

schaut mich erwartungsvoll an – ich achte gar nicht auf ihn. Schwelge in Vorfreude.
Zwölf Bilder von seinem Garten, der Terrasse, dem Haus.
Eine Textnachricht.
„Ich wünsche euch alles Gute in eurem neuen Heim."
Die Fotos sind wirklich sehr schön. Mein Vater hat Geschmack. Wieder eine Übereinstimmung. Ich bin positiv überrascht über seine intimen Einblicke. Fast geht es mir zu schnell. Ja. Ich wollte es ausdrücklich schnell. Ich erinnere mich. Trotzdem wird mir von dem Tempo etwas schwindelig. *Damit habe ich nicht gerechnet.*
Tja. Na ja.
Es ist eben mein Vater.
Mein Vater. Verrückt. Er schreibt mir und schickt Bilder aus seinem Leben. Jedes Bild wird von mir so nah herangezoomt, dass mir kein Detail entgeht. Ich nehme teil. Er lässt mich teilhaben. Er mag Rosen und Steine. Überall stehen kreative und putzige Dinge. Ein Steingarten mit Wasserlauf. Toll. Auf dem Tisch unter der Markise steht ein Aschenbecher. Volltreffer. Zwei leidenschaftliche Qualmsocken. Herrlich. „Stuyvesant". Die Sorte mit dem Papyrus-Design. Die gesunden Zigaretten. Die ohne Zusatzstoffe. Ich drehe. Tabak, auch ohne Zusatzstoffe. Auf jeden Fall rauchen wir bewusst. Sehr sympathisch.
Ich antworte als artige Tochter, die selbst die klitzekleinste Ablehnung nicht ertragen könnte:
„Das ist ja ganz wundervoll ;) so mag ich es auch ... hier kann man in Ruhe durchatmen und die Seele baumeln lassen."
Postwendend folgt die Antwort:
„Ich bin gespannt auf deine Bilder. Ich mag sehr gerne Gärten."
Auf meine häuslichen Impressionen darf Papa vorerst warten. Ich muss heute noch viel vorbereiten. Morgen feiern wir Einzugsparty und die Zeit rennt davon. Familie, Freunde und alle Helfer sind eingeladen. Dreißig Mäuler wollen verköstigt und deren Träger durch das neue Refugium geführt werden. Eine schöne Übung, um mein Gutistbesseralsperfekt-Konzept zu manifestieren.

Möge es gelingen. Zum Wohle aller. Mir brummt jetzt schon der Kopf von all den unperfekten Gedanken.

Tag 4 – Hansl

10:23 Uhr - „Guten Morgen Suse. Schau mal."

Es folgt ein dreiminütiges Video von der Terrasse meines Vaters. Die ersten beiden Minuten blicke ich auf einen leeren Boden mit zwei Fressschüsseln und höre meinen Vater wiederholt sagen: „Nu komm Hansl. Futter Hansl. Hansl. Nu. Hansl. Leckerli. Hansl. Komm Hansl." Ich habe hundertzwanzig Sekunden Zeit, um zu überlegen, ob nun ein Hund oder eine Katze auf den Namen Hansl hört. Dann bin ich nicht wenig überrascht, als ein Eichhörnchen um die Ecke hüpft und Walnüsse verschlingt. Mein Vater - der Baumhörnchenflüsterer. Erstaunlich. Wie zahm das Eichhörnchen ist. Verblüffend. Was man alles mit seiner kinderlosen Zeit anfangen kann. Eichhörnchen domestizieren. Die Botschaft hinter dem Video ist mir noch nicht klar. Ich weiß nur, dass meine Gäste in vier Stunden vor der Tür stehen. Der Druck ist groß, meine Ansprüche zu drosseln. Ein blöder Zeitpunkt für ein Kleintier-Video.

Mein Mann kommt zur Tür herein und findet mich, mal wieder, verheult in der Küche knien. Ich weiß nicht, wie lange ich ihm diesen Anblick noch zumuten kann. Eine erwachsene Frau, die wieder und wieder den abwesenden Vater beweint. Verstecken mag ich es aber auch nicht. Also lasse ich es laufen. Er nimmt mich in den Arm und ich schluchze jämmerlich an seiner Schulter.

Die Schulter meines Mannes.

Die falsche Schulter.

Auch wenn es nicht seine Aufgabe ist, hält er sie mir immer wieder hin und tröstet mich. Bis zu einem gewissen Punkt wünsche ich mir diesen Halt auch von ihm. Aber dieser Heulkrampf ist Vatersache. Vaterursache. Ich kann meinen Partner nicht jahrelang in die Pflicht nehmen, diese Lücke auszufüllen und auszugleichen. Ich nehme seine Schulter dankend an, bin mir aber bewusst, dass es so nicht richtig ist. Nicht in diesem Ausmaß. Das durchnässte Shirt darf sich mein Vater anziehen. Seinen Beistand bräuchte ist jetzt. Niemandes sonst.

Das ist seine Verantwortung.
Sein Job.
Ist so.

Während ich Konversation mit meinen Gästen betreibe und mein Wohlbefinden beteuere, schwanke ich zwischen der Glückseligkeit, die mein digitaler Kontakt mit meinem Vater auslöst, und der ungestillten Sehnsucht nach mehr hin und her. Bis heute zähle ich dreiunddreißig vermissende Jahre. 12061 Tage. Vor diesem emotionalen Hintergrund ertrage ich gerade die Liebe und Zuneigung meiner Gäste nicht. Verstecke mich im Bad. Weine. Schimpfe. *Blödes Eichhörnchen.* Blöder Vater. *Alles doof ohne dich.*
Ich bin vierzig. Zu alt für den Modus des traumatisierten Kleinkinds. Es nimmt mir trotzdem mit größtem Selbstverständnis das Zepter aus der Hand. Es liegt keine unüberwindbare Distanz zwischen meinem Vater und mir. 385 Kilometer. Er wohnt nicht in Kanada. Sehnsucht schert sich auch nicht um räumliche Parameter. Sie hat auch kein Verfallsdatum. Ich spreche nicht von der Sehnsucht, die man verspürt, wenn einem die Eltern nach drei Wochen Ferienlager fehlen. Sie ist auch nicht annähernd auf Vater-auf-Montage-Zeiten zu applizieren. Er ist am Wochenende zu Hause. Bei seinen Kindern. Dieses, mein Vermissen, ist mit nichts vergleichbar. Selbst der Tod hat im direkten Vergleich einen Vorteil - er ist endgültig und damit sicher. Sicher ist bei mir nur die Unsicherheit. Die letzten Jahre habe ich mich augenscheinlich mit dem Fehlen meines Vaters arrangiert. Du kennst die Details. Den leicht verbissenen Unterton. Wie es weiterging, weißt du auch. Ich habe den Kontakt zu ihm gesucht, weil es nicht mehr zum Aushalten war.
Geschafft.
Bis hierher.
Geschafft, doch unter welchen Bedingungen?
Seelisch verriegelt. Körperlich erschöpft. Geistig zerrissen. Therapeutisch ausgemustert. Stehen geblieben auf dem Entwicklungsstand eines Kleinkindes. An der Stelle, die nicht satt geworden ist. An manchen Tagen gleicht mein Hand-

lungsradius tatsächlich dem eines Kleinkindes. Dann stehe ich völlig perplex und unfähig zu reagieren vor banalen Alltagsproblemen. Ich befülle meine Kaffeemaschine und weiß nicht mehr, wie viele Löffel Kaffeepulver ich für acht Tassen benötige. Genauso ratlos schaue ich auf eine kleine Schnittwunde an meinem Finger. *Was mache ich jetzt damit?* Hilflos. Ein Trinkglas fällt herunter, zerspringt auf den Fußbodenfliesen. Ich stehe in den Scherben und weiß mir nicht zu helfen. Starre. Eine rote Lampe blinkt am Armaturendisplay meines Autos. Ich fahre rechts ran und rufe meinen Mann an. *Was soll ich tun?* Den Tränen nahe.
Eine erwachsene Frau wüsste, was zu tun ist: Es gibt Pflaster im Bad, Handfeger und Kehrschaufeln, Betriebshandbücher im Handschuhfach. Eine erwachsene Frau, die zu nicht unerheblichen Teilen im Trennungstrauma ihrer Kindheit stecken geblieben ist, weiß es zu oft nicht. Jeder, der mich als die selbstbewusste Frau kennt, zu kennen meint, steht in solchen Situationen entgeistert vor mir. Kopfschüttelnd. Kaum einer versteht meine plötzliche Handlungsunfähigkeit. Stirnrunzelnd. Viele schauen hilflos, auch unwillig auf das siebenjährige Mädchen. Mein Lieblingsausweichkommentar: „Ich stehe öfters auf der Leitung."
Tja.
Wenn es nur das wäre. Aber das ist es nicht.

Tag 5 – Das seelische Pendel.

Ich hadere mit mir. Schmeiße ich meinen Herzschmerz und all die angestaute seelische Kacke auf das Handydisplay meines Vaters oder folge ich weiter meinem gedämpften, verständnisvollen Takt und unterdrücke bewusst all meine ehrlichen Gefühle.
Ene. Mene. Muh.
Soll ich meinen seelischen Ballast abwerfen, mit dem Risiko, danach auch meinen Vater wieder los zu sein? Lasse ich meinen Schmerzvulkan weiter brodeln und taste mich strategisch und portioniert an die Sache heran? Liebend gerne würde ich mich jetzt mit dir dazu austauschen. Deine Impulse erfahren. Wie würdest du handeln? Ich kann keine Tendenz ausmachen. Wenn ich du wäre, würde ich mich zu einem längst überfälligen Rundumschlag animieren. Löwen-

gebrüllter Auswurf. Aber ich bin nicht du. Ich bin ich. *Was mache ich denn, wenn die Offenbarung schiefgeht?*
Alles oder nichts.
Ich riskiere nichts.
Dafür bin ich in mir selbst noch zu unsicher. Ich entscheide mich für die Weichei-Version. Weil ich ein Weichei bin. Na und? Lieber weichgekocht als ... Genau genommen innen weich und außen hart. So, wie ich mein Frühstücksei am liebsten esse. Sicher bevorzugt er auch die Fünfeinhalb-Minuten-Variante.
15:35 Uhr - Ich verschicke ein Bündel Impressionen von Haus und Hof an meinen Papi. Ganz artig. Fotos vom Garten, der erst noch ein Garten werden möchte. Von der Terrasse, die sich im Moment noch in Funktion einer Freiluftwerkstatt befindet. Die Außenansicht des Hauses. *Als fantasievoller Mensch wird er wohl erahnen können, was das mal wird.* Ein Motiv von unserem Wildzaun, an dem man das Wilde noch vergeblich sucht. Eher Hospitationen als Inspirationen, aus der Kategorie „Fortschritt und Entwicklung". Alles am Werden. Im Kommen. In meinen Augen ist es schon zauberhaft.
Papi reagiert nicht, jedenfalls nicht heute.

Tag 6 – Der auditive Überfall

14:35 Uhr - Still sitzend schweife ich mit dem Blick über meinen chaotischen Garten. Fein säuberlich und akurat abgemessen habe ich soeben über zweihundert Dahlien- und Gladiolenzwiebeln verbuddelt. Jede Knolle einzeln. Darüber darfst du jetzt gerne lachen. Ich lache gleich nicht mehr.
Das Telefon klingelt.
Biologischer Vater.
Grundgütiger ... Brabax.
Ich bin gleichzeitig bewegungslos und hyperaufgedreht. *Ist das dein Ernst, Papa!?*
Ich nehme den Anruf an: Grünes Symbol. Nach rechts wischen. Schweißnasse Hände. Wischen. Wisch. Wisch. Wisch. Wisch. Drücken. Halten. Wischen. Wischen ist possible. Smartphone, der Alleskönner. Puls über zweihundert. Es klappt.
Ist die Verbindung schon hergestellt? Ist er schon dran? Am anderen Ende. Klar

ist er dran. Er sagt nichts. Also sage ich bestimmt freundlich und freundlich bestimmt:

„Hallllllllo. Das ist aber eine Überraschung."

„Na meine Kleene. Mensch Suse. Ich musste jetzt einfach deine Stimme hören."

„Das ist schön."

„Sitzt du auf deiner Terrasse, Suse?"

„Ja. Ich sitze auf meiner Terrasse."

„Suse. Nee. Das ist ein Ding." (Lacht tief und unsicher.) „Es ist so schön, deine Stimme zu hören. Wie geht es dir?"

„Es geht mir gut." (Tränen kullern.) „Es ist auch schön, deine Stimme zu hören."

Gott, hoffentlich höre ich bald mit diesem schüchternen Gestammel auf. *Reiß dich gefälligst zusammen!* Ich darf jetzt nicht versagen. Meine Idee. Mein Feedback. Klar, ich konnte nicht wissen, dass er einfach so anruft. Er tut es aber, in diesem Moment. Überraschung! Kontrollverlust. Ich habe kein Drehbuch dafür vorbereitet. Auch eine Überraschung. Ich hasse es, improvisieren zu müssen. Lege ich lieber auf? *Konzentrier dich! Dein Vater ist am anderen Ende der Leitung. Vermassle das nicht!*

„Danke für die schönen Bilder, Suse. In deinem Garten ist aber noch viel zu tun. Ich würde dich ja gerne unterstützen, wenn ich bei dir wäre. Mit Pflanzen kenne ich mich aus. Ich liebe Gärten und ich hätte einige Anregungen für dich. Schade, dass ich nicht vor Ort bin."

Ja, es ist wirklich jammerschade, Vati, dass du nicht vor Ort bist. Noch bedauerlicher ist es, dass du die letzten dreiunddreißig Jahre nicht vor Ort warst. Entschuldige, dass ich vorher keinen Garten hatte. Hätte ich gewusst, wie pflanzenaffin du bist, hätte ich mir ein Gartengrundstück gepachtet, damit du in Erwägung ziehst, mich zu besuchen und zu unterstützen. Du willst mich jetzt unterstützen? Zauberhaft, wirklich. Weißt du was? Dann komm doch, du Pfeife!

Was hat er sich dabei gedacht? Hat er eine Minute darüber nachgedacht, was er da gerade gesagt hat? Fühlt er wenigstens ein Mü Scham dabei? Es kommt ihm so frisch, fromm, fröhlich, frei über die Lippen. Ich bin fassungslos. Ist ihm in den Sinn gekommen, dass er mir Verantwortung anbietet?

Verantwortung – diese große Sache, mit der er nicht umgehen kann.

Erinnerst du dich, Papa?

Was genau tust du, wenn ich dein salopp hingeschmissenes Angebot annehme und es einfordere? Steigst du in dein Auto, packst Harke, Rechen, Schaufel ein und kommst zu mir? Wie lange bleibst du? Ah, diese Frage ist dir sicher zu übergriffig, voreilig, zu weit gedacht. Sie schnürt dir die Kehle zu. Du wärst der Ohnmacht nahe. Kleiner Papi.

Würdest du wirklich kommen? ... Das wäre schön.

„Ja. Schade. Ich würde mich freuen, wenn du hier wärst und mir helfen würdest, diese Wüste in einen Garten zu verwandeln."

„Suse, das braucht Zeit. Mach dir keinen Stress. Du hast alle Zeit der Welt. Das wird schon. Glaub mir. So was macht man nicht von heute auf morgen. Es kann nicht gleich perfekt sein. Immer einen Schritt nach dem anderen."

In den wütenden Monolog meines Kleinkindes verstreicht sich Seelenbalsam. Tröstliche Worte eines Vaters an seine Tochter. Eine Natürlichkeit. Biologische Reaktion. Unfehlbar. Elementar.

Zu spät.

Viel zu spät!

Fast schon fossil.

Die verjährten Ratschläge dringen nicht zu mir durch. Kratzen nur an meiner Peripherie. Ich kann nichts Ernsthaftes dabei empfinden. Im Gegenteil. Mein Verstand belächelt den Versuch meines Vaters, mir wertvolle Hilfestellungen zu geben. Ich finde es putzig, wie er sich bemüht, ein florales Vorbild für mich zu sein. Fast beginne ich zu lachen. Ihn auszulachen. Humor scheinen wir beide zu haben.

Ich reflektiere: Wäre mein Leben entspannter verlaufen, wenn ich immer Zugriff auf die unterstützenden Worte meines Vaters gehabt hätte? Wäre ich gestärkter? Hätte ich Konflikte damit schneller entschärft? Weniger kämpferisch? Vierzig Wörter. Eine trostspendende Kurzgeschichte. Aber jetzt. Jetzt brauche ich weder Trost noch väterliche Impulse. Ich musste lernen, mich eigenverantwortlich wieder auf meine Füße zu stellen, voranzugehen, wieder aufzustehen. Allein. Eine Kämpfernatur hat es aus mir gemacht. Hart hat mich diese Schutzlosigkeit gemacht. Weich und weiblich zu sein war leider keine Option für mich. Damit wäre ich schon lange unter die Räder gekommen.

Also.

Vielen Dank für deine hemdsärmelige Fürsorglichkeit, Vater. Und Nein. Ich benötige sie nicht. Nicht mehr. *Schweig still, wütender Schreihals!* Der Zorn meines inneren Kindes schreit nach Drama, nach einer Bühne für seinen Schmerz. Der noch übrig gebliebene Frust will raus. Ich könnte jetzt die Hölle in Bewegung setzen. Aber ich habe den selbstzerstörerischen Handlungen abgeschworen. Ich erinnere mich: Meinem Vater bringt es mich auch keinen Schritt näher, wenn ich jetzt implodiere. Der Zeitpunkt wäre äußerst ungeschickt, obwohl genau der richtige, weil einzige.

Ich entscheide mich wieder für Feigheit. Oder Versöhnlichkeit? Frieden? Denn zwischen all meinen Schuldzuweisungen empfinde ich das „Danke-Schade" meines Vaters auf meiner Herzebene berührend. Ja. Mein Herz schwenkt eindeutig die weiße empathische Fahne.

In dieser Schwingung erinnere ich mich an das Vergebungsritual „Ho'oponopono". Mehrfach habe ich es vergeblich praktiziert, weil nur mein Verstand an der Aussöhnung beteiligt war. Jetzt sprüht ein Funke in meinem Herzen, der einen Flächenbrand legt über alle alten Anhaftungen hinweg. Konsequentes Niederbrennen aller Feinde meiner inneren Versöhnungsarmee.

Mein Schmerzkörper kämpft gegen diese vermittelnde Regulierung und bittet mich auf Knien, diesem Friedensangebot nicht zuzustimmen. Er will weiterkämpfen, siegen, recht haben. Er nährt sich vom Leiden und erkennt erschrocken, dass eine höhere Instanz ihm gerade sein Futter wegnimmt. Zack! Hunger. Pech. Er rast. Fährt seine gewaltigsten Geschütze auf: Reue, Schuldbekenntnis, Verzweiflung, Buße und die ewige Unzulänglichkeit.

Es herrscht für zwei Sekunden ein unerbittlicher Krieg in meinem System. Ich entscheide spontan, aufrecht und plötzlich glasklar, wer die Schlacht gewinnt. Eine Friedenstaube lässt sich auf meiner rechten Schulter nieder. Vergebung.

Güte. Gnade. Barmherzigkeit. Ja, ich fühle Barmherzigkeit. In meiner kurzen Karriere als tief empfindendes Wesen ist sie eins der schönsten Gefühle, die ich kenne, gleich nach Dankbarkeit.
Ein frischer Blick.
Ein neuer Weg.
Eine Entscheidung des Herzens.
Ich fühle mich erstaunlich gut damit. Die Worte purzeln direkt aus meinem Herzzentrum ins Mirkofonloch:
„Ich bin das Gegenteil von geduldig und entspannt. Danke Papa."
...

KRIEGERIN DES LICHTS

Der euphorisierende Vaterkontaktrausch hält nicht lange an. Die Schmerzen kommen wieder. Alles ruft erneut nach einer Kurskorrektur. Ich krabbelte reumütig zu den aufgestiegenen Meistern zurück.
„Erinnere dich, wir sagten dir, es gibt keinen Weg zurück, wenn du dich einmal für die Selbsterkenntnis entschieden hast. Eingeatmetes Wissen, nicht umgesetzt, führt zu Dauerbeschuss. Das weißt du doch, Kleines." *Das weiß ich doch.* Vielleicht bleibe ich seit fünfzehn Jahren in einer Erkenntnisschleife stecken, ohne konkrete Handlungsimpulse zu haben, die mich dazu anstifteten, Veränderungen herbeizuführen. *Was bin ich blöd.*
Ein Fachidiot?
Eine neue Anderswelt findet mich: die Tolteken. Eine Hochkultur der Mayas, die statt mit marktschreierischen Weisheiten mit einfachen und klaren Wahrheiten jongliert. Ihr Boss, Carlos Castaneda, führt mich in eine direkt erfahrbare Weltanschauung. Praktizierende dieses modernen „Nagualismus" bezeichnen sich als eine Art Jäger der Kraft und des Wissens oder auch gleich ganz konkret als Krieger.

„Krieger des Lichts."

Kommt mir bekannt vor. Bloß sie haben es schon. Licht. Ich bin ihm nachgerannt. Immer schon. Kriegerin nach Licht klingt nicht gut. Ein grober Unterschied, nicht gut zu verbergen: haben und haben wollen.

Der erste Toltekenschritt ist nicht besonders neu: den Missstand erkennen. Ich bin guter Dinge, dass ich das getrost abhaken kann. Im zweiten Step stellt sich die Frage, ob diese Erkenntnis auch zum richtigen Lösungsansatz führt. Erst dann kann ein passender Handlungsimpuls entstehen. Logisch. *Handeln? Selbst handeln?* Ich habe wieder die selbstbestimmte Fährte aufgenommen. Der Krieger des Lichts steht mir zur Seite. Er betrachtet die Welt als unergründliches Geheimnis und macht sich auf den Weg, sie letztendlich zu verstehen. Er selbst sieht sich als Teil dieses Mysteriums. Ich stimme ihm zu. Ich wusste nur nicht, dass das für alle gilt. Ich war mir immer nur selbst ein Mysterium. Alle anderen dagegen so klar und so durchscheinend.

Beherzige ich den Ansatz dieses friedliebenden Soldaten, so hieße das für meine Missstände: *Ich handle so, als sei überhaupt nichts geschehen, weil ich an nichts glaube, aber alles akzeptiere.* Hieße: Nie so tun, als wisse ich. Nie so tun, als sei nichts geschehen. In dem Glauben verweilen, dass ich die Situation in der Hand habe, auch wenn mir die Knie schlottern.

So weit. So gut. Der Teufel steckt im Kleingedruckten der toltekischen Krieger- und Glaubensverfassung:

„Ein Krieger bemitleidet weder sich selbst noch andere."

„Ein Krieger nimmt die Gegebenheiten und Begebenheiten seines Lebens an und handelt entsprechend."

„Ein Krieger übernimmt Verantwortung."

„Ein Krieger hält nicht zwanghaft an Zuständen und Wahrheiten fest, sondern ist sich der Flüchtigkeit und Vergänglichkeit von allem bewusst."

„Ein Krieger versucht seine Einsichten immer für sich umzusetzen, egal wie oft er an dieser Aufgabe auch scheitern sollte."

„Ein Krieger tritt der Welt achtsam, aufmerksam, liebevoll, duldsam und mit großer Demut gegenüber."

„Ein Krieger vermeidet es, andere Lebewesen durch sein Verhalten unnötig zu schädigen."
„Ein Krieger verfolgt seine Ziele beharrlich, ohne irgendetwas zu erwarten."
Herr Castaneda klappert ungeduldig mit seinen Stiefelhacken. Ich lese es auf seiner hohen Stirn, in großen Lettern:
„EIGENVERANTWORTUNG".

Ich muss eine Entscheidung treffen. Eine, die unbedingt eine positive Veränderung einleitet. Ich treffe sie. *Ich will eine Kriegerin sein!* Drei Tage später begegne ich einem beeindruckenden Mann. Eine Freundin hat mich zu seinem Vortrag eingeladen. Gor Timofey Rassadin inspiriert mich von der ersten Sekunde an immens. Ich inhaliere die Worte mit dem russischen Akzent. Sitze mitten in seiner Absicht. Präsenz. Kraftfeld. In Nullkommanichts aufgebaut.
Mein Körper richtet sich auf und meine Kriegerin erwacht.
Herz bum bum.
Die magnetisierenden Vokabeln fliegen nur so durch die Luft:
„Selbstermächtigung",
„Realitätssteuerung",
„Bewusstseinssprung".
Ziemlich technisch. Hochkalibrig. Wahrheiten, die nicht für Prinzessinnen gemacht sind. Er appelliert an mich, an meine Schöpfermacht. *Meine?* Ich solle mein Leben selbst gestalten. *Wie jetzt?* Ein Handlungstyp. Er hat wenig übrig für persönliche Befindlichkeiten, schon gar nicht interessiert er sich für solche, die am Tresen der destruktiven Vergangenheitserfahrungen sitzen und abhängen. Ich übersetze das für mich: *Egal, wer ich in meiner Vergangenheit war, ich soll jetzt noch mal neu entscheiden, wer ich sein will.* „Zu deinem Wohle und zum Wohle aller." Warst du da? Kennst du den Typ etwa?

Keine Zeit verlieren. Selber am Rad des Schicksals drehen. Den Sieg anpeilen. Jetzt. Ein Eckhart Tolle in Ritterrüstung. Gefällt mir. Bei unserem zweiten Treffen schaut er mir lange und tief in die Augen, circa zwanzig Minuten.

„Du bist eine Kriegerin."

„Ich weiß."

Meine Stimme klingt selbstsicher. Ich bin es natürlich nicht. Ich habe ja noch nicht einmal ein Schwert, geschweige denn ein Pferd. Ich stecke noch im Anfängerkurs. Erst mal die große Klappe haben. Seine Präsenz ermutigt mich dazu. Frech sein, weiterkommen, Stiefkindjammerlappen – ich lasse alles lieber in meiner Handtasche. Es passt nicht in seine Prophezeiungen. In seiner Gegenwart fühle ich mich stabil auf meinen Beinen. Die Schuhe passen. Meine Füße zucken. Lebenselixier. Davon will ich mehr und ich bekomme es. Meine Kompassnadel ist neu ausgerichtet. Es rauscht frisches Blut in meinen Adern.

Vergangenheit was? Wer?

Gor fragt mich unablässig, wer ich bin. Meine Antworten werden unablässig konkreter. *Danke fürs Stotterndürfen.*

„Du entscheidest. Du entscheidest. Du entscheidest."

„Ich entscheide", ich hab's ja kapiert.

Aber was bedeutet das denn genau? Alle Fernbedienungen der anderen einsammeln, die über mich bestimmen wollen. Von ALLEN anderen, die über mich bestimmen wollen. Auch von denen, von denen ich unbewusst will, dass sie über mich bestimmen. *Keine Löcher im Maschendrahtzaun.* Verantwortung für jeden Gedanken übernehmen, jedes gesprochene oder geschriebene Wort, jede Handlung, jedes Gefühl. *Jeden Mucks.* Aufhören mit Versteckspielen, Ablenken, Verdrängen, Verurteilen, Bewerten, Analysieren, Zweifeln. *Hierbleiben, nicht wegrennen.* Beginnen mit Klären, Beabsichtigen, Erschaffen, Steuern, Bewusstwerden, Konzentrieren, Ausrichten. *Nie wieder einschlafen.* Loslassen. Mich lösen von allem Vergangenen, Alten, Anhaftenden, Karma. *Auch die Karminchen, die unscheinbaren.* Du merkst schon, wie Gor arbeitet, mit dem inneren Echo. Auflösen negativer Glaubenssätze, zerstörerischer Verhaltensmuster, egoistischer Bedürftigkeiten, verstandesorientierter Lösungen. *Ich löse alles, was du willst.* Und endlich das Herz ganz aufmachen. *Absolut.* Für Herzentscheidungen, Intuition, Vertrauen, Glauben, Perspektivwechsel, Schöpferinnenausdruck. *Ich bin total einverstanden. Ich mach das. Jetzt gleich.*

Siehst du, was ich gerade sehe?
Die steile Kurve da vorne?
Dann hast du eine Idee davon, warum so viele Menschen lieber folgsame Schafe bleiben wollen. Sich den Meinungen anderer unterwerfen. Dem gesellschaftlichen Anstand folgen. Unmündig bleiben, aber konsumentengerecht abgefüllt mit Leckereien aus der Bequemlichkeitsabteilung. Sesselfurzer. Den Hintern noch tiefer ins Kissen drücken. Bloß nicht an der großen Glocke läuten. Was sollen die Nachbarn denken!? Die Freunde. Die Feinde. Der Busfahrer.
Die Bequemlichkeit einer Komfortzone hat mich zwar nie gereizt. Ich kann durchaus faul sein. Ein achtsames Faul. Aber letztlich waren meine Verstecke nur anders beschriftet und auch Gewohnheiten. Jeder Veränderungsunwille heißt mit Vornamen Komfort.
Ehrfürchtig und innerlich freudespringend sattle ich im Geiste meinen Akhal-Teke, der russische Windhund unter den Pferden – er gilt als besonders geeignet für schwierige Distanzstrecken. Mein Schwert aus valyrischem Stahl schwingt dreimal durch die Lüfte, bevor es sich an meine Hüfte schmiegt.
Krieg ist Liebe.
Das ist meine Entscheidung.

GENE IM GARTEN

Morgen feiere ich mein einundvierzigstes Wiegenfest und die Geburt meiner Kriegerin.

Heute kommt Papa zu Besuch.

Aus freien Stücken.

Frag nicht. *Das hat er mehrmals bekräftigt!*

Allein dieser Umstand ist befremdlich, weil neu. Nach meiner endlos langen Sehnsucht nach meines Vaters Brust verunsichert mich meine distanzierte Freude auf unser Wiedersehen.

Kein Kribbeln im Bauch.

Kein innerer Jubel.

Kein Überschäumen und Begeistern. Keinerlei Erwartungen. Stattdessen füllen Skepsis, Vorsicht und eine gewisse Gleichgültigkeit meinen Innenraum. Ich bin angespannt. Angespannt bin ich immer. *Wohin soll das führen?* Was ist das primäre Ziel? Eine Wiedervereinigung des Blutes. Small Talk unter nächsten Verwandten. Ich weiß es nicht und bemühe mich um eine offene Haltung, bei der alles sein darf und nichts muss. Wie gesagt, ich bin darum bemüht - es kostet mich Mühe, meinem Vater als freier, absichtsloser Geist gegenüberzutreten. Als erwachsene Frau. Aber das ist nur die halbe Wahrheit oder ein Viertel davon. Mein bedürftiges Kleinkind schreit derweil im Stillen weiter, auf einen Nebenschauplatz verbannt. Mundtot. Ich halte Contenance, den Kopf oben und das Kinn gereckt. Dem trauernden Kleinkind entwachsen. Erwachsen. Schultern gestrafft. Fester Blick. Kraftstrotzender Habitus. Es ist so weit. Die Uhr schlägt zwölf. Ein Blick in den Spiegel. Schön. Ein weiterer Blick ins Haus. Alles in Ordnung. Dreizehn scharfe Blicke zum Gartentor. Noch niemand zu sehen. Um sicherzugehen, dass mein Vater auch wirklich kommt und mich hinter den sieben Bergen findet, schlendere ich langsam und betont gelassen zum Gartentor, öffne es und positioniere mich unübersehbar. Kein Motorengeräusch. Nur ein leichter Windzug, der an meinem bunten Rockzipfel spielt. Eine schutzlose Position.

Ich fühle mich unwohl.

Unsicher trete ich auf einem Quadratmeter hin und her und tue beschäftigt, was sonderbar anmuten muss. Ein blondes Fräulein am Straßenrand, das beschäftigt tut, jedoch nicht beschäftigt ist, das wartet, ohne den Eindruck zu vermitteln, warten zu wollen. *Ich kann warten nicht ausstehen.* Vor allem nicht das Warten auf meinen Vater. Also scharre ich mit den nackten Füßen im Kies und bemerke, wie sich immer mehr Spannung aufbaut. Von außen betrachtet muss ich wohl einer verlorenen Seele ähneln, die der Beobachter am liebsten in eine dicke Kuscheldecke hüllen und an sich schmiegen möchte. Ihr liebevoll über ihren Kopf streicheln und dabei aufmunternd zuflüstern.

„Du bist jetzt ein großes Mädchen. Du musst dich vor nichts fürchten. Niemand wird dich verletzen. Es kann dir nichts passieren, was dir nicht schon passiert ist."

Ich fange an, mich darüber zu ärgern, dass ich wieder so kleinkindlich empfinde. Wie so oft. *Hört das denn nie auf!?* Ich gräme mich zutiefst. Bin von mir selbst beleidigt. In mein selbst erschaffenes Knurren mischen sich, wenn auch nur sehr kurzlebig, kleine Freudefunken und ein Fingerhut voll mit Anfangseuphorie. Jetzt beginne ich, mich über meine laut posaunte absichtslose Erwartungsfreiheit zu amüsieren. So ein gottverlassener Mist. Da stehe ich, mit meinen gefühlten sieben Jahren, beladen mit all meinen unerfüllten Hoffnungen und unbefriedigten Bedürfnissen, die zufriedengestellt werden wollen. Kann ich es ihnen verübeln, dass sie so ausgehungert sind und sich über den kleinsten Bissen freuen? Selbsterhaltung – oder wie ich mich in Luft auflöste und keiner es bemerkte.

Es klingt nach einem Mittelklassewagen, wenig Feuer, dafür aber schnell unterwegs. Auch die Zeit dreht plötzlich schneller, rauscht geradezu an mir vorbei. Vor mir sehe ich eine Stoßstange, eine Autotür geht auf und wieder zu. Automatisch breiten sich meine Arme aus und ich werde an Vaters Brust in Empfang genommen und herzlich gedrückt. Kurz hält er Abstand und schaut mich an, um mich gleich wieder zu umarmen. Es fühlt sich vertraut an, als wäre es gestern gewesen. Die Jahre dazwischen scheinen sich zu verdünnen. Es bleibt nur der Augenblick. Mit nichts hätte ich mich darauf vorbereiten oder mental einstim-

men können. Es ist die natürlichste Sache der Welt, dass sich Vater und Tochter umarmen. Angenehm natürlich. Ausdrücklich legitim. Eine unbefleckte Situation. So rein wie Quellwasser.
Erstaunlich. Alle Wut und Sturheit, Angst und Verletzung wird mit dem Hauch des naturreinen Ur-Vertrauens liebevoll davongetragen. Für diesen einen kurzen Moment.
„Hallo Papa, schön, dass du gekommen bist", höre ich mich schwungvoll trällern.
„Ach, meine Suse. Menschenskinder. Ist das schön. Suse. Nee. Ich freue mich. Das ist ... schön, Suse", druckst er aufgeregt herum und drückt mich weiter in Intervallen an sich.
Ich betrachte dich. Du bist kleiner geworden. Oder ich größer. Oder beides. Du hast an Präsenz verloren. An Größe. Das kommt mir entgegen, da fühle ich mich nicht so klein. Das passt mir gut. Tatsächlich laufe ich sehr aufrecht neben dir her. Stabil. Für einen kurzen Augenblick fühlt es sich so an, als müsse ich dich beschützen. Irgendwie ist so wenig von dir da. Hast du einen Teil von dir im Auto gelassen? Wenn ja, warum?
Ein Anflug von Mitleid keimt in mir auf. Gerne würde ich meinen Papi trösten. Fragen, was ich ihm Gutes tun könne. Seltsam. Ich schüttle mich innerlich, um diese plötzlichen widersinnigen Gefühle loszuwerden. Mir ist sonderlich zumute. An seiner Seite habe ich keinen Raum, diesen Empfindungen in Ruhe nachzugehen, sie zu verstehen.
Schuldgefühle steigen aus unbekannten Räumen in mir auf. Jetzt wird der Hund in der Pfanne verrückt. Zweimal tief ein- und ausatmen und die Auseinandersetzung mit diesen bizarren Wimpernschlägen auf später vertagen. *Weg mit euch, kommt später wieder, ihr Biester! Ich kann jetzt nicht.*
Unsicher schlendern wir über unseren Großgrundbesitz. Auf viertausend Quadratmetern gibt es viel zu entdecken, um darüber zu philosophieren. Rindenmulch, Pflücksalat und bauliche Optimierungen bieten uns ausreichend Stoff für einen geschmeidigen Gesprächsfluss. Mein alter Herr glänzt mit einem großen Wissensschatz über die Kunst des Gärtnerns. Dankend nehme ich seine

Impulse auf, weil er sie als Angebote formuliert und nicht als feste Instanzen. Die Zeit rauscht zwischen den Bäumen und Sträuchern an uns vorbei. Den Augenblick genießend saugen wir voneinander so viel auf, wie der andere bereit ist zu zeigen. Bisweilen stellt sich wieder diese unbefleckte Natürlichkeit zwischen uns ein, wie ein Bilderrahmen, der das Motiv einer glücklichen Vater-Tochter-Begegnung einfasst. Ich glaube, dieses Bild empfinden wir ähnlich. Wir bewegen uns sehr achtsam in dieser wohltuenden Imitation, um sie nicht gleich wieder zu zerstören.

Wir kommunizieren harmonisch.

Schweigen innerlich.

Viele essenzielle Fragen stehen im Raum, die um eine Antwort betteln. Mein Verstand will endlich verstehen. Das Warum. Das Weshalb und das Wieso. Zerrissen stehe ich in diesem Augenblick zwischen der Wut auf die Aufklärungslücken und der blutgefüllten Glückseligkeit. Ich gebe meinem Herzen den Vortritt und verweile in der präsenten Happiness. *Ja, denk, was du willst, es fühlt sich richtig an, mein Depot mit Glückshormonen aufzufüllen. Nimm das bitte zur Kenntnis.* Mein Vater tut es ja auch, dankbar und erleichtert.

Vorerst.

Im Friede-Freude-Eierkuchen-Modus tappen wir weiter durch unsere Leben. Kleine Einblicke in den Alltag, kurze Abrisse der Persönlichkeit. Nichts Tiefschürfendes. Dafür auffallend resonant. Die Minuten sind gefüllt von beiderseitigem Schmunzeln über die Vielfalt unserer Ähnlichkeiten. Schnell entwickelt sich ein Thema zum größten gemeinsamen Nenner: der Genuss und die Freude am Essen. Wir outen uns als zur immer geringer werdenden Spezies der Fleischfresser, für die ein Rinderfilet höchster Ausdruck Gottes ist und dessen seelenschmeichelnder Genuss sich über alle ethischen Vorgaben hinwegsetzt. Ich berichte von meiner Zeit des freiwilligen Verzichts, ernte Unverständnis und bekomme als Antwort ein Plädoyer auf die Vorzüge des Fleischverzehrs zu hören.

Das bestärkt mich in meiner Einschätzung, dieses Mangelbewusstsein zu meinem eigenen Wohl wieder aufgegeben zu haben.

Wir sind uns also einig.

Gleichzeitig bekomme ich eine Kostprobe davon, wie es sich anfühlt, wenn ein Vater die Entscheidungen seines Kindes gutheißt und unterstützt. Eine unerklärliche Kraft ist dann am Wirken, die mir unbekannt, aber sehr willkommen ist. Die Bestätigung durch meinen Vater, dass ich richtig bin, so wie ich bin, ist unbezahlbar. *Das wusste ich schon immer.* Obwohl ich glaubte, davon unabhängig zu sein. Es ist unglaublich, welche enormen Kraftreserven in dieser Anerkennung stecken. *Davon will ich bitte noch mehr.* Ich bin total angefixt von diesem Anerkennungsding.

Ab diesem Zeitpunkt tue ich alles, um meinem Vater zu gefallen. Und ich muss an dieser Stelle ehrlich sein, auch wenn es mich selbst schmerzt: Ich „prostituiere" mich irgendwie. Schummle Gegebenheiten in mein Leben, schmücke aus und gehe vollkommen darin auf, diesen sehnsuchtsvollen gleichen Nenner zu nähren und zu halten. Es tut einfach so gut und ich bin ernsthaft bemüht, mich dafür nicht abzuwerten.

Ein schwieriges Unterfangen.

Es ist in etwa so: Du lernst ein wundervolles Wesen kennen und kommst sofort in die Situation, um dessen Gunst zu buhlen und dich vor diesem Menschen ins rechte Licht zu rücken. Dabei bedienst du dich solcher Mittel, die von albern bis affektiert reichen. Für deine äußeren Beobachter ist diese Hingabe eine Qual. Aber auch sie wissen, du kannst gerade nicht anders. Dabei hat dies für mich wenig mit dem Alter oder der vorherrschenden Reife zu tun. Wer frei davon ist, werfe den ersten Stein. Bitteschön.

Ich kenne keinen Menschen, dessen emotionales Konto so prall gefüllt ist, dass er sich in einer solchen Situation Ignoranz leisten kann, es sei denn, es gehört zu seinem anerkennungsheischenden Konzept. Ein Kind, das mit seinen Herkunftseltern aufgewachsen ist und unter dieser Voraussetzung in Liebe gediehen ist – was weder Bedingung noch Realität in traditionellen Familien ist –, hat eine höhere Chance, sich in solch einer Situation nicht völlig zum Trottel zu machen. *Ich weiß das. Na und?* Es kann auf intakte Resilienz und gepflegte Ressourcen zurückgreifen. Der Alltag eines Trennungskindes dagegen bietet von vornherein ein großes Anwendungsfeld für Werkzeuge, die seine Stabilität si-

chern müssen, die es in seinem unvollkommenen Zustand aber nicht aus sich selbst heraus generieren kann. Als Herausforderung ein klarer Fake.
Mit Sicherheit durchschaut mein Vater meine Motivation, ihm zu gefallen. Er scheint aber so fair zu sein, es sich nicht anmerken zu lassen. Möglicherweise geht es ihm genauso. Es hätte eine gewisse Ironie, wenn wir uns gegenseitig die Taschen vollhauen würden wegen desselben dringenden Bedürfnisses:
Hab mich lieb! Hab mich lieb! Hab mich lieb!
Die Situation hätte damit einen köstlich süffisanten Charakter und würde an Härte verlieren.
Es bleibt dabei: Wir tauschen abwechselnd Essensvorlieben aus, bis uns das Wasser im Mund zusammenläuft. Leicht erkennbar, dass es sich im beiderseitigen Entgegenkommen um eine handfeste Vermeidungsstrategie handelt.

Zwei Stunden lang umschiffen wir mit qualmender Zigarettenbeschäftigung bei Bier und Wein erfolgreich die großen Themen. Es scheint mir traurig und zugleich heikel, dass wir auf diese Niedrigkeiten zurückgreifen müssen. Und um bei der Wahrheit zu bleiben, es ist auch angenehm. Ich bin nicht gezwungen, mich gleich bei der ersten Gelegenheit mit meinem Fragenkatalog als Moralapostel der Trennungskinderfraktion zu positionieren. So gerne ich es mir wünschen würde, ich kann es nicht. Ich bin mir zutiefst unsicher, wie mich eine mögliche Ablehnung treffen würde.

Die Chancen stehen nicht schlecht, dass diese befürchtete Ablehnung nach all meiner intensiven Auseinandersetzung damit wenig Schaden anrichten oder überhaupt nicht eintreten würde. Doch das Risiko, dass es genau andersherum sein könnte, ist mir zu hoch. Das Fahrwasser zu seicht. Ich öffne meine Klappe lieber in einem geschützten Raum. Hier, bei dir. Versteh mich bitte nicht falsch: Hinter jedem dieser Buchstaben und zwischen diesen Zeilen fühle ich mich sicher. Hier kann ich seelenruhig anklagen und jammern, ohne direkt deine Empörung oder Ablehnung zu spüren, falls du so empfindest. Schreiben statt Schreien. Das Werkzeug für meinen seelischen Ausdruck wähle ich. In der Begegnung mit meinem Vater bleibe ich so still wie eine herabfallende Schneeflocke, um die man kein Aufhebens machen muss.

Nach der zweiten Flasche Bier, dem zweiten Glas Wein - ich trinke in Nennergleichheit mit - und unzähligen Zigaretten gesellt sich schließlich eine schale Energie zu uns. Frösche sitzen auf unseren Stimmbändern und ein ständiges Räuspern kennzeichnet den abrutschenden Augenblick. Wir haben alle Fleischsorten, auch Känguru, intensiv durchgekaut. In der Obst- und Gemüseabteilung haben wir zu wenig Erfahrungswerte, die der weiteren Konversation dienlich wären. Das Einsammeln der Gemeinsamkeiten hat den Zenit erreicht. Die Gesprächsthemen verabschieden sich eins nach dem anderen. Distanz baut sich auf, als hätte sie die ganze Zeit auf ihren Auftritt gewartet.
Der Rauch unseres Tabaks zieht nun auch in entgegengesetzte Richtungen. Wir sind einander abgewandt. Kaum auszuhalten. Nicht überraschend. Das Blatt dreht sich und wir befinden uns beide im Fluchtmodus. Dank meines ursachenbeleuchtenden Ausbildungs-, Seminar- und Workshop-Marathons sind mir die Signale der Körpersprache sehr vertraut. Der Körper meines Vaters spricht eindeutig:
„Ich will hier weg. Es ist genug."
Auch ich möchte, dass er jetzt bitte geht, bin aber gleichzeitig enttäuscht, die Aufstehtendenzen bei ihm wahrzunehmen. Ganz offensichtlich heißt das: Er verlässt mich wieder. Das bringt mein Unterbewusstsein in Aufruhr. Genau diese Erfahrung wollte ich nie wieder machen. Ich erkenne es, kann aber nicht gegensteuern. Ich agiere nicht mehr selbst und bewusst, sondern bin wieder in meiner seelischen Verletzung gefangen, die jetzt unvermeidlich die Regie übernimmt. Sie holt tief Luft und setzt in unserer Kommunikationspause zum inneren Gebrüll an:
Schau, was aus mir geworden ist. Eine erstaunliche junge Dame, ein strahlendes Wesen und so hübsch und so geistreich und so voller Leben ... Ja. Da staunst du. Da schwillt dir die Brust vor lauter Vaterstolz. Deine fantastischen Gene leben in mir weiter. Ein Wunder. Wirklich erstaunlich.

Leider muss ich dich enttäuschen, außer ein paar DNA-Schnipseln hast du wenig Anteil an diesem Wunder. Folglich gibt es keinen Grund, stolz zu sein. Du kannst sofort aufhören, mich so wunderlich anzuschauen. Du hast keine Legitimation, dich über dieses Wunder zu wundern. Das Wundern ist einzig mir vorbehalten. Vaterseelenallein habe ich mich durch dieses Leben gekämpft. Und tue es immer noch. Das, was hier vor dir sitzt, ist mein Verdienst. Dein triumphierender Blick verwirrt mich. An deiner Position kann ich nichts Siegreiches erkennen. Du tust mir leid in deinem Irrglauben, ein Teil davon zu sein und dass sich trotz deiner Abwesenheit alles zum Besten entwickelt hat.

Pfui.

Du darfst dich jetzt schämen.

Aber meine Lippen bleiben still. Nichts davon dringt nach außen. Nicht weil ich Angst vor einer erneuten Verletzung hätte, sondern weil ich jetzt gerade meinen Vater nicht verletzen und ihn beschützen möchte.

Nach nun fast drei Stunden fragt er mich unvermittelt – und ich erkenne erst jetzt, dass er diesen langen Anlauf wirklich gebraucht hat *(zu spät!)*:

„Wie geht es dir?"

Wiegehtesdir-Offenbarung.

Ich antworte wahrheitsgetreu und unvorbereitet spontan:

„Nicht so gut. Ich leide seit mehreren Jahren an einer Nervenneuralgie."

Er ist überrascht und wirkt betroffen. Dann hakt er nach:

„Woher kommt das?"

„Aus meiner Vergangenheit", höre ich mich sagen und lege nach:

„Das kannst du bald in meinem Buch nachlesen."

Mein Vater reißt die Augen auf, versteht aber nicht.

„In deinem Buch?"

„Ja."

Er versteht immer noch nicht. Wenn er jetzt weiterfragt, ist es vorbei. Mit allem.

„Und wie heißt dein Buch?"

Eine Sekunde lang schlägt eine heiße Stichflamme in mir hoch und durchbohrt mein strapaziertes Hirn.

„Aufschrei – die Geschichte eines Trennungskindes. Du bekommst ein handsigniertes Exemplar."
Feuerform.
Das hat gesessen.
Ich kann nicht glauben, dass ich das gesagt habe.
„Suse ... das tut mir leid."
Was genau ihm leidtut, erfahre ich nicht mehr. Mein Vater zückt sein Handy, murmelt etwas von Kaffeetrinken und steht auf. Schaut mich nicht an. Er läuft auf das Haus zu, um sich von meinem Mann zu verabschieden. Es dauert recht lange, er braucht Zeit. Ich laufe schon mal vor zum Gartentor. Wir treffen uns dort. Er gibt mir die Hand. Für drei Sätze verfallen wir wieder in oberflächliches Geplauder.
Er steigt in sein Auto.
Fährt los.
Ich winke kurz.
Er winkt kurz.
Das war's.

ANKOMMEN IM JETZT

Nach meiner gesättigten Suche im Außen – bei Therapeuten, Psychologen, Geistheilern, Philosophen, Heilpraktikern, Schamanen, Freunden, Partnern, Eltern und vielerlei Meinungen und Ansichten – bin ich bei zwei außergewöhnlichen „Herren" gestrandet. Liebevoll aber bestimmt nehmen sie mich an die Hand und führen mich in meiner eigenen Geschwindigkeit in meine wahre Selbstbestimmung und Eigenverantwortung.
Zu mir SELBST.
In traue mich, mit ihnen in meine Innenwelt einzutauchen. Zusammen haben wir schon einige Hürden gemeistert. Es ist und bleibt eine spannende Reise. Manchmal bleibe ich stehen, weil mir das nächste Hindernis zu groß erscheint. Habe ich eines geschafft, wartet das nächste auf mich, noch höher. *Nun. Bin ich noch mutiger.*
Ich suche bewusst Zeiten der Stille, der wahren Stille. Wenn ich es schaffe, sie auszuhalten, werde ich mit einem Gefühl belohnt, dass sich wie Heimat anfühlt. Dann möchte ich ewig darin verweilen und nicht wieder auftauchen. Manchmal wird die Stille unterbrochen, weil der Kopf permanent dazwischenquasselt. Dann stoppe ich den Strom meiner Gedanken. Befreie meinen Geist. Das Gelingen ist tagesabhängig. Aber nichts Mystisches. Nichts Geheimnisvolles. Ich verweile im Augenblick. Der Schmerz ist noch da. Aber er hat nicht mehr diese omnipräsente Macht über mich.
Er ist da.
Ich bin auch da.
„So ist es gut", motivieren mich die beiden Herren. „Bleib dran! Geh weiter! Sag Ja! Es ist ganz einfach."
„Ja!", sage ich lautstark zum Leben und liebäugele nicht mehr mit dem Nein. Viele haben sich an meinem Trotzkind die Zähne ausgebissen und die Hände gehoben. Meine beiden Schutzbefehlenden nicht. Sie kennen mich und wissen auch um die Kraft in mir. Es liegt allein in meinen Händen, wie ich auf die Verstrickungen meines Lebens reagiere und was ich daraus mache.

„Was vergangen ist, ist vergangen und kann nicht mehr verändert werden", sagt der eine meiner beiden Engel.
„Aber du entscheidest, wie du darauf antwortest", sagt der andere, der neben ihm steht.
Oder wie es mein Mann immer ganz praktisch versinnbildlicht:
„Ein Messer ist ein Messer - ein neutraler Gegenstand. Ich gebe ihm seine Bedeutung. Ich kann damit einen Menschen töten oder es als Werkzeug benutzen, um ein köstliches Mahl zu kochen."
Ich entscheide.
An manchen Tagen gelingt mir die passende Umsetzung dieser Erkenntnis. An anderen nicht. Und dann gibt es diese lichtvollen Tage, an denen ich in der Früh mit einem Hunger nach Leben erwache, einer Lust am Dasein und einem hoffnungsvollen Blick in die Zukunft. Ich sprühe und strahle wie ein Leuchtturm. Alles in mir ist lebendig und erfüllt von größtmöglicher Freude.
Ein Strahlekind.
Oft braucht es nur einen Satz, ein Wort, eine Geste oder einen Geruch, um an den Ohren in meine traumatisch bedingten Altgewohnheiten geschleift zu werden. Kann schon passieren. Nicht schlimm. Meine achtsame erwachsene Frau erkennt das Spiel und übernimmt die Verantwortung. Sie kämpft nicht dagegen an, sondern akzeptiert die Situation und entscheidet souverän: *Herzlichen Dank für die Einladung zum Opfersein. Aber Nein. Dafür stehe ich nicht mehr zur Verfügung. Ich steige um und fahre einfach im Zug des Lebens weiter.*
Einfach so.
So einfach.
Der Zug setzt sich in Bewegung. Ich schaue nicht in den Rückspiegel, ich blicke nach vorn, wo mich die Liebe mit offenen Armen empfängt. Jeden Tag aufs Neue, wenn ich mich dafür entscheide. Direkt nach dem Aufstehen setze ich mich auf meine Terrasse und schaue aus selbstbestimmenden Augen in die Welt hinaus. Die Welt - ein Ort, dem ich mit jedem Atemzug mehr Vertrauen schenke. Kaffee in der einen, Zigarette in der anderen Hand, formuliere ich meine Absicht für diesen Tag: *Ich bin ganz, heil und vollkommen. Ich erkenne, wer ich wirklich*

bin. Ich liebe das Leben und das Leben liebt mich. Ich bin Liebe. Ich bin Frieden. Ich bin Freude. Ich bin. Oder so ähnlich. Je nachdem. Die Variationen richten sich nach dem, was ich gegenwärtig als wünschenswert empfinde.

Wünsche.

Legitim.

Es ist ganz einfach, weil ich daran glaube, dass es einfach sein darf. Soll. Das ist auch schon das ganze Geheimnis.

Solcherlei Absichten werden von Pi mal Daumen vier Handvoll Menschen in meinem Umkreis mitgelebt. Gegenseitig erinnern, unterstützen und korrigieren wir uns. Im Gemeinsamen bekommt diese heilende Handlungsweise eine größere Kraft. Ich muss mich nicht mehr krampfhaft allein mental disziplinieren. Allein entwickeln. Alles allein schaffen. Wir kooperieren gebündelt zu unserem Wohle. Ganz automatisch trägt dieses Wohl zum Wohl der ganzen Menschheit bei. Nichts geringeres. *Ich bin ein Teil dieser Welt.* Große Familie.

Die Nebel meiner begrenzten Konditionierungen lösen sich allmählich und machen Platz für mein eigenes Licht.

Helles Licht.

Warte, kein Grund für Sonnenbrille. Meine Augen haben sich auch nur langsam daran gewöhnen können, weil sie so lange im Schatten gelebt haben. Du wirst es selber auch merken, wenn du dein Licht anknipst. Es ist ein Aufwachprozess, der sich in unserer eigenen Geschwindigkeit entfaltet und entwickelt. Ich überstürze nichts, auch wenn es mir nicht schnell genug geht. Ich bin und bleibe ein D-Zug. Aber ich atme jetzt tiefer. Verweile länger bei mir, um dann wieder bewusst und zielgerichtet Gas zu geben. Eine neue evolutionäre Qualität, finde ich. Immer bei mir meine wundervollen Wegbegleiter und Seelenfreunde. Sie erinnern mich unermüdlich an den leuchtenden Funken in mir. Ihnen verdanke ich mein Leben. Nicht weniger. Ich will sie nicht enttäuschen. Ich will mich selbst nicht mehr täuschen. Ich sehe meinen Weg klar vor mir, schlüpfe in meine roten Cowgirlstiefel und laufe los.

Die Ungeduld bleibt.
Der Glaube wächst.

Mitten in dieser lichtvollen Zeit verlässt mich unser Hund. Caba war mir der Liebste unter den tierischen Lebewesen. Ein ehrlicher Wegbegleiter, ein reines Herz. Wenn er Liebe brauchte, hat er sie sich geholt. Wenn er schlafen wollte, schlief er. Wenn er spielen wollte, tollte er herum. Wenn er nicht einverstanden war, knurrte und biss er. Er war frei und wild. Er verstand es hervorragend, seine eigenen Bedürfnisse zu befriedigen, das Leben zu genießen, nie nachtragend zu sein. Das machte ihn zu einem treuen Begleiter und dafür habe ich ihn geliebt. Vorbildfunktion.
Ein Jagdhund.
Wunderschön.
Sein Verlust stürzt mich für einen Moment wieder in die Energie der Trennung und ich rutsche in meine unterirdisch weiterlaufenden Prozesse ab. Gerade deshalb erlaube ich mir, intensivst zu trauern. *Verfluchte Welt! Wie konntest du nur!?* Einsamkeit und Wut kommen sofort zurück, als sie das hören. Es wird ad hoc dunkel. Mein Licht: off. Schotten dicht. Tauchgang.
Sechs Hände packen mich am Zopf und ziehen mich kraftvoll wieder nach oben. Ich schnappe nach Luft, atme, lebe. Zehn hilfreiche Finger - Kurt Tepperwein. Zwei Samtpfötchen - Eckhart Tolle. Die rotlackierten Nägel gehören zu mir. Wie Phoenix aus der Asche entsteige ich dem Sumpf, schlage wild mit meinen Flügeln um mich. Ich japse. Mach endlich das Licht wieder an! Ach ja, das muss ich ja selbst tun.
Ich willige ein.
Ich will leben.
Knips.

KEIN EINZELFALL

Aus der frühkindlichen Bindungsforschung wissen wir: Ein Kind braucht zuerst und zuallererst Verbundenheit, Schutz und Sicherheit, Kontinuität und Bindung. Dies sind Grundvoraussetzungen für Vertrauen und Geborgenheit und damit für die Entwicklung einer möglichst stabilen Identität. Jede Trennung, jeder Stress und jede Unruhe beeinflussen das kleine Kind in negativer Weise. Jede nur mühsam oder gar nicht zu bewältigende Erregung durch Stresserfahrung stört oder blockiert die Entwicklung seines kleinen Gehirns. Die so dringend notwendige Verbundenheit kommt da zustande, wo die Mutter und ihr ganzes Umfeld, auch der Vater und die Gesellschaft liebevoll fragen:
„Was braucht das Kind?“
Ich bin es leid, den Sündenbecher wahllos weiterzureichen und die Schuld für mein Trennungskinddasein im Außen zu suchen. Trotzdem verkneife ich mir keine kritischen Anmerkungen zu Verhaltensweisen und Umgangsformen, wenn ich darin etwas wahrnehme, das die Idee des Getrenntseins nährt. Nicht nur beim Einzelnen, sondern auch kollektiv. Die Karte des „Schwarzen Peter“ streift meines Erachtens die ganze Gesellschaft.
Angesichts unseres westlich-privilegierten Daseins (wir wohnen nur einfach da, wo es reicher ist) ist es umso trauriger, dass das reale Leiden von Trennungskindern geschmälert wird. Wir leben Individualisierung und Selbstverwirklichung vor dem Hintergrund schier unbegrenzter Möglichkeiten, aber die Stiefkind-Identität wird nicht zur Option erhoben, sie wird einfach verfügt. Du kannst dir zwar als erwachsener Mensch frei aussuchen, wer oder was du sein willst, aber als Kind musst du dir die Trennung deiner Eltern zwangsmitaussuchen - meist in einem viel zu zarten Alter. Diese Fremdbestimmung bringt in der Hauptsache pures Leid und in der Nebenwirkung komplexe Beschwerden mit sich - das wahre Ausmaß kann nur das Kind selbst beurteilen. Es gibt keinen Impfstoff dagegen. Keinen.
Jeder weiß das - jeder, selbst getrennt oder nicht getrennt. Warum wird dieses Trennungskinderleid dann gesellschaftlich verdrängt? Das ändert doch nichts

daran, dass es da ist und wahrgenommen werden will. Die Schweigemauer der Betroffenen bröckelt und bricht früher oder später doch. Lieber später? Ist das irgendwie besser? Wenn das Leben schon halb verhunzt ist? Es vergeht kaum ein Tag, an dem mich dieses Thema nicht erreicht - längst nicht nur in Form meiner eigenen Symptome. Ich dachte lange, meine Erfahrungen seien ein Einzelfall. Glaubte maximal an einen Bus voll gleichgebeutelter Stiefkinder. Heute weiß ich es besser. Die Häufigkeit überrascht mich immer noch. Ich habe schon mit so vielen gesprochen: Gesichter voller Traurigkeit, leere Blicke und unterdrückte Wut. Wir kommen schnell auf die Essenz zu sprechen.

Die Sache ist akut.

Wir müssen handeln.

Unterdrückte Wut und verdrängte Verletzungen dürfen sich nicht wie ein gesellschaftlich akzeptierter Virus ausbreiten. Das passt nicht zu den Werten, die wir sonst so hochhalten. „Familie ist überall dort, wo Kinder wohnen", propagiert die Christlich Demokratische Union. Der Buchmarkt spuckt wöchentlich supervisierte Ratgeber in die traurige Suppe. Mit lyrischem Sprachgefühl wird das Bild einer „ganz normalen" Patchworkfamilie vermittelt. Eierkuchenmentalität. In fast allen Publikationen wird dem Stief- oder Trennungskind zu wenig Platz eingeräumt. Wer genau liest, erkennt: Garantiert steht das Wohl der Erwachsenen im Vordergrund. Das muss sich ändern! Das Kindeswohl gehört in den Mittelpunkt der Aufmerksamkeit.

Ich erinnere an dieser Stelle an den Familienreport 2017 des Bundesministeriums für Familie, Senioren, Frauen und Jugend: „Die Familie ist für 79 Prozent der Bevölkerung der wichtigste Lebensbereich." Aha, eigenartig. Selbst Fitness, Comics und Esoterik beanspruchen einen größeren Regalanteil im Buchhandel als die Lektüren zur Familie - alle Modelle zusammengenommen! Die Geschichten der Sippen werden schmalst abgehandelt. Das Familienleben ist nicht a priori. Wenn man sie überhaupt findet, lauten die frischfröhlichen Titel: „Und plötzlich war ich zu sechst - aus dem Leben einer ganz normalen Patchworkfamilie" oder „Glückliche Stiefmutter - Geht's mir gut, geht's allen gut". Manche Covertexte sind nicht weniger buntgefärbt: „Hier ist das Buch für alle, die un-

versehens Stiefmütter oder Stiefväter werden" oder „Mit ihren drei Kindern aus erster Ehe träumen Lars und Beate davon, eine neue Familie zu gründen".
Sind Kinder eigentlich der Besitz von irgendjemandem?
Im Taschenbuchformat wird das Schuldbewusstsein der Eltern radiert und ihnen für ihren fortschrittlichen Umgang mit einem fortschrittlichen Problem in einer fortschrittlichen Zeit stolz auf die Schultern geklopft. Meine verletzte Kinderseele erreichen diese Ratgeber nicht. Meinen Empfindungen ist darin keine Seite vorbehalten. Ich darf als Komparsin auftreten in meinem eigenen Film. Geht es den Eltern gut, geht es den Kindern gut.

Ach so? Nicht umgekehrt?
Erwachsenenrechte und Erwachsenenbeziehungen bekommen meistens mehr Aufmerksamkeit als das Kindeswohl. Derweil weinen die betroffenen Kinder still und heimlich. Wo finden sie Gehör? Wo drücken sie sich aus? Wer gibt ihnen eine Stimme? Wir sollten das tun. Du und ich. Wenn es sonst keiner tut. *Mich hat niemand gefragt.* Bisher kam ich nicht zu Wort: „Sag doch mal, Susanne, wie es sich anfühlt, wiederholt in destruktiven Dauerschleifen gefangen zu sein? Was sind denn deine Ängste und Sorgen?" Stattdessen: „So war es nun mal, jetzt musst du das Beste daraus machen, Susanne."
Das Beste!?
Für wen?
Bestens, nein, bestens geht es mir damit nicht!
Subtexte: „Sag lieber nichts. Niemand will das hören." *Sei ein braves Mädchen.* „Übertreib doch nicht so. Lass die alte Geschichte doch endlich mal ruhen." *Alte Geschichte? Meine Geschichte!* „Du retraumatisierst dich nur damit. Dir geht es doch gut jetzt." *Ja. Es geht mir gut. Aber vielen anderen nicht.* „Muss das denn sein, dieses Buch?" *Ja, es muss sein, dieses Buch.*
Es war nie nur eine Option. Meine Anklagen werden kaum jemandem schmecken, das tun sie aber nie. Richtig? Mein lauter Schrei, meine wilde Wut und meine langatmige Ohnmacht sind emotionale Katalysatoren in einem gesellschaftlich relevanten Aufwachprozess. Dieses Buch macht deutlich, dass der

Weg der Verdrängung und der Bekämpfung seelischer Verletzungen ein Irrweg ist. Das Thema „Trennungsbedingt traumatisierte Kindheit" gehört ins Bewusstsein der Öffentlichkeit.

Starker Tobak?

Unbequem?

Ja. Aber gleich nach der kollektiven Empörung können wir offiziell in einen Austausch kommen und uns ehrlich begegnen. Wie und wo sonst, wenn nicht in der Öffentlichkeit, sollten herzoffene Kooperationen entstehen, die neue Lösungswege für den konformen Schuldethos finden, für all die verborgenen zwanghaften Selbstbestätigungsverrenkungen und Täter- wie Opferidentitäten. Wir brauchen für das höchstsensible Moment des „getrennten Kindes" ein konstruktives, wertschätzendes Miteinander, das die Kraft hat, alles Schmerzliche in ihm zu überwinden. Es gehört auf seinen richtigen Weg getragen. Gehört unterstützt. Nicht mit Psychopharmaka und psychologischen Etikettierungen, sondern mit echter gesellschaftlicher Teilhabe.

Wem ist der Vorwurf zu machen, dass diese notwendigen Veränderungen bisher nur von wenigen erkannt und umgesetzt werden - Einzelfälle, nicht modellhaft? Den Eltern, der Gesellschaft, den Politikern? Keinem. Entscheidend ist doch, wer die Verantwortung übernimmt. Die Konditionen und Konventionen, in die das Thema „Trennung" so irreführend verstrickt ist, müssen sichtbar gemacht und diskutiert werden. Anders lässt es sich nicht sinnvoll und nachhaltig lösen. Das kann schmerzhaft sein. Ja. Weil wir normalerweise genau das vermeiden wollen: den Schmerz. Dazu braucht man Schneid.

Meine Mama reagierte auf meine Ursachenforschung oft mit Bedenken: „Das haben wir früher nicht so gemacht. Damit hat sich keiner beschäftigt. Ob das alles so gut ist?" Es mag sein, dass die psychologische Aufklärung erst in den letzten Jahrzehnten wirklich brauchbare Grundlagen gelegt hat, um Trauma & Co tiefer zu verstehen. Insofern mag es auch eine Frage der Generation sein. Ich gehöre zu der Generation, die aufgeklärt ist. Sein sollte. Kann. Wenn der Wille da ist. Ich bezweifele stark, dass es gut und richtig wäre, sich nicht „aufzuklären" und stattdessen den unbewussten Prozess der tätigen Verdrängung an die wiederum folgenden Generationen weiterzugeben. Unbewusst. Schädliche Wiederholungen. *Wir haben es in der Hand.* Sich und andere zu schädigen entspricht nicht der menschlichen Natur. Es ist unnatürlich. Selbstzerstörerische Tendenzen haben triftige Gründe und Ursachen. Kein Hokuspokus. Ich erinnere dich an Frau Liebmann. Eine minimale Portion Berührbarkeit kann ein Anfang sein.

Was sagt mein Herz dazu? *Hör nicht auf deine Synapsenparty im Kopf, die anderen gefallen möchte.* Also eher schonungslos aufrichtig, mir und anderen gegenüber. Traurige Herzen, Sehnsucht nach Geborgenheit, Liebe, Nähe und Verständnis - das kennen alle Trennungskinder und, ja, auch viele Kinder in traditionellen Familien. Wo ist der Ausweg? Gründung einer eigenen Familie? Soll diese meine eigene Seele retten? Sollen meine eigenen Kinder dann zum Trostpflaster für mich werden? *Ich schau genau hin. Ist das eine Sicherheit oder eine Illusion?*

Nach intensiver Prüfung habe ich mich entschlossen, mein Heil nicht in eigenen Kindern zu suchen, sondern bei mir selbst. Bevor das nicht geschehen ist, möchte ich meine Verletzungen und Bedürftigkeiten nicht auf meinen Nachwuchs projizieren - sie sollen glücklich aufwachsen und nicht mit meinem Müll beladen werden. Das heißt für mich, Verantwortung zu übernehmen.

Meine Entscheidung.

Ich bin ein Fan des altbackenen Familienmodells „Ehe" und der Zusammengehörigkeit. Trotz allem. Es gibt keine Sicherheiten. Das einzig Sichere im Leben ist die Veränderung. Und doch. Ich finde es erstrebenswert, es zu versuchen, und ich bewundere all jene, die den Mut dazu finden. Die den Mut haben, zuallererst sich selbst treu zu sein - auch und besonders in einer Partnerschaft. Die den Mut haben, sich ihrer Vergangenheit zu stellen, um sich von ihr nicht mehr definieren zu lassen. Die den Mut haben zu erkennen, wer sie sind und was sie wirklich wollen. Im Auftrag der Liebe. Nur so kann ehrliche Verbundenheit entstehen. Nur so können getrennte Kinderseelen heilen. Nur so können Eltern wertvolle Eltern sein.

Erziehung ist Beziehung.

Wenn sie sich auf das Kind bezieht. Wenn die Entwicklung des Kindes nicht von den Erwartungshaltungen der Eltern blockiert wird oder sich das Verhalten des Kindes nicht durch ein zu großes Liebesverlangen an die Bedürfnisse der Eltern anpassen muss.
Das ist nicht so?
Schwarzmalerisch?
Warum sind Kinder dann so oft kleine Abziehbilder ihrer Eltern? Viele haben unter der Fuchtel der Erwachsenenautoritäten - auch der Pädagogen - gar nicht die Chance, sie selbst zu sein. Oder wie es der geschätzte Biologe Gerald Hüther oft sagt, sie werden nur eine „Kümmerversion" dessen, was aus ihnen hätte werden können. Das ist kein Angriff per se gegen Eltern, sondern ein Appell an sie, die Ursachen für diese Realität zu hinterfragen. Die eigenen traumatischen Konditionierungen zu erkennen und zu verändern und sie eben nicht mit gutem Glauben als destruktive Dauerschleife an die eigenen Kinder weiterzugeben. Nach Einschätzung des Psychologen Fuhrmann, bei dem ich in die Kunst des Familienstellens eingeweiht wurde, dauert eine solche Veränderung, wenn sie nachhaltig sein soll, vier Generationen! *Also, lass uns beginnen!*
Die Zukunft gehört den Mutigen.
Die Zukunft gehört den Verantwortungsvollen.
Die Zukunft gehört den Liebenden.

PRO FAMILIA

Die Trennung meiner Eltern erkenne ich aus heutiger Sicht als einzig möglichen Ausweg aus ihrem Leiden. Ich bin mir sicher, sie hätten gewünscht, es gäbe einen anderen, weniger schmerzhaften. Weder bin ich eine Befürworterin des lieblosen Aushaltens in einer Beziehung der Kinder wegen, noch verkenne ich den Schmerz - wodurch auch immer hervorgerufen -, der als unaufhebbarer Grund schlussendlich zu einer Trennung führt. Bis zu dieser Zeile hielt sich meine Meinung aufrecht, dass eine Trennung die Tragödie per se darstellt. Doch dieses Gedankenkonstrukt wackelt. Ich traue mich, die Medaille umzudrehen und genauere Fragen zu stellen:

Ist eine unglückliche Ehe eine Tragödie?

Ist es akzeptabel, seinen Kindern eine „falsche" Liebe vorzuleben?

Ist es wahrhaftig zusammenzubleiben, damit die Leute hinter dem Rücken nicht schlecht reden?

Was passiert mit den Elternseelen, wenn sie bleiben, obwohl sie sich nicht mehr lieben?

Ist es gesund und natürlich, auf sein eigenes Glück zu verzichten der Kinder wegen?

Die Antworten darauf können nur individuell gegeben werden, so individuell, wie du und ich individuell sind.

Ich richte mein Augenmerk explizit auf solche Paare, die sich aus egoistischen Bedürfnissen und orientiert an einem falsch propagierten Selbstbild heraus trennen: Höher. Weiter. Schneller. Schöner. Knackiger. Aufregender. Ihr Credo: „Die Welt gehört denen, die sie jeden Tag aufs Neue erobern."

Erobern?

Falsch verstandene Selbstverwirklichungsutopien.

Unter Selbstverwirklichung verstehe ich zuallererst den inneren Prozess, sich selbst wahrzunehmen durch das Zulassen der eigenen Gefühle. Das muss nicht zwingend unter Ausschluss der Familie geschehen. Trip nach Indien. Trend, aber oft schon der Anfang vom Ende. Ausschluss - ganz schlecht. Schon vermieden.

Schon verpasst. Im Gegenteil: Wie wäre es, wenn Selbsterkenntnis und persönliche Entwicklung Teil des Familienkonzepts wären? *Ich will, dass es dir gut geht. Ich will, dass es mir gut geht. Können wir bitte beide dafür sorgen?*
Inmitten der Familie.
Wachsen dürfen.
Sich entfalten.
Und nicht nur das: Möglicherweise hätte die ganze Clanstruktur dann überhaupt erst ein stabiles Fundament. Nicht entweder Familie oder Selbstverwirklichung, sondern sowohl als auch. Ich trenne beides nicht mehr, sondern verbinde beides. Spür mal rein. Was fühlst du? Gute Idee? Erleichterung? Oder findest du das absurd? Letzteres wäre verständlich. Die meisten Paare haben Entwicklung gar nicht auf dem Schirm. Schon gar nicht als gemeinsames Projekt. Das heißt aber nicht, dass es keine gute Idee ist. Es geht nicht um Kompromisse machen. Vielmehr darum, ein gewisses Mentoring zu kultivieren: *Ich fördere dich. Ich werde von dir gefördert.* Nicht nur die Kinder, die Eltern vor allem. Wenn es aber zum Unvermeidlichen kommt: Die Trennung beeinflusst die Kinder immer schmerzhaft. Wie können die Eltern die schmerzhaften Gefühle mildern? Durch ihr Verhalten. Liebevolle Kooperation. Das ehrliche Miteinander des Paares hat doch zu irgendeinem Zeitpunkt mal real bestanden. Kann man sich darauf berufen und sich darauf einigen, auch wenn die Liebeskraft nachgelassen hat? Wenn der Streit ausgefochten ist und jeder seiner Wege geht, können die Feindpositionen dann aufgegeben werden (der Kampf ist doch vorbei)?
Die Absicht des Kindeswohls.
Authentizität, das neue Zauberwort. Wenn beide nur getrennt vom anderen wahrhaftig sein können, dann steht einer wahrhaftigen, authentischen Vorbildwirkung im wöchentlichen Wechselspiel der Zuständigkeiten doch nichts im Wege? Wenn Vater und Mutter jeweils ganz bei sich angekommen wären, könnte dieser friedliche Umstand das Vertrauen der Kinder nähren und weniger ihre Angst schüren. Die getrennten Partner müssten nur loslassen von der Schubladen-Idee „Ich liebe dich nur, wenn ..." – dieses enttäuschende Spiel beenden. Sich lassen. Loslassen. Nicht den Schlamm hinterherwerfen. Statt Liebe an

Erwartungen und Bedingungen zu knüpfen, die Selbstliebe nähren. Selbstemphatisch sein. Getrennt oder nicht getrennt.

Ist das möglich?

Ja.

Und dann den Blick wieder von sich abwenden. Sich nicht endlos um die eigene Achse drehen. Den Blick auf das Kind richten. Raum der Geborgenheit und des Schutzes - oberstes Gebot. Raum schaffen für die auszudrückenden Gefühle des Kindes. Wahre Gefühle. Erleben und äußern. Geschützt. Das Kind ernst nehmen. Ihm auf Augenhöhe begegnen, gleichwertig. Ich möchte das Glaubensmuster „Eltern wissen am besten, was gut für ihr Kind ist" hinterfragen. Ist das so? Ich behaupte: Das Kind weiß es am besten. Man muss es nur fragen. Zuhören. Ihm glauben. Die Lehrerposition verlassen und lernen vom Kind.

Verkehrte Welt?

Ganz und gar nicht.

Was soll verkehrt daran sein, einem Kind eine reife Psyche zuzugestehen. Quatsch, nur weil es kleiner oder jünger ist? Sich erheben, als Eltern, über das Kind. Genau das hat mich lange Zeit innerlich rasend gemacht. Gefühle sind Gefühle, ob in einem kleinen oder großen Körper, kleinen oder großen Herzen. Kinder wissen, was sie brauchen. Es geht hier nicht um ein Nutellabrötchen. Es geht um Liebe. Echte Liebe. Respekt. Würde. Dazu gehört auch, sich die Mühe zu machen, die Gefühle und Bedürfnisse des Kindes zu ergründen und zu beachten, die es nicht ausdrücken kann. Noch nicht. Dazu sind Eltern ja da:

Fördern!

Ermutigen!

Was würde dir helfen als Trennungskind? Vielleicht ein Mensch, dem du vertraust, weil er dich versteht, fühlt und ernst nimmt? Ein Mensch, dem du offen deine Gefühle mitteilen kannst? Logisch, dann musst du sie nicht verdrängen. Das A und O einer gesunden Seele. Ein Mensch, der dir glaubhaft macht, dass eine schmerzhafte Geschichte auch ein gutes Ende haben kann. Ein Mensch, dem du Glauben schenken kannst, weil er dir ehrlich aus seinem Leben erzählt. Ein Mensch, der dir erwachsene Perspektiven aufzeigt, die dich motivieren, kein

Opfer zu sein.
Dieser Mensch können die Eltern sein - der Vater, die Mutter. Einzeln oder als Paar. Wenn dieser Mensch ganz da ist, könnte es weniger schmerzhaft sein, wenn die Haushalte getrennt werden. Weniger. Immerhin.
Ich stelle mir vor, dieser Mensch hätte mir eine interessante Geschichte erzählt. Zum Beispiel, dass ich all meine Erlebnisse später aufschreiben und mit anderen teilen könnte. Oder er hätte mir den Gedanken anbieten können, dass in jedem Schmerz auch ein Geschenk für mich liegt. *Heilfroh wäre ich gewesen. Das kannst du mir glauben.*
Was kann die Familie noch tun, um zu vermeiden, dass das Trennungskind sich jahrelang in eine destruktive Schmerzschleife verwickelt, aus der es nur schwer wieder herausfindet? Begleiten. Mitfühlen. Aufbauen. Ganz ehrlich? Ohne Herz öffnen wird das nicht funktionieren. Lieben - ob Blut oder Wasser - kann man nicht am ausgestreckten Arm. Man muss nah ran. Ganz nah. Ans offene Feuer. Es ist nicht gefährlich. Im Gegenteil, es ist warm.
Zugegeben, ich - als Trennungskind - habe mich mit meinem Vorhaben, meinen Liebeshunger zu stillen, zu lange auf meinen Vater fokussiert und nicht erkannt, dass ich in einem Meer von Liebe bade, das beständig von anderen Menschen gefüllt wird. Die Suche nach meinem Vater, irgendwo da am Ufer, hat meine Empfänglichkeit blockiert für die Liebe, die bereits da war. Die ganze Zeit. Erst als ich meine Suche beendete und auf mich und das Meer blickte, war ich offen für all die Liebe, die es um mich herum schon längst gab. Aber dann habe ich ihr meine Tür geöffnet und sie hat mich regelrecht überschwemmt. Ich habe losgelassen und mich in sie eingehüllt. Während dieses herzöffnenden Prozesses hat sich meine Idee von Familie ausgedehnt, über ihre traditionelle Begrenzung hinaus. In dem Kreis meiner Familie habe ich neue leere Stühle platziert und alle Stiefs und Trenns und alle Freunde herzlich eingeladen, Platz zu nehmen und teilzuhaben.
Schoßvergrößerung.
Selbstgewählt.
Wahlfamilie.

Ursprungsfamilie trifft Seelenfamilie.
Kein Entweder-oder mehr. Ein Und. Ein Wir. Verbunden, nicht getrennt.
Kraftplatz.
Befruchtend.
Evolutionär.
Die Zukunft?

ENT-SCHLUSS

Ich verlasse die alte Route. Kurswechsel. Klar Deck! Die Segel sind gehisst. Destruktive Glaubenssätze über Bord. Vermeidung und Anpassung schippern auf einem alten Kutter zurück zu ihrer Quelle. Die Angst vor Verlust und Ablehnung hängt am seidenen Faden der Reling. Sie fleht um Hilfe. Meine Entwicklung nimmt eine Nagelschere und versenkt sie in den Tiefen des Meeres.
Ahoi.
Die blinden Passagiere - ausgeliefert an Poseidon. Mein innerer Kompass zeigt auf Norden. Anker lösen. Neuausrichtung. Meine Absicht ist klar:
Alle-Mann-Manöver.
Wir sind vollzählig. Ich bin Kapitänin, Steuerfrau und Matrosin zugleich. Mit aufrechtem Gang schlendere ich über mein Deck und betrete die Kommandobrücke. Ehrfürchtig nähere ich mich dem Steuerrad aus massivem Holz. Frisch hochglanzpoliert. Liebevoll streichle ich über die Messingnabe und sauge den Geruch von Freiheit ein. In Zeitlupe schweift mein Blick über den Horizont. Zeit. Nichts drängelt und drückt mich. Es gibt keine Abfahrtszeiten. Noch weniger Ankunftszeiten. Meine Finger ruhen auf den Griffenden. *Die Macht in meiner Hand.* Mein Blut rauscht frisch und hingebungsvoll in meinen Adern. Die Morgenröte taucht aus dem Meer und kündigt Fahrtwind an.
Mein eiserner Wille richtet sich neu aus. Von schmerzhafter Selbstdemütigung hin zu heilsamer Selbsterfahrung. Recht so! Meine Opferhaltung klopft herrisch

an die Tür meiner Kajüte. *Ich öffne dir nicht.* Mein Selbstmitleid funkt mich an. *Ich stehe nicht mehr zur Verfügung.* Aus dem Motorraum schallt eine verzweifelte Stimme: „Die anderen sind an allem schuld." *Ich schalte jetzt besser das Radio an.* „Was wir alleine nicht schaffen, dass schaffen wir dann zusammen. Dazu brauchen wir keinerlei Waffen, unsere Waffe nennt sich unser Verstand. Was wir alleine nicht schaffen, das schaffen wir dann zusammen, nur wir müssen geduldig sein, dann dauert es nicht mehr lang."

Xavier weiß es.

Ich weiß es.

Du weißt es.

Dass wir nichts wissen. Die besten Voraussetzungen, um die Segel zu hissen und in ein ungewisses Abenteuer aufzubrechen. *Mach die Leinen los!* Volle Kraft voraus in unser selbstbestimmtes Leben. Wir legen ab und gleiten in ein Meer voller Möglichkeiten. Finale Gedanken rauschen vorbei. Das Schiff verlangt nach einem Ziel. Geben wir es ihm. Kurs auf San Sebastian. Diese Stadt ist purer Seelenbalsam. Hier ist das Herz weit und der Schmerz mild. Ein Ort der tausend Worte und ein gastronomisches Paradies. Der Wind trägt uns liebevoll in die Bucht Bahía de La Concha.

Anker werfen.

Lippen nachziehen.

Vergangenheitsbefreit und beschwingt ans Ufer laufen. Schlussendlich ist es auch kein Schluss, sondern das Ergebnis der ersten Schritte in Cowgirlstiefeln. Welche Schuhe hast du eigentlich an? Egal, weiter.

Wir Glücklichen.

Die Absätze klackern. Wir betreten das Cafe „De la Concha". Atemberaubender Blick. Am Horizont die aufgehende Sonne.

Rot.

Wir strecken genüsslich die selbstbestimmten Glieder von uns.

Wir Glücklichen.

Wir sind.

Also sind wir.

AUFHEBUNG

Sein Unglück
ausatmen können
tief ausatmen so dass man wieder einatmen kann
Und vielleicht auch sein Unglück
sagen können in Worten
in wirklichen Worten
die zusammenhängen
und Sinn haben
und die man selbst noch
verstehen kann
und die vielleicht sogar
irgendwer sonst versteht
oder verstehen könnte
Und weinen können
das wäre schon fast wieder Glück

ERICH FRIED

EPILOG

Ich habe mich entschieden, meine Stiefkind-Identität und meine Trennungs-Mentalität abzustreifen - auch mit all ihren „Vorteilen". Klar Schiff zu machen, meine Geschichte als das zu erkennen, was sie ist: eine Geschichte. Ich fühle mich wie eine Raupe, die sich bald aus ihrem Kokon herauswindet - elegant -, um ihre Flügel auszubreiten und in ein Leben zu fliegen, das frei ist von Verlustängsten, Aufmerksamkeitsdefiziten und dem ständigen Ringen nach Liebe.

Das große schwarze Loch, das mein Vater mir hinterlassen hat, kann niemals vollständig gefüllt werden. Es ist da, es hat seine Berechtigung, es ist ein Teil von mir und hat mich zu dem Menschen werden lassen, der ich heute bin. Ich kann wirklich nicht behaupten, ich hätte meinen Frieden damit gemacht. *Ich bin versöhnlicher im Umgang damit.*

Ich bleibe auf meinem Weg, egal wie lang er noch ist. Auch wenn die Narben nie ganz verschwinden, bleibe ich gespannt, ob die Zeit wirklich ein Wundenheiler ist. Dir - du Zerpflücktes - wünsche ich aus tiefstem Herzen, dass du einen Weg findest, deine Verletzungen zu heilen, mögen sie noch so gering sein. Einen selbstbestimmten Weg, der dich in ein eigenverantwortlich und glücklich gestaltetes Leben führt. Deine zahlreichen Umwege und erfolglosen Bemühungen mögen dich nicht davon abhalten, von einem Leben zu träumen, in dem du ganzer Mensch bist. Protagonist. Protagonistin.

Ich wünsche dir und mir, dass wir gemeinsam mit jeder unserer Entscheidungen entscheidend das psychische Profil einer ganzen Generation mitprägen. Nur wenn wir - wenn wir schon nicht als Kinder heil waren - als Erwachsene heil werden, können wir wirklich persönlich und gesellschaftlich Verantwortung übernehmen. Wir sind die Geschichtenschreiber unseres Lebens, die Selbstpoeten. *Poesie statt Drama.* Unsere eigene Wahrheit ist unser höchstes Gut und das Motiv, das uns antreibt, einen neuen Weg einzuschlagen. Wir sind nicht klein, unbedeutend und getrennt - ein leidvoller Irrtum des Geistes. Wir sind nicht Opfer unserer Umstände oder Gefangene einer schmerzhaften Illusion.

Eigenverantwortung.

Dieses Wort macht mir immer noch Sorgen. Damit kann ich leben. In unserer Selbstbestimmtheit streichen wir die Frage nach der Schuld. Keiner hat schuld - keine Mutter, kein Vater, kein Kind. Schuld ist ein ausgedienter Mythos, dem wir mit Immunität antworten. Zeit für einen neuen Ethos - einen stolzen, einen wilden. Es gibt kein endloses „Zurück in die Vergangenheit" mehr. Keinen scheuklappen-konditionierten Blick in die Zukunft mehr. Wir schauen nur nach innen. Das ist der einzige Weg, um uns selbst zu erkennen. Die einzige Selbstoperation. Am offenen Herzen. Wir wissen auch warum und wozu:
Wir werden hier gebraucht.
Wir sind wichtig.
Wir werden geliebt.
Die öffentliche Meinung hat als die oberste uns beherrschende Instanz ausgedient. Sie mag wichtig sein, um uns eine Orientierung zu geben und mit uns in Dialog zu treten, aber nicht mit der Absolutheit einer Sklavenhalterin. Eher als Kooperative. Augenhöhe. *Auch die Argusaugen.* Wir sind nicht mehr abhängig von den Gefühlen, Ansichten und Urteilen anderer, vielmehr prägen wir sie aktiv mit, damit sie milder werden, zugänglicher, empathischer - berührbarer. Die fremdbestimmte Masse: Wir sind immer auch ein Teil davon. Manchmal schauen wir oben heraus und verstehen alles. *Ein berauschendes Gefühl.* Manchmal gehen wir darin unter und verstehen gar nichts. *Ziemlich unangenehm.* Ist so. Mal so, mal so. Aber ein Prozess, kein On-off-Schalter. Wir kriegen mit, wenn wir aufsteigen und klar werden, und wir kriegen auch mit, wenn der Nebel aufzieht. Schöne Gefühle. Hässliche Gefühle. Aber die eigenen. Deine. Meine.
Wenn wir nicht länger emotionale Gefangene unserer eigenen Leid erzeugenden Gedankenwelt bleiben, sind wir ein Lichtblick in der trüben Suppe der Opferspeisung. Licht. Nicht Eierkuchen. Die traumatisierten Kinder in uns sind auch und gerade die Urheber für einen heilsamen Unfrieden auf dieser Welt. Das Fazit muss man nicht mögen, aber anders geht es scheinbar nicht. Das ist ja das wahre Drama. Sie stiften Unfrieden, damit sich gekümmert wird. Bellen vor Hunger. Schon deshalb müssen wir aufstehn und dieses Kümmern vollbringen.
Selbst.

Entscheiden wir neu.
Entscheiden wir jetzt.
Raus aus der Stiefkindhaltung! Rein ins Leben!

Ich habe dir meine Geschichte anvertraut. Darin bewerte ich mein eigenes Leben mal richtig, mal falsch und das jeden Tag neu. Heute, morgen und auch übermorgen spreche ich meine Wahrheit aus, auch wenn sie der von gestern widerspricht. Du darfst selbst urteilen, mir misstrauen, mich verstehen oder missverstehen. Glaub mir kein einziges Wort. Hinterfrage und prüfe alles. Ich habe nur den einen schlichten und doch zielstrebigen Anspruch, dich an deine eigene Geschichte und an deine persönliche höchste Wahrheit zu erinnern. Wenn mir dies gelungen ist, dann sei mir das Lohn und Freude genug.
Jeder, der auf dem Weg zu sich selbst ist, sich mutig mit den Verletzungen seiner Kindheit auseinandersetzt und den Schmerz aushält, verdient meinen höchsten Respekt und meine größte Dankbarkeit.
Deine Entscheidung.
Deine Geschichte.
Deine Macht.
Dein Leben.

Anfang und Ende reichen einander die Hände. Mein Schluss-Wort „Leben" inspiriert mich jetzt selbst, wieder Zauber eines Anfangs zu sein. Den nächsten Schritt zu setzen. Das Leben zu beginnen – immer wieder neu. Wahrhaftig zu sein in Begegnungen. Von der Heilkrise umzuschwenken auf den Heilungsprozess. Zoom. *Wo sind die Lösungen?* Wir sind die Lösungen. *Wo sind die Antworten?*
Wir sind die Antworten.
Die perfekten.
Die ganzen.
Ich.
Du.

DANKE

Das Wort „Danke" ist schnell dahingesagt. Von Kindesbeinen an wird es omnipräsent abverlangt und tausendfach wiederholt. Bitte. Danke. Bitte. Danke. Simulierte Höflichkeit. Innen hohl. Der Dankedrill bleibt meist ohne die tiefe Erfahrung der kraftvollen Energie, die eigentlich darin steckt, wenn es wirklich so gemeint ist. Wenn genug Zeit da ist, es überhaupt so meinen zu können. Das dahinter liegende Prinzip ist nichts geringes, es hat immerhin einen prominenten Platz in der Bergpredigt. Nicht umsonst.

Geben und Nehmen.

Eher geben als nehmen, soweit ich mich erinnere.

Nun. Ich wollte nicht in die Worthülsenfalle tappen, daher habe ich lange gewartet mit dem Dankesagen. Jetzt erst, wo das Buch geschrieben ist, fast schon im Druck, überrollt es mich wie von selbst. Quillt aus meinem Herzen. Ein bisschen wie Grimms süßer Brei.

Warm und nährend.

Als Erstes sage ich dir Danke für die innige Verbindung. Ich spürte beim Schreiben, dass du mir die ganze Zeit deine Aufmerksamkeit schenktest. Das ist bei weitem nicht selbstverständlich.

Als nächstes danke ich allen irdischen Befürwortern, die so unendlich liebevoll mitgewirkt haben, dass ich spätestens jetzt davon überzeugt bin, definitiv nicht allein und aufgeschmissen zu sein. Über mir schwingen die weniger irdischen Flügel, die mich aufrichten und meinen Blick schärfen.

Letztlich bin ich dem großen „Allen" dankbar, denn es ist schlicht und ergreifend die numinose Sache, an die ich mein Urvertrauen adressiere. Jeden Tag aufs Neue. Gottvater und Muttererde – ein Dreamteam. Ungeschieden. Ungestieft.

Ich danke weiter den Haupt- und Nebendarstellern (auch den Komparsen, Stunts und Statisten) in meiner Geschichte. Sie haben mich zu dem Menschen gemacht, der ich heute bin. Ich nenne explizit meine Eltern. Ob Blut oder Wasser, ihnen verdanke ich alles. So einfach. Ist so.

Das bringt mich gleich weiter zu der Frau, die mein Buch gelesen, geliebt und prompt veröffentlicht hat: Verlegerin Annika Huck. Danke für einen Platz an der Sonne bei Kamphausen Media! An ihrer Seite mein literarisches Korrektiv mit schmirgelnden Fingerspitzen: Lektorin Ina Kleinod.
Ich danke meiner Seelenknutscherin, die im Dunkeln immer wieder das Licht anknipste und mir Rettungsringe zuwarf. Sie ist ein Leuchtturm. Neben ihr unzählige weitere Seelenknutscher, die mich rundumversorgten, wenn mein Akku leer war. Jeder Einzelne darf sich selber für sich danken. Jeder und jede ist ein Wunder.
Jeder Mensch ist auf seine Art besonders, aber einer davon ist für mich besonders besonders: mein Mann. Egal, wie ich das „Danke!" jetzt sage, es wird zu banal klingen. Ein Wort ist einfach nicht genug für das, was du für mich bist. Premiumdanke für deine Hingabe an meinen Seelenauftrag. Ohne dich wären diese Seiten leer geblieben. Ohne dich mäanderte ich immer noch in den unendlichen Sümpfen meines Schmerzes rum. Du hast ein goldenes Händchen für mich.
Gold ist Gold.
Ich danke letztlich mir selbst und meiner sonst so bescheidenen Ausdauer, meinem Instinkt, meinem Biss und meiner unterhaltsamen Selbstironie. Ich danke meiner sich verloren geglaubten Seele für ihre Entfaltungsversuche. Schön, dass du wieder eingerastet bist.
Schlussendlich, und das fällt mir absolut nicht leicht, danke ich meinem Schmerz für seine unbestreitbare Notwendigkeit.